U0502307

DUSHI WENHUA YU DUSHI FANYI DE GUANXI

都市文化与

都市翻译的关系

上海师范大学2017年上海市研究生学术论坛论文集

俞 钢 李照国 主编

上海三联书店

本书编委会

主　编：俞　钢　李照国
副主编：卜友红　杨龙波

出席论坛的领导、专家、学者与研究生同学们合影留念。

上海师范大学副校长、研究生院院长柯勤飞等领导出席论坛开幕式。

分论坛上，研究生同学们分别就各自的论文阐明自己的观点，与会专家进行了精彩点评。

闭幕式上，上海师范大学研究生院常务副院长俞钢等领导为论坛获奖研究生代表颁奖。

目　录

词汇翻译视域下的"中国英语"发展研究

曹 钧

摘 要：随着改革开放的深化和发展,我国经济总量跃居世界第二位。同时,我国也正在与世界上其他国家和地区进行更多的文化、经济和政治对话与合作。在这种背景下,反映中国独特文化元素的大量英文词汇随之诞生。本文主要讨论中国英语当前的发展现状,包括中国英语发展产生的积极影响和存在的一些问题,以及中国英语发展应具备的态度和可行性策略。通过对这两个问题的分析,不仅有利于中国英语在国际交流中获得更高的地位,而且对于增强中华文化影响力和锻造中国文化软实力具有重大而深远的现实意义。

关键词：词汇　中国英语　发展

随着经济全球化的发展,英语这一国际通用语言在被人们越来越广泛使用的同时,也逐渐与各国文化相结合而呈现本地化趋势,出现了加拿大英语、印度英语、澳大利亚英语等多个英语变体。而在中国,随着改革开放的不断深化和国际交往的日益增多,英语在被频繁使用的过程中也逐渐融入了更多的中国元素,形成了一种具有中国特色的英语变体,即"中国英语"。从词汇层面研究中国英语的发展现状,并针对发展中存在的问题提出可行性策略,对于提升中国英语的国际地位、增强中华文化软实力具有重大而深远的现实意义。

一、"中国英语"的概念综述

什么是中国英语? 中国英语是英语的一种形式,是世界英语大家庭的重要成员,按照 Kachru 的术语,即是"扩展圈"的成员。一位著名的中国语言学家葛传槼首先在《漫谈由汉译英问题》中首次发表了关于中国英语的观点,"英语是英语民族的语言,任何英语民族以外的人用英语,当然要依照英语民族的习惯。不过,各国有各国的特殊情况,就我国而论,不论在旧中国还是新中国,讲英语或写英语时都有些我国特有的东西要表达。不过,不同的国家有着独特的文化。对于中国是古代还是现代,中国特色的东西都需要用语言形式出现"①。例如八卦(Trigram),四书(Four Books),五经(Five Classics),三个"代表"(Three Represents),四个现代化(Four Modernization)。母语为英语的人可能会感到与所有这些英文版的某些中文词汇混淆,原因是他们从未听过或以前看过这些英文词汇。在学习了名词背后的文化后,他们就会明白其意思。1990 年,汪榕培在《中国英语是客观存在》一文中正式向学术界提出了"中国英语"的定义,即"中国人在中国本土使用,以标准英语为核心,具有中国特点的英语"②。他认为,中国英语应该达到三个标准:(1)中国英语被中国人使用。(2)中国英语符合标准英语的惯例。(3)中国英语具有明显的中文特征。

然而,李文中教授不同意他的观点。首先,他认为中国英语的使用不一定局限于中国,相反,西方人在谈论中国时不可避免地使用这些包含"中国英语"的话,例如,"小红书(Little Red Books)","共产主义中国(Communist China)"。另外,严格来说还存在标准英语的一些问题。目前,即使是英式英语和美式英语也只是英语,而不是标准英语,所以在这个定义中使用标准英语是不准确的。李文中还声称中国英语在中国的社会文化领域传播了以规范英语为核心的独特之处。通过音译、借用和意义再现,可以不受母语干扰,从而进行英语沟通。在汪榕培和李文中定义的基础上,贾冠杰和向明友进一步表明,"'中国英语'是操汉语的人们所使用的、以标准英语为核心、具有

---

① 葛传槼:《漫谈由汉译英. 翻译理论与翻译技巧论文集》,中国对外翻译公司 1980 年版,第 187 页。

② 汪榕培:《中国英语是客观存在》,《解放军外国语学报》,1991 年第 1 期,第 23 页。

无法避免或有益于传播中华文化的中国特点的英语变体"[①]。罗运芝简单概括为"中国英语是载汉语语言特征的英语变体"[②]。在学术界有很多关于中国英语的讨论,他们都强调中国英语的突出特点。在这个意义上,中国英语对传播中国文化和丰富英语内容有积极的影响。

应该指出,中式英语与中国英语有明显区别。中式英语是不合格的,甚至是错误的,而且在很大程度上也不容易理解。这一途径在第二语言或外语学习过程中是不可避免的阶段。李文中声称,中国英语学习者和使用者往往不能摆脱母语影响力,将中文习惯任意用于英语表达。我们可能会在互联网上看到一些,例如,people mountain people sea(人山人海),heart flower angry open(心花怒放),you can you up(你行你上),watch sister(表妹),we two who and who(咱俩谁跟谁),no three no four(不三不四),horse horse tiger tiger(马马虎虎)。中国英语与中式英语的主要区别在于前者符合规范英语的规则,后者违反英语语法惯例。在区分中国英语与中式英语的基础上,笔者仅从词汇层面上论述中国英语的发展。

在词汇层面上,虽然中国英语以规范性英语为核心,但随着中国语言文化的发展和中国人对其使用的范围不断扩大,英语产生了具有中国特色的变化。中国英语在词汇层面上具有最明显的特征。根据 Cannon 的统计资料,英文中已经有 979 个从中国引进的词汇,这一点表明了中国英语的话语权在国际舞台上有增长势头。不过,一些学者对中国英语也持否定态度。他们认为,尽管中文英文的比例很大,但却没有必要声称中国英语的存在。在他们看来,英语本身就是一种国际化的语言,因为在百万字英文中,外来词占百分之八十左右。但不管对"中国英语"的观点支持还是否定,都不能否认所有中文单词可以用英文来表达。这不可或缺地要求我们根据中国文化内容寻找对应英文表达,在这个意义上,中国英语显得尤为重要。

---

① 贾冠杰、向明友:《为中国英语一辩》,《外语与外语教学》,1997 年第 5 期,第 11 页。

② 罗运芝:《中国英语前景观》,《外语与外语教学》,1998 年第 5 期,第 25 页。

二、中国英语的发展现状

目前,中国有诸多的英语学习者。随着中国经济的进一步发展和国际地位的日益提升,中国英语通过中国文化和英语的不断融合,在国内得到广泛的认可和接受。然而,虽然中国英语是中国乃至全世界发生重大变化的新力量,但目前中国英语发展仍然存在一些障碍,例如对中国英语不了解,对中国英语持有负面态度以及仍然存在一些翻译质量问题。

(一) 中国英文单词分类

由于中西文化背景差距很大,很难在标准英语中找到表达中国独特文化元素的对等词语。为了向世界介绍中国独特的东西,使世界更好地了解中国,中国英语在这个意义上是必要的,它将会迎来光明的前景。通过收集一些学者对中国英语的分类,笔者认为中国英文单词可以分为四个部分:

1. 音译词

通过音译介绍了一些中文词汇。在早期,人们通过改变他们的发音来翻译中文。例如磕头(kowtow),功夫(kung fu),豆腐(tofu),人参(ginseng),旗袍(cheongsam),孔夫子(Confucius),太极(Tai chi),麻将(mahjong),乒乓(ping pong),北京(Peking),广东(Canton),道德经(Taote Ching),点心(dim sum)等。近年来,随着中国影响力的扩大,许多外国媒体直接采用拼音作为中文翻译,越来越多的中文介词被中国双语英语人士频繁地用拼音引入英文。其中一些也被纳入内圈,其中包括人民币(Renminbi),元(yuan),关系(guanxi),气功(qi gong),武术(wushu),琵琶(pipa),饺子(jiaozi),风水(fengshui),福娃(fuwa),高考(gaokao),土豪(tuhao),大妈(dama),习大大(Xi dada)等。

2. 直译词

一些中文的具体单词可以根据英文的对等语进行翻译。这些词不是固定的表达式,甚至不是标准英语,但被现在英语国家接受。这些话大多出现在中国官方网站和报纸上,用于国际传播。一国两制(one country, two systems),两会(two sessions),十二五规划(the 12th Five-Year Plan),三个代表(Three Represents),新常态(new normal),丝路基金(Silk Road Fund),中国梦(Chinese dream),群众路线(mass line),钉子户(nail household),铁饭碗(iron rice bowl),和平崛起(peaceful rise),富二代(rich second generation)。

3. 创造词

众所周知,互联网可以带来一些新的东西,特别是流行语的诞生。在过去的几年中,通过汉语拼音字母与英语词汇习惯的组合,我们创造了一些英文单词。例如,"geili"这个词在互联网上经常被使用,意思是"有很大的作用或给人一些帮助"。与此同时,"geiliable"和"ungeiliable"在互联网上也受到广泛欢迎。它们是由中国网友通过汉语发音和英文单词形成规则相结合而创造出来的。另外,随着中国航天工业的飞速发展,在神舟飞船将中国宇航员送到外太空后,形成了诸如"taikonaut"一词。它是中国语音字母"太极"和英文词缀"naut"的组合,尤指"中国宇航员"。"taikonaut"是中国英语的典型代表,反映了中国先进的科学技术。还有这样一个发明的英文单词,比如 likonomics(克强经济学),superman-scholar(学术超男),sub-mono children(独二代),Phoenix man(凤凰男),ant-like graduates(蚁族)等等。

(二) 中国英语的光明前景

英语的全球化势必导致其本土化。英语将在国际交流中被锻造成为国家象征,而中国文化在世界文化圈中占有重要地位,中国英语的发展将成为沟通中国和世界其他地方不可或缺的渠道。

1. 传播我们民族文化的有效工具

据估计,非英语国家和英语国家的英语使用者比例是 2.4 : 1。这一估计表明,英语作为通用语言,在世界各地和社会各行各业中发挥越来越重要的作用。菲利普·斯顿利用"语言帝国主义"来形容这种现象。英语不再是殖民地语言,它是亚洲人与世界沟通的工具。哈德森认为,在语言和文化之间的关系方面,大多数语言被包括在文化中,所以,可以这样说,社会的语言是文化的一个方面,语言之于文化正如部分之于全部。中国英语不再是中文的机械复制,相反,它是与中国社会和中国特色文化的融合。一方面,中国英语可以使中国传统文化的有价值的内容得到更好地保存、发展和推广。例如,农历(lunar calendar),粽子(zongzi)曾经翻译为"traditional Chinese rice-pudding"。然而,音译"粽子"更简洁明了,这可能会吸引更多的外国人了解中国的原始文化,从而将民族文化传播到外界。另一方面,中国英语反映了中国社会的热点问题和新事物。例如,一带一路(the Belt and Road Initiative),亚太经合组织蓝(APEC 蓝),license plate lottery(车牌摇号),house for pension(以房养老),property purchasing limitations(限购)等。因此,中国英语是反映我们民族文化的映像,为其他国家了解中国经济、政治和中国人民生活建立了广泛的渠道。

2. 中国英语对英语词汇的贡献

根据全球语言监测(GLM)的统计,1994 年以来已经列入标准英语的词汇中,中国英语占 5% 至 20%,超过其他来源。这些来自中国的英文单词对我们来说非常熟悉,如 yin yang(阴阳),kung fu(功夫),qi gong(气功),feng shui(风水),mahjong(麻将),tai chi(太极),tofu(豆腐)。该机构报道说英语正在经历历史上前所未有的变化,其根本原因是由于中国英语在全球化进程中的强烈影响而成为世界语言。Paric 总裁说,在中国经济增长的影响下,中国英语比英语国家对标准英语的影响更大。因此,中国英语在国际交往中发挥重要作用,在全世界得到普遍认可。

3. 年轻一代的积极反应

自八十年代初以来,英文与中文的接触已经非常广泛。英语学习者的队伍以惊人的速度在中国飙升至超过 2 亿,中国英语越来越得到广泛的认识和认可。首先,八十年代和九十年代的人是中国英语的动力。在这些人中,他们接受了比较好的英语教育,并获得了规范的英语。对于自己的人物,他们生活在东西方文化碰撞的时代,所以他们愿意接受和发明不同文化的新事物。更重要的是,年轻一代是互联网用户的新力量。根据中国网络信息中心(CNNIC)2014 年 1

月发布的第三十次互联网络发展报告,20—29 岁的网民占全国网民人数的 29.8%以上。他们与世界其他地方有广泛的沟通,为外界建立了对中国文化的更多了解的桥梁。所有这些都迎来了中国英语的新辉煌。例如,我们上述提到的,geiliable(给力),ungeiliable(不给力),ant-like graduates(蚁族)和凤凰男(Phoenix man)等。另外,中国的主要英文网站以及报刊杂志最常用中国的英文表达中国独特的文化元素。例如,"一带一路"(the Belt and Road Initiative),"新常态"(New Mormal),"中国梦"(Chinese Dream)等中国日报中的大量中国英语。中国英语在大力宣传之际,必将在世界英语中取得较高的地位。

(三) 中国英语发展中的问题

中国英语现在拥有生机和活力,但也不可避免地面临一些障碍。到目前为止,在学术界没有对中国英语的存在达成一致。中国英语的发展没有受到社会各界的重视,包括翻译质量问题和中国英语教学无知,这些问题在某种程度上阻碍了中国英语的发展。

1. 对中国英语的消极态度

在语言领域,许多学者和专家对中国英语表现出积极的态度。他们声称中国英语是存在的,不过有学者不同意这种观点。首先,他们提出中国人所说的英文不应该被视为一种英文变体,只有体系化的英语变体才能被定义为民族语言变体,所以中国英语应被视为外国语言的一个变化或应用型变体。更重要的是,他们认为中国英语是不切实际的。所以建立一个完整的中国英语系统是非常困难的。

2. 翻译质量问题

由于母语的负面影响,中文翻译仍然存在很多问题。至于翻译中国政治言论,大家都知道,翻译不应忽视政治因素。但是,一些书籍还是有一些政治错误。例如,"改革开放"一般被翻译为"reform and opening up"或"reform and opening to the outside world"。但外语教学研究出版社 1998 年出版的"实用汉英词典"已经将"对外开放政策"翻译成"开门政策"("the open door policy")! 应该指出的是,"改革开放"和"开放政策"完全不同。事实上,后者的政策是由美国侵略者推行的,给中华民族带来了巨大的灾难。另一个例子,今天中国的"祖国统一"的英文翻译应该是"national reunification"而非"national unification"。这里的国家统一是指在港澳回归后台湾问题的成功解决,那就是现在我们要做的就是实现国家统一。然而,这种解释发生在当代汉语词典(中英文版)的"一国两制"(one country, two systems)中:China's fundamental state policy set force by ... in 1978 for national unification。这些中国具体词汇的翻译涉及中国的政治立场和国家利益,因此要重视翻译质量。

三、提升中国英语的路径选择

基于对上述问题的认识,我们可以采取一些措施来解决这些问题,从而推动中国英语的发展。

(一) 将中国英语视为英文品种

杜争鸣等学者不确定中国英语是否完全脱离中国文化,并归为英美文化,或者完全脱离英美文化而归为中国文化。我认为,中国英语可以被认为是英语变体,也是世界文化的一部分。它将像印度英语和其他英语语言分支一样存在,从而弥合跨文化交流的差距。王宗妍教授提出,跨文化交流是双边产品,不仅仅是要求一方只是从另一方面学习。为了使中国英语在世界英语中占据一席之地,我们在面对中国英语的同时也面临着保护中国特色的一个问题,同时避免了中国英语。因此,首要任务是规范中国英语,使其变得系统、科学、规范。我认为,所有的专家学者都可以收集中国英语在各个领域的应用和反思,并将其编译成一本书或一本字典。然后,我们可以收集翻译、语言学、科学等各个领域的专家的研究成果,在世界文化中建立起完整的中国英语系统。

(二) 提高翻译质量

在真正的翻译过程中,文化因素至关重要。正如王佐良先生所说,翻译者处理的只是单词或句子,而他所面对的则是整个文化。因此,在翻译中可以使用文字翻译、音译和释义等翻译方法。

1. 直译

当原文的概念意义与其文化意义相同时,如一些历史名词、寓言和地名,直译较为适合。燕窝(bird's nest),龙舟(dragon boat),一箭双雕(one arrow, two hawks),大跃进(Great Leap Forward),文革(cultural revolution)。For instance,经济特区(special economic zone),社会主义市场经济(socialist market economy)。

2. 音译

音译可能适用于具有中国特色的词汇的翻译。这些词汇通常在目标语言中缺乏文化意义。例如旗袍(cheongsam),秧歌(yangko),衙门(yamen),炒面(chaomien),阴阳(yinyang)。

3. 增加内涵

有时,字面翻译或音译可能会使外国读者对其含义感到困惑,所以,添加内涵可以在保存中国独特文化的基础上进一步解释原文的含义。例如,空城计(unidentified city, a strategy of putting up a bluff),铁饭碗(iron rice bowl, a stable, lifelong job regardless of one's performance))等等。

4. 转移补偿

虽然文字翻译或音译可以直接反映中国特色,有助于中国文化的传播,但随意应用翻译方式可能会降低到中国英语,从长远来看,会削弱中国英语在国际舞台上的影响力。所以中国特色的所有汉语词汇都不适合用上述方法翻译。当文化内容过于复杂,无法与目标语言文本整合时。我们通常将源语言中的"隐秘知识"转化为"公开含义"。这种方法可以定义为"转移补偿"。也就是说,语义等价性和语言风格在中国文字翻译中应该受到中国特色的重视。例如我们所说的,"豆腐渣工程"(jerrybuilt project)反映了完美的语义等价性。据我们所知,"jerrybuilt 项目"指的是"豆腐渣"等建筑项目,材料和工作程序不足以及质量不足。所以,它永远不会被翻译成"豆腐残渣项目"。相反,修辞意义应该根据其实际意义来改变。"Jerrybuilt"是指"建设(房屋等)快速便宜,不关心质量",形成"豆腐渣"的等价物。还有一些其他例子,如打白条(issue an IOU),内耗(in fighting),白色污染（plastic pollution），索取红包（solicit covert payment），两个百年目标（two centenary goals, to finish building a society of initial prosperity in all respects by 2020 and to turn China into a modern socialist country by the mid–21st century）。

（三）把中国英语纳入我国英语教学中

中国英语的完整系统和高水平的翻译体系，使得中国英语在全球化进程中将取得重大突破。此外，我们可能会尝试将中国英语纳入英语教学。二十年来，美国学者拉里·史密斯·彼得，斯特雷文斯，布拉伊·卡克鲁提出了一个新的概念：EIL（英语作为国际语言）。EIL 的倡导者认为英语是一种中立的交际工具，可以或应该表达任何一种文化。在英语教学中，英语教师和学习者应将英语与民族文化结合起来，鼓励他们用英语在自己的文化中传达独特的现象和想法。在这种情况下，他们可以在说全球语言的过程中发现自己的民族和文化特征。因此，以外语发起中国英语教学是必要和可行的。中国英语课程可能会提供给大学生，特别是中国的英语专业和外国学生和学者。内容可能侧重于对历史、民俗艺术、政治、食品、体育、医学等具体领域对中国文化的深入解读。这样的课程将带来很多好处。对于中国大学生来说，一方面可以从另一个角度观察和理解他们的民族文化，这有利于在跨文化交际的场合促进自己的文化。另一方面，中国英语可以通过不断的教学实践变得更加规范和系统化。此外，课程可以使外国学生和学者对中国文化有深入了解，对加强中国文化的影响起着重要的作用。

总而言之，中国英语是一个已获得广泛支持和认可的英语形式。它不仅符合规范英语的表达规则，而且将中国独特的民族文化融入其中并传播到世界。随着国际竞争的日益激烈，中国英语凭借世界语言的独特优势增强了中华文化的影响力，赢得了世界其他国家的认可，这对于提高中国文化软实力和中国国际影响力具有重要意义。

参考文献：

［1］葛传椝. 漫谈由汉译英. 翻译理论与翻译技巧论文集［M］. 北京：中国对外翻译公司出版社,1980.

［2］汪榕培. 中国英语是客观存在［J］. 解放军外国语学报,1991,1(23).

［3］贾冠杰、向明友. 为中国英语一辩［J］. 外语与外语教学,1997,5(11).

［4］罗运芝. 中国英语前景观［J］. 外语与外语教学,1998,5(25).

［5］丁衡祁. 英语学习导航［M］. 北京：对外经济贸易大学出版社,2002.

［6］杜瑞清、姜亚军. 近二十年"中国英语"研究述评［J］. 外语教学与研究,2001,1(37).

［7］杜争鸣、伍仕年. 世界英语语境与中国英语中的语言与文化［J］. 外语与外语教学,1998,8(14).

［8］韩玲."中国英语"研究现状分析［J］. 外语与外语教学,2007,10(28).

［9］李文中. 中国英语与中国式英语［J］. 外语教学与研究,1992,4(18).

［10］门顺德. 实用汉英词典［M］. 北京：外语教学与研究出版社,1998.

［11］邹立中、宁全新."中国英语"质疑——与杜瑞清、姜亚军先生商榷［J］. 外语教学,2002,6(23).

［12］中国社会科学院语言研究所词典编辑室. 汉英双语现代汉语词典［M］. 北京：外语教育与研究出版社,2002.

民国时期上海编辑出版活动
与上海都市文化研究
——以周瘦鹃的文学编辑和出版活动为例

陈佳利

摘　要：20世纪初，上海地区涌现出一大批著名的出版机构，上海一度成为全国出版中心。近代上海的出版业几乎与近代上海的都市化同时发展。

本文选取周瘦鹃为代表，侧重研究了周瘦鹃在上海作为编辑家与出版家方面的活动，将周瘦鹃的编辑出版活动分为积累经验、大显身手、退隐文坛三个阶段。周瘦鹃编辑的刊物主要针对都市市民，在编辑风格上注重趣味主义与唯美主义的结合、通俗性与时尚性的结合，不断创新，注重广告效应，里面的内容繁多，供稿的作家比较广泛，来自各行各业，也有不少周瘦鹃慧眼识才出来的文坛新秀。出版方面周瘦鹃开创了出版个人杂志的先例，对后来的个人出版方式具有一定的借鉴意义。

关键词：周瘦鹃　编辑　出版　都市

民国时期的上海是中国的经济与贸易中心，上海是中国都市化进程中起步最早又发展最快的城市，在民国初期就初具现代都市规模。都市化的进程不仅影响到人们的吃穿住行，也影响到文化出版事业，近现代上海涌现出一大批优秀的出版机构，使得民国时期的上海一跃成为全国的出版商业中心，许多优秀的出版机构的经营模式与出色的编辑出版家们卓越超前的思想对当代仍旧有借鉴意义。

20世纪20年代的中国文坛上新文学欣欣向荣，旧文学逐渐没落，而旧文学的典型代表流派、发端于上海的"鸳鸯蝴蝶派"经常成为新文学重点攻击的目标，大部分现当代文学家对"鸳鸯蝴蝶派"五虎将之一的周瘦鹃持批判或否定的态度。《新青年》上大量涌现文学批评家们批判周瘦鹃为代表的"鸳鸯蝴蝶派"小说的文章,其他新文学作家也纷纷在《小说月报》、《文学旬刊》等倡导新文学的期刊上发文鞭挞周瘦鹃的小说。著名作家郑振铎就曾经针对周瘦鹃歌颂孝子的短篇小说《父子》写过犀利的批判,他用嘲讽的语气写道"简直无法相信一位能翻译《红笑》、《社会柱石》的文学大家脑筋里竟然还有这种思想根深蒂固"①。在郑振铎之后郭沫若也马上发表《致西谛先生信》对郑振铎予以支持,对《父子》进行批判,称周瘦鹃之类文人为"文化乞丐"、"流氓派的文人"。

由于受意识形态的影响,周瘦鹃的文学地位与其他方面的研究在 80 年代之前并未受到极大关注,直到 80 年代中期,陈思和、王晓明在文学期刊《上海文学》上的"重写文学史"一栏中提出"重写文学史"主张后,作为现代通俗文学代表的周瘦鹃才开始进入文化研究者们的视野,尤其是现代传媒报业迅速发展的时代,作为编辑家出版家的周瘦鹃的价值更加被挖掘出来。通过研究周瘦鹃的文学编辑与出版活动,也能更好的了解民国时期上海地区的出版编辑业情况,从而探讨出版编辑业与都市文化的相互影响关系。

一、周瘦鹃文学编辑出版活动总览

周瘦鹃于 1895 年在江苏吴县出生,1968 年逝世在自家花园中,他早年随家庭搬迁到上海,从小在上海生活,对上海的都市生活非常熟悉。周瘦鹃原名国贤,字祖福,他笔名繁多,常见的有瘦鹃、情海归槎客,还有泣红、兰庵等等,当时人尊称他为"周瘦老"。他从小学时就开始学习英语,小学毕业前就已经能读懂简单的英语文章,周瘦鹃自小喜欢读书,除了四处向人借阅中国古典小说外,还将母亲给他的零花钱节省下来去上海城隍庙淘英文旧书刊,大量的英文期刊阅读都为他日后的翻译、编辑事业打下了基础。

周瘦鹃在民国时期的上海报界叱咤风云,不仅先后担任了《礼拜六》、《紫罗兰》、《半月》、《乐观》等当时重量级通俗文学期刊的主编,

---

①　西谛(郑振铎):《杂谈:(十)思想的反流》,《文学旬刊》,1921 年第 4 期,第 1 页。

还是《申报》、《新闻报》等全国范围内有影响力报纸的主编,而且他还分别入职中华书局、大东书局等著名出版机构。在文坛上周瘦鹃也颇有威望,是 20 世纪中国现代文学的"鸳鸯蝴蝶派"(后称作"礼拜六派")的代表作家之一。难为可贵的是,他在小说创作的空暇之余还从事文学翻译工作,年仅 22 岁时候就编译了《欧美名家短篇小说丛刻》,因为此书受到鲁迅褒奖,鲁迅誉他为"昏夜之微光,鸡群之鸣鹤"①。

周瘦鹃在现代文学史上最为人津津乐道的是他的主编身份,获得最大成就的也是在现代报刊业上所做的突出贡献。现整理出来的周瘦鹃一生编辑过的报纸杂志有如下这些:

1. 在 1913 年 11 月到 1914 年 9 月期间,编辑月刊《游戏杂志》;

2. 在 1914 年 6 月到 1916 年 4 月期间,编辑中华图书馆发行的周刊《礼拜六》;

3. 在 1920 年 4 月到 1932 年 12 月期间,编辑申报馆发行的《申报·自由谈》;

4. 在 1921 年 3 月到 1923 年 2 月期间,编辑复刊后的周刊《礼拜六》;

5. 在 1921 年 6 月到 1923 年 6 月期间,编辑大东书局发行的月刊《游戏世界》;

6. 在 1921 年 9 月到 1925 年 12 月期间,编辑大东书局发行的半月刊《半月》(后改为《紫罗兰》与《新家庭》);

7. 在 1922 年 6 月到 1924 年 6 月期间,编辑大东书局出版的周瘦鹃个人月刊《紫兰花片》;

8. 在 1925 年 9 月到 1925 年 12 月期间,编辑国民印刷公司发行的周刊《紫葡萄画报》;

9. 在 1925 年 12 月到 1930 年 6 月期间,编辑大东书局发行的半月刊《紫罗兰》;

10. 在 1926 年 2 月到 1945 年 10 月期间,编辑良友图书印刷有限公司发行的月刊《良友》;

---

① 鲁迅:《〈欧美名家短篇小说丛刻〉评语》,《教育公报》,1917 年 11 月 30 日第 15 期。

11. 在 1926 年 6 月到 7 月期间,编辑东方图书出版社发行的半月刊《中华》;

12. 在 1931 年 1 月到 1933 年 4 月期间,编辑大东书局出版的月刊《新家庭》;

13. 在 1933 年 1 月到 1941 年 12 月期间,编辑申报馆发行的《申报·春秋》;

14. 在 1941 年 5 月到 1942 年 4 月期间,编辑乐观杂志社发行的月刊《乐观》;

15. 在 1943 年 4 月到 1945 年 3 月期间,编辑商社书报发行所发行的月刊《紫罗兰》;

16. 在 1943 年 8 月到 1943 年 9 月期间,编辑全面周刊社发行的周刊《全面》;

17. 在 1947 年 4 月到 1948 年 4 月期间,编辑银都广告社发行的月刊《乐观》。

从以上的编辑活动中可以看出,周瘦鹃的编辑活动主要集中在上海地区,在众多出版机构中与大东书局的关系最密切,这为他日后的出版活动提供了丰富的经验与广阔的人脉。他编辑涉猎的报刊范围非常广泛,有纯文学的《礼拜六》,有教化国民作用的《自由谈》,有娱乐消遣的《上海画报》,甚至有个人杂志性质的《紫兰花片》。其中我们可以看到出现的报刊中"紫罗兰"命名的次数最多,周瘦鹃对紫罗兰的情有独钟源自年轻时候的一段恋情,周瘦鹃的初恋情人的名字叫周吟萍,周吟萍的英文名叫"violet",翻译成中文即为紫罗兰,周瘦鹃与这位初恋情人感情甚笃,两情相悦,但因女方早年与富家子弟有婚约,两人最后只能无奈分手,分手以后周瘦鹃对周吟萍的思念寄托在紫罗兰花上,异乎寻常地爱上了紫罗兰,他日后所写的小说、主编的刊物无不见紫罗兰的身影。

将这些报纸杂志按照时间顺序排列,还可以把周瘦鹃编辑出版活动分成早期积累经验、中期大展身手、晚期逐渐退隐三个阶段:

(一) 第一阶段(1914 年—1920 年):积累经验,广交人脉

周瘦鹃第一次接触报刊编辑活动是在 1914 年,那一年的 6 月份

王钝根突发奇想准备筹建创刊一份新的周刊杂志,以满足日益增长的通俗文学市场的需要,负责人王钝根向社会发出邀请,希望报界和文坛的各方好友都能参与命名这份新创刊的周刊的名字。当时的周瘦鹃还只是一个初出茅庐的文坛新匠,看到新出的周刊征集名字后,他脑海里立刻浮现出风靡一时的美国刊物《礼拜六晚邮报》,这份每周六出版的刊物,是欧美发行量最大的刊物之一,于是他就向王钝根建议将新策划的这份周刊命名为"礼拜六",王钝根一眼相中了周瘦鹃命名的名字,接受了周瘦鹃的建议。此后,周瘦鹃每星期都要向《礼拜六》投好几篇文章,他的文学功底逐渐展露出来,王钝根看中了周瘦鹃在文学上的造诣,邀请周瘦鹃协助他编辑《礼拜六》,周瘦鹃不负王钝根所望,把《礼拜六》办得越来越好,他渐渐成为《礼拜六》不可或缺的一部分。

周瘦鹃在编辑出版路途上除了遇见王钝根贵人外,还幸运遇到了伯乐包天笑。青年时期的周瘦鹃酷爱写作,在 1911 年还只有 17 岁的周瘦鹃将翻译的小说《鸳鸯血》投稿至当时的文学大报《小说时报》上,他出色的翻译能力与文笔受到主编包天笑的赏识,两人一见如故成为莫逆之交,包天笑开始和这位文学青年书信来往不断,无论从创作的激情还是生活来源方面包天笑都给了周瘦鹃莫大的鼓舞。四年后,周瘦鹃获得包天笑的推荐,和包天笑一道受聘进入中华书局,并担任英国文学专门翻译和进行《中华小说界》的撰述。中华书局是民国时期出版机构的领头羊,尤其在中国古籍、学术著作出版方面其他同行都不能与之匹敌。

1918 年是周瘦鹃编辑生涯新的开端,他终于有了编辑时政类报刊的机会,认识了新的一批报界名人,严独鹤欣赏周瘦鹃出色的编辑水平邀请周瘦鹃加入《新闻报·快活林》担任特约撰述。《新闻报》和《时报》、《申报》是当时上海最有影响力的三家报纸,读者遍布全国各个地区和各个群体,周瘦鹃在《新闻报》的这段经历,进一步扩大了其在上海报界的名气。终于在 1919 年,当时还未到 25 岁的周瘦鹃应上海最具影响力的《申报》的总编陈冷血邀请成为副刊《自由谈》的特约撰述,经过多年锻炼在编辑事业上得心应手,他每天只要发自己一篇文章就可以完成工作,"不限体裁,不限字数,不论宇宙之大,蚊蝇之微,什么都可以谈论,真的是再自由也没有了。"①

　　民国时期中国现代出版界兴起,各大出版机构竞争异常激烈,特别是在出版业发达的上海,拥有广阔的人脉是担当一个主编很重要的条件,年轻时期在报界的闯荡摸索,不但为周瘦鹃积累了丰富的编辑杂志经验,也为他日后的编辑出版事业积攒了重要的人脉,周瘦鹃最后能成功登至一流编辑的位置变得理所当然。

(二) 第二阶段(1920 年—1932 年): 大显其才,硕果累累

　　1920 年 4 月 1 日是周瘦鹃值得纪念的日子,这一天周瘦鹃正式成为《申报·自由谈》的主编,他在后来的文章中这样描述当时的心情:"得意洋洋的走马上任,跨进了汉口路申报馆的大门,居然独当一面的开始做起了编辑工作来……这在我的笔墨生涯五十年中,实在是一件大可纪念的事"。② 有过之前的编辑经验后,周瘦鹃在《自由谈》的编辑工作做得井井有条,游刃有余,"每天编辑这一份《自由谈》,只需两小时的功夫,连小样大样也不要我看,自有他人代劳,真可算得是个神仙编辑。这么一来,我就尽多余暇,可以兼任其他编撰工作。"③凭着多年报社杂志工作的经验,周瘦鹃《自由谈》的编辑工作做得一点也不费力,他每天都有空暇时间做其他编撰工作,在长达几个月的时间精心准备后,终于在 1921 年周瘦鹃有能力整合资金将出完百期后就停刊的《礼拜六》杂志再次出刊。他在复刊的《礼拜六》杂志上花费了不少心思,利用一线名编的名头,在《申报·自由谈》上多次刊登《礼拜六》的宣传广告,由于此时的周瘦鹃已经成为全上海最有名望的小说家之一,他自己本身就是活广告,他在《自由谈》上为《礼拜六》杂志打的广告效应自然特别好,因此复刊的《礼拜六》大卖。

　　19 世纪 30 年代的中国文学史上,五四新文学和通俗文学尤其是鸳鸯蝴蝶派文学斗争尤其激烈,周瘦鹃是通俗文学派的中流砥柱,又是出版界的编辑名家,自然利用报刊阵地为通俗文学做宣传。他自

---

① 周瘦鹃:《姑苏书简》,新华出版社 1995 年版,第 55 页。
② 周瘦鹃:《姑苏书简》,新华出版社 1995 年版,第 56 页。
③ 周瘦鹃:《姑苏书简》,新华出版社 1995 年版,第 56 页。

己单独编辑的刊物和与人合作编辑的通俗刊物就多达 9 种,有《游戏世界》、《上海画报》、《半月》、《紫罗兰》、《紫兰花片》、《紫葡萄画报》、《良友》、《乐观》、《中华》,这一阶段的周瘦鹃经常忙得不可开交,他自己也在随笔中说道"东编一个刊物,西编一个刊物,还要边写边译,简直忙得不可开交"。①

(三)第三阶段(1933 年—1968 年):渐隐文坛,移情花草

随着局势的动荡,社会上越来越需要激昂奋进的新文学,通俗文学被质疑批判的声音越来越多。在 1932 年,申报负责人史量才决定对《申报》进行大刀阔斧改革,在《自由谈》板块上大胆任用了主张激进文学的黎烈文为主编。为了平衡新旧文学的读者群,1933 年,史量才又在《申报》上辟出新副刊《春秋》,重新聘请了周瘦鹃担任主编。等到日本侵华战争全面爆发上海地区全面沦陷后,《申报》不得不终止发行,战火不仅摧毁了周瘦鹃的工作,也让周瘦鹃被迫离开感情深厚的上海。在回到老家苏州这期间,周瘦鹃只能将忧国忧民之心寄托到大量的旧体诗词与散文之中,创作了不少名作;到了 1941 年,周瘦鹃的编辑梦想有了转机,上海九福制药公司邀请周瘦鹃出山,希望他能为制药公司编辑出版一份月刊杂志《乐观》,周瘦鹃欣然接受。《乐观》杂志在上海地区的影响也颇大,但是由于战火出完十二期也宣告停刊;到了 1943 年,上海银星广告公司的老总是周瘦鹃的粉丝,周瘦鹃受其委托,再次出山为该社编辑出版月刊,复活了原先停刊的《紫罗兰》,新出的《紫罗兰》总共出了 18 期,在两年后的 3 月份停刊;1945 年 8 月,抗日战争结束后,《申报》几经波折实权落到国民党手中,凭着对《自由谈》深厚的感情,周瘦鹃信心十足的为回到《春秋》编辑位置做好了充分准备,但是国民党当局没有满足周瘦鹃的愿望,用一个有名无实的设计委员虚衔打发了汲汲建设《申报》的周瘦鹃,由于在《申报》中不能实现自己的抱负,自己的才能失去了用武之地,不到四年时间周瘦鹃便向《申报》提交辞呈,从此他便彻底脱离了经营了大半辈子的编辑出版事业,他的编辑出版生涯就此结束。上海沦

---

① 周瘦鹃:《姑苏书简》,新华出版社 1995 年版,第 57 页。

陷周瘦鹃回到苏州老家开始,周瘦鹃对花草的喜爱与日俱增,哪怕是回到上海重新当编辑后,他每周去上海处理编辑事务的次数也渐渐变少,将更多的时间用来打理苏州老家花园里的花草树木,潜心研究盆栽园林艺术,将对编辑出版事业的热爱转移到了另一个领域上,学有所成的他最后终于成为了中国著名的盆景艺术家与园艺大家。

二、编辑出版路上的人脉关系

作为一代名编出版家,风光背后必有错综复杂的人脉关系在支撑,虽然周瘦鹃自幼丧父,早年恋爱失败,但是他的人生并未因为家庭感情的受挫而郁郁寡欢,他立足上海后,广结朋友,以文会友,以杂志聚朋,收获了一批重要的人际关系,这些朋友对他的编辑出版事业有莫大帮助。

(一) 伯乐相马,编辑契机

千里马只有被伯乐相中才可能大展神通,周瘦鹃无疑是幸运的,在他初露锋芒时就遇上了亦师亦友的贵人,包天笑的出现不仅仅解决了周瘦鹃早年的生计问题有时间安心创作,更重要的是给周瘦鹃带来了可遇不可求的人脉。包天笑是中国现代文学史上一位重要的作家,同时也是著名的翻译家、教育家、编辑家、出版家、剧作家等,是当时通俗文学的"文坛盟主",周瘦鹃之后在文学报界上走的路几乎与包天笑如出一辙。周瘦鹃二十岁第一次见到包天笑,包天笑当时已经接近四十岁,时任《时报》编辑,不管从年龄还是资历上,他都可以称得上是周瘦鹃的老师。包天笑相中周瘦鹃的才能后悉心栽培周瘦鹃,与周瘦鹃进行频繁的书信来往,周瘦鹃在《时报》上发表的文章,有的作品在署名周瘦鹃的"鹃"字后还要加上"笑"字,表示包天笑已经修改过这篇作品。之后周瘦鹃在《时报》上连续发表的长篇小说《霜刃碧血记》出版了单行本,这对初出茅庐的周瘦鹃来说是莫大的鼓舞。为了让周瘦鹃能全力创作,包天笑给了周瘦鹃一个特例,只要他投稿到《小说时报》,无论是否发表都给予稿酬,还以预付稿费为由给周瘦鹃寄钱,缓解了病中周瘦鹃的困境。

在包天笑的推荐下,1915 年春天,包天笑与周瘦鹃双双受聘于中华书局,担任中华书局出版的月刊《中华小说界》的撰述与英文著作翻译,这极大锻炼了周瘦鹃的英语水平开阔了眼界。1920 年开始,周瘦鹃担任《申报·自由谈》编辑一职,申报馆与时报馆相隔不远,周瘦鹃常常到时报馆与包天笑畅谈请教,切磋编务。两人的这份莫逆之交一直持续到包天笑去世,没有包天笑的扶植就没有平步青云的周瘦鹃,晚年的周瘦鹃回忆起包天笑仍是抱着无上的感激。

做好了一切准备以后,成功就需要一个契机,周瘦鹃迈向编辑出版事业的一个契机无疑是第一次编辑重量级刊物《礼拜六》杂志。《礼拜六》是民国时期通俗文学期刊的代表,也是 20 世纪初期中国影响力最大的通俗文学流派“鸳鸯蝴蝶派”作家的聚集地,近代文坛的通俗文学作家几乎都在《礼拜六》上亮过相,其最高销量超过了当时《时务报》与《新民丛报》的最高发行量。《礼拜六》作为期刊其完善的稿酬制度、定价、读者、出版状况在当时都极具代表性。

周瘦鹃与《礼拜六》颇有渊源,《礼拜六》的名字拜周瘦鹃所赐,《礼拜六》后面上百期基本全由周瘦鹃接手编辑,王钝根在后百期的《礼拜六》中仅仅是理事编辑之名。《礼拜六》总体而言,它的成就主要在周瘦鹃接手后的后百期,周瘦鹃接手后对杂志进行革新,杂志包含的文体丰富多彩,除小说以外,还夹杂琐闻、笔记、翻译、隽语,更有杂谈、笑话、地方风尚等等。他在刊物体例上也做了创新,明朝诗词基本都能在每期版面的卷首上找到,慕琴根据这些诗词来创作各种风景图与仕女图,《爱情号》上封面是一个爱神再由当时书画名家袁寒云题字。《礼拜六》的编辑风格与时尚性深深影响了其他刊物,如《礼拜花》、《礼拜三》、《七襄》、《星期》都能找到《礼拜六》的影子,成为当时通俗刊物纷纷效仿的模板。

周瘦鹃在《礼拜六》担任编辑的经历不但深入了解了编辑活动,更重要的是找到了一个真正属于自己的平台——编辑事业,《礼拜六》让周瘦鹃名利双收,事业一飞冲天。

（二）贵人相助，名人效应

无论是编辑部还是出版商，没有平台没有人气是推销不出去自己的成品，周瘦鹃前期在上海积累的人脉对他的编辑出版事业起了巨大的推动作用。

毕倚虹跟周瘦鹃一同编辑过《上海画报》，秦瘦鸥跟周瘦鹃也交往密切，毕倚虹的《人间地狱》跟秦瘦鸥的《秋海棠》给周瘦鹃主编时期的《自由谈》、《春秋》带来极大人气。刊登在《自由谈》上的毕倚虹的《人间地狱》被称为20年代上海人的"樽边谈片"，亲朋好友相聚闲聊时候总要谈论一下《人间地狱》的故事情节，可见当时风靡程度；《春秋》上秦瘦鸥的《秋海棠》发行以后被改编成多种文本，又被拍成电影，改编成评弹、话剧上演，热门程度只有张恨水的《啼笑因缘》可与之媲美。

复刊的《礼拜六》特号《爱情号》上有幅字特别引人注目，它是出自袁寒云的手笔。袁寒云是袁世凯的二子，在政治上颇有影响，在社会帮会上也是呼风唤雨，最主要的是这位风流才子的字画达到了炉火纯青的地步，当时袁寒云不会轻易卖字画除非到了山穷水尽的地步，周瘦鹃能让袁寒云在《礼拜六》上亲笔题字，可见他魅力之大。

近代上海较早接受了新的思想，是新旧文化激烈碰撞的地方。《半月》杂志是新旧文学相争的产物，由于《小说月报》定位是精英知识分子，为了抢占大众读者的市场，上海本地知名的出版机构世界书局、大东书局先后振兴创办鸳鸯蝴蝶派杂志，《半月》应运而生。《半月》之所以能在短时间内获得社会的广泛支持，这自然少不了周瘦鹃文友的大力相助，周瘦鹃的鸳鸯蝴蝶派朋友都是文坛响当当人物，加上与周瘦鹃的交情他们自然乐意向《半月》提供自己最得意的作品。如何海鸥就在叫卖自己小说时公开为《半月》做宣传，称自己卖小说的话第一个主顾就是《半月》，书画大家袁寒云也写了许多作品给周瘦鹃编辑的《半月》供稿。《紫罗兰》半月刊执笔的也都是周瘦鹃的私交文友，特别是《紫罗兰》上的长篇小说，基本都由好友包天笑、陈小蝶、王小逸来撰写，好友的名人效应让周瘦鹃的期刊在通俗杂志市场上收获一大批忠实读者，保证了杂志的销量。

此外，周瘦鹃经常与鸳鸯蝴蝶派文友聚会，有名的有"狼虎会"、青社、星社,相聚次数多了,朋友相互介绍、相互熟稔,自然给事业提供莫大帮助。"狼虎会"的文友陈小蝶父亲是大名鼎鼎的陈蝶仙,陈蝶仙经商颇为成功,他的商业人脉自然能给周瘦鹃带来不少生意。星社的创办人范烟桥的小说闻名之时就把得意小说供稿给周瘦鹃主编的《半月》。

(三) 书局得利,出版通畅

文学的发展总是与出版的繁荣息息相关,一部好的作品不仅需要作者具有深厚的文学功底,还要有提供作品出版的巨大网络,反过来,出版机构的盈利又要依赖文学作品的好坏。成功的文学作品背后总会有一支强大的出版机构的支撑,比如鲁迅与良友图书公司,茅盾与商务印书馆,新月派与新月书店,新感觉派与现代书局,而周瘦鹃编辑出版事业成功与当时上海发达的书局情况脱离不了关系。

中华书局在当时上海各大书局中声名显赫,著名学者、社会名流云集,如梁启超、田汉、徐志摩、于右任、陈伯吹、张闻天等,其出版的新式教科书拯救了新一代知识分子的命运,又提高了民营书局的身价。早年,周瘦鹃受聘于中华书局担任英文撰述,通过工作机会翻译了大量外国文学作品,其中出版的有名的译作有《欧美名家短篇小说丛刊》、《世界秘史》等等,周瘦鹃还呼应时局创作了《亡国奴之日记》,他与人合译的英国著名作家柯南道尔的《福尔摩斯探案全集》更是在社会上掀起了一股侦探小说创作之风。在中华书局的工作经历让周瘦鹃名利双收,他大量阅读世界优秀小说开阔了眼界,接触到了许多出版界的名人,学习了书局运行模式,获得了丰富的出版经销经验,这为他日后出版杂志打下了基础。

脱离了中华书局后,周瘦鹃进入了大东书局,周瘦鹃的编辑出版事业主要是通过大东书局完成的。大东书局是在 1916 年建立的,一开始由吕子泉、王均卿、王幼堂、沈骏声四人共同出资经营书局,早期发行所设立在上海福州路锦里口,当时中国 80％ 的书店都集中在上海四马路(即福州路),福州路也时常被人叫做"文化街",这里的旧书店多得惊人,上海沦陷前新旧书店有三百多家。大东书局设备齐全,拥有自己的印刷厂,除了印刷书籍外还出版报纸杂志,出版的期刊主要是鸳鸯蝴蝶派期刊,它还是当时上海著名的五大出版机构之一,其他四个出版机构分别为商务印书馆、中华书局、世界书局、开明书店。作为通俗小说的主要出版机构,大东书局主要是以盈利为目的的,经营获得的利润才能维持书局正常运行。周瘦鹃在读者群中巨大的魅力与高涨的人气正是大东书局盈利所需要的,吸收周瘦鹃编辑名人等于抢占了通俗小说的大部分出版市场;另一方面,大东书局成熟的商业出版模式与优越的出版条件也为周瘦鹃提供了一个良好的出版编辑平台。有了大东书局的支持,周瘦鹃编辑创办杂志更加得心应手,减少了编辑出版的渠道与资金问题,周瘦鹃就通过大东书局出版了《紫罗兰》、《半月》、《紫兰花片》、《新家庭》等杂志,这些杂志的出版终将周瘦鹃推上当时编辑出版界的顶峰位置。

总体来说,大东书局与周瘦鹃是合作双赢的,大东书局成就了周瘦鹃,周瘦鹃也为大东书局作出了突出贡献。

三、周瘦鹃文学编辑出版活动的特点

(一) 趣味主义与唯美主义的结合

作为较早开放的上海,都市文化进入了普通百姓的生活,上海市民体现出明显的都市精神风貌,影响市民的价值观、审美观,百姓的生活品味与审美观都有了提高,更加关注社会上出现的新奇事物。

在周瘦鹃主编《自由谈》之前,《自由谈》刊登的内容主要是新闻报道和社会评论,举个例子来说《自由谈》1920 年 3 月 31 日那版中,设有社谈、新闻拾遗小说、漫画和题为《法国战后之惨象》的照片以及《自由谈之自由谈》等栏目,结合社会大事、热点新闻,时政性较强。周瘦鹃接手《自由谈》后,副刊重新定位,报刊的娱乐性与文学性加强,报道的新闻也大多是以社会奇闻与名人轶事为主,副刊的内容与平民百姓更为贴近。周瘦鹃在报刊编辑上提倡趣味主义,认为副刊文字与文艺作品是给读者们把玩的东西,为了引起读者的兴趣,周瘦鹃在《自由谈》上还特开一块板块,所写内容翻版了同光年间的申报小品文字的"老申报"专刊,其他专号或者专栏添加了"小园艺"、"春"、"秋"、"蟹"、"菊"等小栏目,内容多跟风雅之事相关。为了满足各方读者的口味,周瘦鹃还经常在报纸上刊登改版启事,读者可踊跃给报刊提建设性意见,由此赢得了大范围不同口味的读者。周瘦鹃之所以能够在竞争激烈的报界中脱颖而出,他崇尚趣味主义跟与民贴近的编辑风格起着至关重要的作用。

　　周瘦鹃年轻时候学习西方唯美主义,深受唯美主义影响,曾说:"我一生是没有党派的,以前是这样,现在是这样,以后也是这样;要是说人必有派的话,那么我是一个唯美派,是美的信徒。"①周瘦鹃对艺术的热爱到了痴迷的地步,他早年的文学作品秀媚娇婉,带有强烈的哀怨情思,晚年沉迷于花草树木,也是对美的追求的继续。在对美的严格要求下,周瘦鹃的编辑方针上无不体现美学特征。周瘦鹃编辑的《半月》杂志的封面采用三色铜板刻印的画面,这是中国刊物封面首次使用三色铜版封面的体例。《半月》不止在封面地方用了铜版纸,在紧接封面的几页中又插入了铜版彩图。《半月》铜版彩图多种多样,有风景人物照片,比如社会名伶、政界名人、文学大家、山水风光、民间风俗照等;有传统写意的中国画,如花鸟虫鱼、自然风景、古代仕女等,也有西洋写实的美术作品,如景物写真、人物肖像、雕塑作品等。从分工上来说,寒云、踽罨等负责搜罗中国美术类作品,由一之、丁悚、周瘦鹃等搜罗西洋美术与照片类,同时接收读者投稿赠送的图画,用各色精印。《半月》在版面大小上首次使用了三十开本的版式,当时社会对新推出的三十开本版式普遍叫好,三十开本的版式也在各大刊物之间竞相流行起来。《自由谈》的排版处理上,周瘦鹃实行了把各个栏目都分开刊印,看上去那些栏目错落有致,大栏目总体固定,周围的小栏目变化多端,花样奇多,每份刊头都刊印各种精美绝伦的图案,有"灿烂的五星与皎洁的明月",有"碧水绿草岸边的银兔"。周瘦鹃特别注重刊物的外观设计上的美感作用,封面上经常有花草树木、绝色美女、湖光山色等图案,就算是单调的文字旁也要以图片来点缀,比如《自由谈》每期报头"自由谈"三个大字周围总要插上几幅跟报纸内容相关的图片,每一期配的都是不同的图案,仿佛给单调的黑白文字上添上了一道亮丽的风景,给人耳目一新的感觉。

---

① 　周瘦鹃:《发刊词》,《乐观》,1941 年第 1 期,第 5 页。

《半月》刊到了更名《紫罗兰》后每期的杂志都增加了《紫罗兰画报》，画报的内容极为丰富，有拍的实物照片，也有三色版美人图经常印于里页，镂空彩印，而且《紫罗兰》版式又有了创新，从三十开本变成了二十开本，可谓别出心裁。

(二) 通俗性与时尚性的结合

周瘦鹃作为通俗小说流派"礼拜六派"作家的代表，其编辑的刊物就彰显出通俗性的风格，他将鸳鸯蝴蝶派创作的理念蕴含于编辑方针中，包容新旧文学的题材，在传统与现代中找到契合点，使两者之间建立和谐交融的关系。在《春秋》副刊上，周瘦鹃轮流刊登各种具有现代文化意识的专题性文章，有"小常识"、"游踪所至"、"笑的总动员"、"人物小志"、"游于艺"、"新漫画"、"儿童的乐园"等十个门类，每星期又在版末增刊一个"小春秋周刊"，选刊一些隽永深刻的小品，具有现代报纸副刊的雏形。除此之外，周瘦鹃还将差不多类型的文字集合在一起，到了一定数量后出专页刊登，像"记所见"、"菊与蟹"、"夜"、"学校生活"、"农村专号"、"苏杭特刊"等都是特定的专页。

周瘦鹃擅长报刊上的图片处理，这个才能尤其在编辑《上海画报》时显得炉火纯青。在《上海画报》1925 年底到 1929 年之间的期刊上，基本每一期都能见到周瘦鹃杂记的踪影，这些杂记中并不是寥寥几个文字，周瘦鹃往往在杂记中配上饶有趣味的图片。通过他的文笔与图片，我们仿佛身临其境大上海的现代都市生活，我们可以在图片与文字中"亲临"电影院、戏院、饭店、歌舞厅、公园、剧院等富有现代特征的地点，这些现代时尚感的画面，展现了一个光怪陆离的传统与现代融合的大杂烩，一个真真实实的 19 世纪 20 年代大上海。比如在《礼拜六的晚上》是典型的都市夜生活写照，作者在短短一个晚上既参加了"狼虎会"的聚餐，聚餐完来不及告别又匆匆赶去另一个重要的夜总会，到凌晨时分才回到家中，忙碌的快节奏生活与现代都市生活无异。

在刊物的排版上，周瘦鹃积极效法欧美的流行杂志，追求新颖美观的效果，主张用图片来吸引读者眼球，行文中到处可见时尚的新花样与仕女图。例如在第 3 卷改版的《紫罗兰画报》中，他别出新意，将封面做成苏州园林样子的漏窗的式样，再将封面挖空一块，读者可以打开挖空的那一块，里面的扉页是一张仕女图，仕女图旁边还有一些吟风颂月的清丽词句。没有打开"漏窗"之前读者只能先看到外面封面上画得最凸出的板块，由此引发读者联想，等到翻开整个页面才能解开心中谜底看到里面的全貌，阅读的过程十分奇妙。正如周瘦鹃自己所说："真所谓'画里真真，呼之欲出'；总之我是不断地挖空心思，标新立异的。"①至于《紫罗兰》杂志的《紫罗兰画报》中，也有缤纷多彩的图片，有"法国沙龙名画号"、"华社摄影杰作号"、"欧美石刻名作号"、"南北名女优号"、"电影明星号"等板块，其流行的元素在报纸中随处可见。电灯泡、西洋乐器、香水、眼镜、电影等这些西洋舶来品在当时中国还不为常见，却是周瘦鹃编辑的杂志中的常客，周瘦鹃的粉丝以女粉丝居多，这也与杂志广告屡见不鲜的雪花膏、洁面皂、花露水等众多女性生活用品广告有关。总之周瘦鹃通俗杂志渐渐变成了时尚风向标。

（三）推陈出新，标新立异

周瘦鹃自幼接受过西方先进文化，他并不是一个墨守成规的人，他善于抓住当下流行之风，喜欢推陈出新，挖空心思来标新立异，创新了报刊编辑的很多新形式。

周瘦鹃不断创新杂志的大小版本，在编辑《半月》的时候，周瘦鹃就首创了三十开的版本，三十开版本面世的时候人人都说好看，等到了《紫罗兰》时他又创造了一种二十开的新版本出来，比三十开的短而宽，形式上更为大方美观，读者们又觉得新版本更胜一筹了。

不仅在版本大小上，在版本的形状上周瘦鹃也大力创新。在 1920 年的中秋节，周瘦鹃为了迎接中秋节特地设计了一个别开生面的中秋专版，通过通宵达旦工作终于将版面排作了一个圆形，象征一轮团圆的明月，让读者能够在报纸上赏月玩月。此外，周瘦鹃还首创了三色版的铜版画封面。

---

① 郑逸梅：《记紫罗兰庵主人周瘦鹃》，香港《大成》，1982 年 11 月 1 日第 108 期。

周瘦鹃认为商业性杂志不能总是同一个模样,应该过一段时间换一个新面孔,这样才能引起读者的新鲜感,他编辑的杂志的刊名不会一直固定不变,一般四年就要换一次,每次换名同时版本也要跟着改一遍。凭借自己庞大的粉丝,周瘦鹃每次换刊改版,粉丝仍会接踵而至,重新获得新人气。

(四) 广告效应

在繁华都市中,百姓们无不被各式各样的广告贴身包裹,广告成为大都市中挥之不去的景象。吸引读者的兴趣需要杂志精美的包装,杂志精美的包装需要一大笔费用的投入,一大笔费用的投资需要来自广告的收入,就拿《半月》杂志来说,它之所以能将版面不断推新,之后能延续改成《紫罗兰》《新家庭》,其背后可观的广告收入起了强大的支撑作用。据统计,在《半月》的广告投入上,最多的时候一期的广告达到了10多页,这在当时的期刊广告投入上是不小的数目。《半月》上刊登的广告种类繁多,有琳琅满目的食品广告,比如上海的冠生园食品、惠民奶粉、益利汽水等;有引领时代潮流的化妆名品,例如当时流行的雪花膏和花露水、五洲牌爽身粉、绿书牌固本肥皂,还有著名的无敌牌生发水香水精等等;烟酒广告是《半月》的广告主打,光是刊登的香烟广告品牌就有大联珠、大长城、梅园、红金龙、大炮台等等品牌,酒类广告有国产的烟台啤酒,也有国外的法国白兰地等;医药也占了《半月》广告的一大份额,有专治某种疾病的药片,如痛风骨痛露、吐血肺痨药草,也有保养身体的补药,如韦廉士大医生红色补丸,还有一些医院药房刊登上去的广告,如当时上海鼎鼎有名的五洲大药房。

(五) 丰富多彩的内容

周瘦鹃编辑的杂志主要是通俗文学"鸳鸯蝴蝶派"小说的阵地,"鸳鸯蝴蝶派"诞生于清末的上海,是十里洋场上产生的中西结合都市文学,它既传承了传统古典文学"才子佳人"模式,又吸收了来自西方的文学表达技巧。其独特的文学特点显示了它强大的包容性,使得周瘦鹃编辑的杂志上有多种多样的文学题材。

《半月》在周瘦鹃编辑的杂志内容上具有典型性,它与一些传统文学一样不遗余力写底层人民的生活,特别是在写妓女方面,何海鸣的《老琴师》①的思想具有深刻性,文中以老琴师为主来讲述他与雏妓阿媛的故事,阿媛心灵美好有积极向上的生活态度,她本来跟老琴师学唱可以靠卖唱为生,但是唱哑后她只能从卖艺变为卖身。虽然全文是旧式题材与旧式文体,但是批判力度不逊于五四新文学。

在表现都市生活的题材上的文章有孤桐的《误吻》②,《误吻》讲的是秦博爱三角恋的故事,在婚后仍爱恋着旧情人,在晚上停电时偷吻了"旧情人",灯亮后发现吻的是自己的妻子。文章中充满了新鲜时尚的词汇,在描写服装时用了"粉红华丝葛的夹袄"、"天青哗叽的套裙"等当时流行服装词汇,还有"盖门"(game)等音译词汇,全文还运用了西方心理描写的技巧。

《半月》有暴露社会问题的一面,周瘦鹃就亲自撰写过鞭挞拜金主义的文章,《爱妻的金丝雀与六十岁老母》③尤其突显周瘦鹃对拜金主义的态度,文中的学生 H 先生留美期间在美国娶了一位美国女人,婚后就抛弃中国的家人不肯归国,但是听到中国的父亲死后留下了一笔丰厚的财产,他却突然返回中国来领父亲的遗产。

(六) 形形色色的作家群

拥有一个强大而稳定的创作团队是一份文学刊物确保质量、吸引读者、扩大销路必要条件,周瘦鹃主编的《礼拜六》后百期作家阵容十分强大,当时文坛上有分量的通俗文学作家都纷纷投笔于《礼拜六》,这些作家大部分是职业作家,另外还有数量众多的商人、银行职员、公务员、公司职员和大中学校学生以及社会青年,甚至是传统的大家闺秀与家庭主妇。

《礼拜六》的版权页上开列出了"撰述者"的名单:天虚我生(陈蝶仙)、朱鸳雏、王西神、王钝根、江红蕉、严独鹤、吕伯攸、李涵秋、余

---

① 《半月》第 1 卷第 7 号,1921 年 12 月 13 日出版。
② 《半月》第 1 卷第 14 号,1922 年 3 月 28 日出版。
③ 《半月》第 4 卷第 2 号,1924 年 12 月 26 日出版。

空我、李常觉、朱瘦菊、范君博、吴灵园、沈禹钟、周瘦鹃、陈小蝶、张碧梧、徐卓呆、许指严、张舍我、张枕绿、程小青、程瞻庐、刘云舫、刘豁公等;绘画者名单:扬清馨、丁悚、张光宇、谢之光;《礼拜六》上除了国内的稿件还有来自海外名家的作品,有名的国外撰稿人有王一之(奥国)、傅彦长(美国)、腾若渠(日本)、江小鹣(法国)。① 这些作家除了有较高的文学素养外,都来自社会上的各行各业,如程瞻庐、李涵秋、胡寄尘都是中学、大学老师,天虚我生是颇为成功的企业家,张舍我是司法界人士,严独鹤是理科出身。周瘦鹃通过与这些来自各行各业的作家的交流,既可以了解都市市民的生活,又可以保证来稿的数量与质量。

　除了重用通俗作家的老友们外,周瘦鹃也独具慧眼,大胆提携新人,最为著名的新人作家当属张爱玲,张爱玲从一个名不见经传的普通女文学青年到全上海最红的文坛明星,仅仅用了几个月,周瘦鹃的大力推荐起了功不可没的作用。在《紫罗兰》(后)的第 2 期《写在紫罗兰前头》,周瘦鹃详细记载了他与张爱玲的这段交往经历:

　"说着,就把一个纸包打开来,将两本稿簿捧了给我。我一看标题叫做《沉香屑》,第一篇标明《第一炉香》,第二篇标明《第二炉香》,就这么一看,我已觉得它很别致,很有意味了。……我问她愿不愿将《沉香屑》发表在《紫罗兰》里,她一口应允,我便约定在《紫罗兰》创刊号出版之后,拿了样本去瞧她,她称谢而去。"②

　遍观《紫罗兰》,虽然张爱玲在它的投稿不是最多的,但是她的处女作选对了地方在《紫罗兰》上发表,《紫罗兰》在通俗文学出版物上强大的影响力让张爱玲一夜成名,成为全上海首屈一指的文学新星,可见当时周瘦鹃编辑下的杂志具有强大的号召力,是盛产作家的摇篮。

四、个人刊物出版的实践——以《紫兰花片》为例

　在周瘦鹃编辑的众多刊物当中,《紫兰花片》显得与众不同,它不

① 贾金利:《〈礼拜六〉杂志编辑思想评析》,河南大学出版社 2005 年版,第 24 页。
② 周瘦鹃:《写在紫罗兰前头》,《紫罗兰》,1943 年 1 月第 2 期。

似其他刊物集合各界作者的作品出版求最大盈利,而是只出版周瘦鹃自己创作的作品,形式类似于今天的个人博客,《紫兰花片》是周瘦鹃出版的所有杂志中最具个性的一份杂志。在《紫罗兰》半月刊风行各地时,周瘦鹃忽然灵感四起,想在编辑报刊余暇时出版一本不一样的个人杂志,于是个人小杂志《紫兰花片》月刊于 1922 年 6 月 5 日应运而生。

(一) 袖珍精致的"香扇坠"

　　既然将新杂志命名为《紫兰花片》,周瘦鹃就决定将《紫兰花片》打造成如花瓣一样的袖珍刊物。他设计了六十四开的袖珍版式,自行排版,用桃林纸精印,文字共有 28 个题目,卷首和中页有风景、书画、人物、金石等图片,杂志全部用紫罗兰上色,分外精致,绚丽夺目可与花瓣媲美。读者们爱《紫兰花片》的娇小玲珑,将它比作古典文学《桃花扇》中外号"香扇坠"的李香君,觉得《紫兰花片》就像周瘦鹃编辑的系列杂志丛中的一个"香扇坠"。

　　周瘦鹃精心打造《紫兰花片》,每期封面都要请社会上著名画家来画美人,画中的美人长发及肩,似飘飘仙子,再用彩色精心刻印,紫罗兰缠绕四周,并请人为封面题字,卷首用铜版图,画面清晰亮丽,不逊色于当下的图片颜色处理技术。周瘦鹃将《紫兰花片》制作成袖珍本,小而精致,惹人可爱。在六十四开大的地方排列三栏,有的排栏还宽窄不同。整本杂志大小只有《礼拜六》周刊的一半,普通的衣袋就可以容纳,舟车出行携带非常方便。杂志内容丰富,有名画、小说、诗话、词话、短剧等等,补白多隽永深刻,整个杂志透露着浓厚的书香气息,仿佛极富诗情的一代才女"香扇坠"李香君美人。

(二) 自我抒情的雅集

　　《紫兰花片》是作为周瘦鹃个人刊物出版,刊登的都是其自己撰写的文章,类似于今天流行的个人博客,书写的内容必然带有自我抒情色彩。杂志中不少文章是以周本人的境况为选题,很多小说中均能看到周瘦鹃的影子,自叙色彩浓厚。

　　《紫兰花片》杂志的名字本身就带有周瘦鹃初恋情人的影子,《紫兰花片》杂志的英文刊名是"The Violet"，周瘦鹃初恋情人的英文名字正好也是"Violet"，某种意义上来说这本杂志就是周瘦鹃寄托对初恋情人缱绻的思念出版的。在《紫兰花片》中，周瘦鹃甚至开辟了专栏"银屏词"一栏，在专栏每期汇集前人词中都出现了有"银屏"二字的篇章。"银屏"好像"吟萍"的谐音，周吟萍是周瘦鹃初恋情人的中文名，显而易见，此专栏就是专为周吟萍而设。周瘦鹃写完文章给自己的文章署名时，经常用"屏周"、"瘦鹃"称号，一本杂志同时镶嵌了初恋情人中英文名字，可见《紫兰花片》的初衷是周瘦鹃对初恋的幻想与追忆。

既然《紫兰花片》刊登的都是周瘦鹃自己撰写的文章，那么里面的内容自然是他自我心灵历程的写照，周瘦鹃曾经称自己是"文字劳工"："吾们这笔耕墨褥的生活，委实和苦力人没有什么分别，不过他们是自食其力，吾们是自食其心罢了。"[①]同时，周瘦鹃也自称其为"文字上的公仆"，"不幸我所处的地位，恰恰做了人家文字上的公仆。一天到晚，只在给人家公布他们的大文章，一天百余封信，全是文稿。"[②]当时周瘦鹃身兼数职，是大东书局、申报馆、先施乐园日报社等的编辑，每天工作要十五个小时，星期天也没有休息。对此，他的朋友许廑父就曾经提到过他"平生无嗜好，每日治事，至 15 小时，常自称曰文字之劳工"。[③]

《紫兰花片》中最能体现周瘦鹃"文字劳工"和"文字公仆"艰辛工作的作品是《老伶工》。《老伶工》写的是一老伶工为了养活全家让儿子儿媳过上好生活去卖唱，呕心沥血了一辈子，最后病倒只剩孤独一人的故事。文章结尾之处传神写出了老伶工弥留之际落寞的心迹："把他的心做弦，把他的灵魂做鼓板，一时全神贯注高唱入云，他要唱给自己听，他要唱给上天听，这当儿夜已深了万籁俱寂，单有他一个人的歌声荡满在天地之间……唉，可怜的老伶工，他的心血呕尽了，他的歌声从此绝响了"[④]。《老伶工》表面上看是歌颂孝道劝世作用的

---

①　周瘦鹃：《噫之尾声》，《礼拜六》，1915 年第 67 期，第 13 页。
②　周瘦鹃：《几句告别的话》，《上海画报》，1929 年第 431 期，第 2 页。
③　许廑父：《周瘦鹃》，《小说日报》，1923 年 1 月第 1 版。
④　周瘦鹃：《老伶工》，《紫兰花片》，1922 年 1 月第 2 期，第 6 页。

文章,实际上字里行间影射了周瘦鹃编辑出版事业的一生,周瘦鹃写老伶工的故事实际上就是在写自己的人生经历,这份苦使得周瘦鹃获得了"哀情巨子"、"鸳鸯蝴蝶派五虎上将"的美誉,也就是这份苦让他倍感身心憔悴与无奈。读罢文章,我们不禁被周瘦鹃的文字劳工、公仆精神所感染。

结 论

通过了解周瘦鹃的生平简历,我们知道走上编辑出版这条道路跟他早年的生活经历离不开关系,从小打好的英语基础不仅提高了他的翻译水平,更使他早早接触西方的世界,影响到他日后的编辑方针与编辑风格。周瘦鹃的编辑出版活动集中在上海地区,主要编辑出版的是通俗文学刊物,他担任编辑的初期广交人脉,积累了丰富的编辑经验,1920 到 1932 年期间他的编辑出版事业达到巅峰。

周瘦鹃编辑事业上的成功少不了朋友的帮助,他在上海强大的人脉关系支撑起周瘦鹃的事业,亦师亦友的包天笑是周瘦鹃的伯乐,是周瘦鹃编辑出版事业上的领路人;《礼拜六》的主编经历使得周瘦鹃确定了编辑道路;袁寒云鸳鸯蝴蝶派等朋友给予周瘦鹃的刊物稳定的稿源,维持杂志良好运营。与中华书局、大东书局的良好合作关系解决了杂志出版问题,民国时期几乎全国优秀的出版机构都聚集在上海,上海优越的出版环境,使得周瘦鹃的编辑出版事业更上一层楼。

纵观周瘦鹃的编辑活动,周瘦鹃编辑的刊物崇尚趣味主义与唯美主义,报纸的内容贴近上海市民的生活,注重装帧设计和文字排版,基本上每份刊物都是图文结合,周瘦鹃还大胆创新开启了杂志封面用三色版的先例,成为当时通俗杂志的编辑模板,一时许多杂志纷纷效仿。周瘦鹃作为"鸳鸯蝴蝶派"的代表作家,其编辑的刊物《礼拜六》、《紫罗兰》、《紫兰花片》等无不透露着通俗化与时尚性的气息,与"鸳鸯蝴蝶派"的创作风格基本相符,这与当时上海的繁荣的都市文化环境是分不开的。在时代潮流中,周瘦鹃具有先锋意识,在报刊编辑上不断推陈出新,标新立异,使得通俗报刊的版面越来越精美,注重广告效应,已经形成现代娱乐报刊的雏形。同时,他编辑的杂志内容包罗万象精彩纷呈,这得益于供稿的作者有固定的来源,而这些作者来自上海的各个行业,对上海生活有深刻的体验,不同的生活体验使得杂志的文章内容丰富多彩,周瘦鹃在重用固定供稿的老作家们外,还大胆提拔文坛新人,最著名的例子当属周瘦鹃的《紫罗兰》捧红了文学天才张爱玲。

除了在编辑事业上如鱼得水外,周瘦鹃还开辟了出版界的新事业,周瘦鹃入职大东书局,大东书局是民国时期上海地区的一个重要的出版发行机构,大东书局与周瘦鹃的合作促成了双方最大的利益。大东书局为周瘦鹃出版了其编辑的《紫罗兰》、《紫兰花片》、《半月》、《新家庭》,其中《紫兰花片》是周瘦鹃出版的个人刊物,外观上小而精美,所刊登的都是他自己创作的文学作品,大多是自我感情的抒发。这些编辑出版的刊物都极具现代性,走在了时代前列,为上海的出版编辑业做出了重要的贡献,也为上海的都市文化增添了新的光彩。

参考文献:

[1] 王智毅.周瘦鹃研究资料[M].天津:天津人民出版社,1993.

[2] 陈建华.从革命到共和清末至民国时期文学、电影与文化的转型[M].桂林:广西师范大学出版社,2009.10.

[3] 何媛媛.紫兰小筑周瘦鹃的人际花园[M].北京:东方出版社,2011.12.

[4] 周瘦鹃.姑苏书简[M].北京:新华出版社,1995.

[5] 上海书店.申报影印本[M].上海:上海书店出版社.1983.

[6] 魏绍昌.鸳鸯蝴蝶派研究资料[M].上海:上海文艺出版社.1984.

[7] 周瘦鹃.紫兰花片[J].上海:大东书局,1922.6—1924.6.

[8] 范伯群、周全.新文学史料[J].北京:人民文学出版社,2001(01).

[9] 李克西、喻名乐.周瘦鹃、黎烈文主编《自由谈》时期编辑特点比较分析[J].神州(上旬刊).2013(5).

[10] 张向凤、周渡.出版、文学与未完成的现代性——周瘦鹃编辑出版活动评述[J].编辑之友.2010,(2):107—109.

[11] 周渡、张向凤.周瘦鹃在《上海画报》中的编辑实践[J].编辑之友.2011,(6):119—120.

［12］林夏.张爱玲和紫罗兰［J］.河南教育(高校版).2012,(1)：48—49.

［13］刘莉.周瘦鹃主编时期《申报·自由谈》小说研究［D］.上海：复旦大学,2010.

［14］郭晶.周瘦鹃办刊实践研究［D］.郑州：河南大学,2012.

天水市旅游文本英译错误分析

何 玲

摘 要：根据德国功能学派学者克里斯蒂安·诺德的翻译错误分类理论，可以把翻译中的错误按照功能层级分为四类，本文将在该理论的指导下，分析天水市旅游文本英译中存在的错译、漏译等问题，并对翻译现状从政府和译者两个方面提出改进建议，希望今后可以避免此类问题，弘扬天水文化。

关键词：功能学派 翻译错误 克里斯蒂安·诺德

Error Analysis in English Translation of Tianshui's Tourism Texts

Abstract：According to Christiane Nord's functionalism theory，which divides the translation errors into four types，this paper will analyze mistakes in the English version of Tianshui's tourism texts，for instance，mistranslation and omission. On the other hand，it is going to give advice，from the perspective of local government and translators，about how to come up with better translations and carry forward Tianshui's culture.

Key words：the Functional school translation errors Christiane Nord

一 引言

天水市位于甘肃省东南部，因"天河注水"的美丽传说而得名，自古是丝绸之路必经之地和兵家必争之地,也是华夏文明和中华民族的重要发源地,全市共有国家和省、市级重点保护文物 296 处,"三皇之首"伏羲氏就诞生于天水,并在卦台山演绎创画八卦,从此开启了人类智慧和中华文明。自秦汉以来,汉忠烈纪信、飞将军李广、三国名将姜维、陇上铁汉安维峻、爱国将领邓宝珊等都是这块文化沃土上孕育的杰出人物。伏羲文化、大地湾文化、秦早期文化、三国文化、石窟文化更是共同构成了天水五大特色文化。[1] 天水旅游资源如此丰富,又因为是丝绸之路经济带上的重要城市,近年来颇受瞩目,但是市内旅游文本的英译良莠不齐甚至缺失,让外国游客无法完全领略"羲皇故里"的魅力和底蕴,因此本文将以"中华第一庙"伏羲庙[2]、道教名观玉泉观和明代民居南北宅子三处为代表,用诺德的功能理论将其旅游文本在翻译时出现的错误分为四类,并对翻译现状的改进建言献策,让天水成为名副其实的旅游之都。

二 翻译错误分类理论

德国功能翻译理论形成于 20 世纪 70 年代,它的出现与其他理论一同证明了仅靠语言学本身是解决不了所有问题的,这不得不说是一个突破。与建构在对等理论上的语言学翻译理论不同,功能学派把翻译目的作为翻译批评的首要考虑因素。[3] 该理论的主要代表人物是德国学者凯瑟琳娜·赖斯(Katharina Reiss)、汉斯·J. 弗米尔(Hans J. Vemeer)、贾斯塔·霍尔兹·曼塔莉(Justa Holza Manttari)和克里斯蒂安·诺德(Christiane Nord)。它的核心内容为弗米尔提出的"目的论",其中最重要的法则为目的法则,即翻译行为的目的是决定翻译行为的基本原则,也就是"目的决定手段"。根据此法则,译者可选用能实现译本预期交际目的的最恰当的翻译方法和策略,意译、直译、改译、删减等都是可以接受的。[4]

克里斯蒂安·诺德是德国翻译研究界的领袖人物,她曾发表了英文专著《译有所为——功能翻译理论阐释》,全面介绍了德国功能翻译学派的理论,同时,阐释了她本人的功能翻译观点。诺德将翻译误差定义为"不能正确执行翻译纲要中的指示,或是对翻译问题不能合理解决。"[5]

　　诺德将翻译错误分为四类,分别是功能性翻译错误、文化性翻译错误、语言性翻译错误和文本特有的翻译错误。按照诺德的翻译错误分类,我们可以将旅游文本翻译过程中出现的问题进一步细化,寻找造成翻译错误的原因,有的放矢,从而采取可行的翻译方法来提高翻译质量。

三　天水市旅游文市中的错误分析

(一) 功能性翻译错误

　　诺德认为,功能性翻译错误是由于译者在翻译的过程,忽略了译文的预期功能及目标受众的需要而造成的,可以说"它几乎涵盖了译文中的所有的翻译错误,因为任何错误都会直接或间接地损害译文的预期功能"[6]。显然,一切阻碍达到翻译目的的行为都属于翻译错误。这类错误主要体现在以下例子中:

表1

	玉泉观景点介绍词	天水文化旅游网[7]
陇上名观——玉泉观	Famous temple of Gansu—Jade Spring Temple	Yuquanguan Temple

　　从表1可以看出,玉泉观的名称翻译,不同的地方翻译截然不同,但就旅游景点的名称来说,翻译应当是统一为好,这样既方便对外宣传,也不会因为翻译的差异而让游客无法分辨是否为同一个地方。玉泉观位于天水市城北,因有元代"玉泉"而得名。始建于唐代,经元、明、清三十余次扩建重修,形成拥有九十余座建筑的庞大道教建筑群落,被誉为"陇东南第一名观",曲径幽道萦回、亭台殿阁迤逦,是观光问道的理想旅游胜地。由此我们可以发现,"玉泉"二字是有其文化负载含义的,固然像天水文化旅游网那样,参照陕西省地方标准《公共场所公示语英文译写规范:旅游》中景点名称的翻译,专名与通名采用音译、随后重复意译出通名的做法以表明景点的性质,比

如白鹿塬译为 Bailuyuan Tableland，八仙庵译为 Baxian' an Temple，鸡心岭译为 Mount Jixinling，这种方法比较常用。但是就该景点来说，显然名称是为了强调其文化内涵和性质的，宜采用意译法，比如：玉女峰 The Jade Lady Peak，彬县大佛寺 Binxian Giant Buddha Temple，[8] 所以笔者建议采用 Jade Spring Temple 的译法更加能传达出文化含义。

（二）文化性翻译错误

文化性翻译错误是指由于对文化信息，包括当地特有的文化景观以及文化负载词等理解不当而造成的译文中与译语文化规范和惯例相冲突之处。翻译不仅仅是语言的转换，更是文化的交流，对旅游文本来说，传递信息是最主要的目的，因此，在翻译中势必要减少错误，不要让外国游客产生认知上的误解。[9]

表 2

五路财神殿	Temple of Five-Road Wealth Gods
始建于清乾隆初年，由大殿、拜殿、过厅组成。原称关帝庙，现为五路财神殿。殿内供奉道教五路财神比干、赵公明、关羽、郭子仪、岳飞，五路财神共祀一殿的布局，在国内较为罕见。	It was built in the early years of Qianlong in Qing Dynasty, composed of main hall, worship hall and gallery. It was originally called Temple of Guan Yu, now called as Temple of Five-Road Wealth Gods. Five roads of wealth gods in Taoism including Bi Gan, Zhao Gongming, Guan Yu, Guo Ziyi and Yue Fei are consecrated in the temple. It is rarely seen for the pattern that five-road of wealth gods are offered sacrifices in one temple.

这个例子虽然字数不多，但是包含多个中国文化特色的词汇，比如乾隆、比干、赵公明、关羽、郭子仪、岳飞等，这些对中国人来说家喻户晓的名字，外国游客若是不加以解释，很难看懂这句话到底是什么意思。这个景点告示牌是在玉泉观其中一个庙宇的门口，看不懂文字，游客必然对殿内的塑像以及整座庙宇的建造目的不甚了了，而在

这个例子对应的翻译中,译者或许是由于告示牌篇幅不足、或许是没有意识到这个问题,总之,译本中只有几个名字,再无多余说明,外国游客自然不能理解,所以尽管囿于篇幅问题,也还是应当适当解释,[10]便于理解。

表3

后庭 始建于明代万历四十三年(公元1615年),是胡忻祖父居住的地方。	Hou Ting Which was founded in Ming dynasty (1615), was the place that Huxin's grandfather live in.
过厅 始建于明代万历四十三年(公元1615年),建筑结构严谨、造型独特,前廊月梁为卷棚式形制。是胡忻会见宾客的主要场所。	The Hallway First established in the 43rd year (1615A. D.) during the reign of Emperor Wanli of the Ming Dynasty (1567 - 1644), the hallway has well-knit structure and unique shape, the crescent beam of the front veranda is a round ridge roof. The hallway was the main place where Hu Xin met the guests.

这两个例子摘自南北宅子的景点介绍,即使是同一个景点、同一个时间年代的翻译,也是大相径庭,有两个版本,第一个版本中将万历这个年号没有翻译,只是译出了朝代,而第二个版本中,将原有信息逐一译出,而且对于万历这个文化负载词,进行了增译,给出了解释,译为"Emperor Wanli of the Ming Dynasty (1567—1644)",这样游客一看就知道是皇帝的年号,容易理解,所以该景点应该将所有有关朝代的翻译都做修改,采用增译的方法。[11]

(三) 语言性翻译错误

在翻译错误中,语言性翻译错误最为常见,它是指译文中含有违反译语语言规范的错误,如:标点符号、拼写及词性等方面的低级错误,以及时态、语态、逻辑结构等面的错误。在伏羲庙、南北宅子和玉泉观的旅游景点介绍中,此类错误比比皆是,如下面几例:

表 4

办公区域 游客止步	Office Area No AdmIttance

　　这是南北宅子庭院中一块告示牌上的警示语,不难看出来,大小写都弄错了,这种错误是不能容忍的,而且告示牌放出来了这么久,却没有工作人员发现更改,实在是工作疏漏,希望景点的相关负责人能够尽快更正过来。另外,游客止步的翻译有很多更好的版本,比如"Staff Only",这种说法既委婉又达到了游客不能入内的警告目的,相比之下,"No Admittance"语气生硬,而且表达模糊,没有说清楚不准入内的对象到底是谁。这不仅需要译者在翻译的时候能更加用心认真对待,以自己的专业素养向游客传达每一个信息,校对者在树立标示语的同时也要仔细检查,不要出现这种错误。

表 5

主体建筑先天殿内现存明代伏羲泥塑彩绘巨像,身高三米,手托先天八卦盘,威仪古朴,俨然一位古代圣者的形象。	In the hall, there's a big colored statue of Fuxi sitting in a huge niche, 3 meters high, wearing tree leaves, and holding the eight diagrams.

　　这句话来自伏羲庙宣传册中的介绍语,姑且不管翻译是否过关,就标点符号来看,"there's"中本应该用英文的"'",但是此处的标点却是中文标点,而且宣传册中竟然达三处之多,这种错误本是可以避免的。伏羲庙作为中华民族文明的发源地,每年都会在 6 月 22 日举行公祭大典活动,有来自港澳台和海内外的同胞一起相聚在此共同祭祖,活动如此浩大,但是宣传册却禁不起推敲,错误不断,实在汗颜。

表 6

水深危险 注意安全	Water depth danger Attention to safety

　　这句话同样摘自南北宅子庭院中的公告牌,但是明显是按照汉

语逐字对应翻译的,若按照此版本的翻译,词性搭配均不对,游客当然不明就里,还不如用图片表示更加直观。因此笔者认为这类标语必须要做修改,此处改为"DEEP WATER! BEWARE!"并且大写来进一步表示强调,更能传达原话的意思。

(四) 文本特有的翻译错误

文本特有的翻译错误是限于特定文本的翻译错误,"可以从功能或语用学的角度进行评价"。旅游文本兼具"传递信息"与"诱导行动"两种功能,偏重"传递信息"功能。如果特定译语文本内存在与预期功能不相协调的部分或局部功能存在相互冲突的部分,译文应具有的主要包括"传递信息"与"诱导行动"在内的整体功能必然会受到影响和损害,这当属文本特有的翻译错误。[12]比如下面的例子:

表7

东厢房 始建于明代中期,为胡忻家眷、亲属居住之用。	The East Wing First established in the mid Ming Dynasty, was the residence for the family members and relatives of Hu Xin.
槐荫院东厢房 明代建筑。面阔三间,四檩前出廊单坡硬山顶架构,采用单、双步梁和抱头梁,后檐部出橡作檐,这是天水古民居中特有的建筑做法,俗称云罗厅。明间四扇六抹槁扇门,两次间双喜锦支摘窗。现陈列为婚庆情景。	The East Wing Room of the Huaiyin Courtyard

这两例都来自南北宅子中的公示牌介绍,同为东厢房的文本翻译,第一个由于短小简单全部都翻译了出来,而第二个却只翻译了标题,如此翻译不统一,势必会对游客造成困惑,同时当然也会影响他们对房子用途的了解,更重要的是,第二个介绍中所涉及的房屋架构、建筑方式属于天水地区的特色,不予以翻译的做法不仅拒绝了游客了解这间房屋的机会,更是关闭了当地文化为其他国家游客所了解的途径。我们对文本进行翻译的主要目的不就是要让景点的一切

为人了解吗？这么做无异于与我们的初衷背道而驰。因此，什么要翻译什么可以不用翻译必须要设立统一的标准，建筑相关翻译也要请相关专家来把关，做到真正的达意，达到沟通的目的。

表 8

天水伏羲庙每年举办三次大的祭祀伏羲的活动，即正月十六日前后以民间祭祀活动为主的传统庙会，6月22日由甘肃省人民政府主办的公祭伏羲大典以及农历七月十九日秋祭伏羲活动。天水伏羲庙祭祀活动因其源远流长、影响范围广而被国务院公布为首批国家级非物质文化遗产保护名录，同时被国际节庆协会列为中国最具发展潜力的十大节庆活动之一。	There are two temple fairs every year. One is a public sacrifice to Fuxi, which is held on June 22, another is a folk sacrifice to Fuxi, it is on the 14th– 16th days of the first lunar month, during the spring festival. That day is said to be Fuxi's birthday.

这个例子摘自伏羲庙的宣传册，不难看出，英语在翻译的过程中，对原文做出了大量修改，不仅把祭祀活动由三次改为了两次，还把伏羲庙因其深远的影响所带来的两项具体的评价也省去了，笔者认为最后一项评价，即"被国际节庆协会列为中国最具发展潜力的十大节庆活动之一"可以省略不译，但是非物质文化遗产要翻译出来。由此可见，对于翻译的内容虽要有所取舍，但是不能将传递文化信息的主干部分删减，这样很容易造成信息缺失。

四　改进天水市景点翻译现状的策略和建议

天水市虽然旅游景点不少，但是除了麦积山石窟、伏羲庙、南北宅子、玉泉观等有英文介绍外，很多景点仍然没有英文版本或不全，更不用说英文讲解了，少之又少。笔者认为，天水市作为一带一路经济带上的重要城市，在国家西部大开发和一带一路的共同开发下，必将迎来新一轮发展高潮，因此，如何利用天水固有的丰厚文化底蕴和丰富的旅游资源将天水打造成为历史文化名城，旅游景点的英文介绍必不可少，而且有很大的促进作用。为进一步改善市内旅游业的

翻译现状,笔者特提出以下建议,希望能有所帮助:

(一)政府应该最大限度地发挥职能。天水市政府应该联合管辖下的两区五县政府一起,成立专门的工作小组,逐个查看当地的旅游景点翻译情况,对于出现错译、乱译、少译等问题的标识牌或景点介绍及时撤换。各级政府首先明确旅游翻译在当地文化对外传播工作中的重要作用,这样才能有意识的设立专项资金用于当地文化旅游翻译的研讨工作。同时,还应该参考北京、上海、陕西等地的旅游翻译规定,制定出符合天水地区实际需求的翻译标准或规范。

(二)译者是文本质量的直接决定者,因此,提高译者的自身翻译水平和素质,无异于提高整个旅游行业的译本可读性和精准性。之前所分析的文本错误中,我们不难发现,有很多都是由于译者的疏忽造成的,比如大小写、标点符号、擅自删除原信息等问题。由此可见,译者的职业素质必须加强,对接受的翻译任务一定要认真对待,多次检查,这样才能避免不出现上述低级错误。而对于一些中英译本不对照、按照汉语语序逐字翻译的现象,是由于翻译人员水平不足造成的,因此译者必须要重视自身能力的提高。针对翻译人员对天水的历史、旅游文化等知识匮乏的现象,有关部门可以组织相关专家和机构对负责此类翻译工作的译者进行文化知识的培训,以期达到更好的翻译效果。当然,最好是能和天水市乃至甘肃省的高校合作,这样既给了同学们锻炼的机会,同时他们又相对外地译者更加了解天水的文化。而对于专业领域的文本翻译,如建筑、艺术等,可以聘请相关领域的翻译人才把关。

总而言之,有了政府的高度重视,再加上当地高校的合作以及引进优秀翻译人才的计划,天水市的旅游文本翻译质量必将大大改善,繁荣的旅游业发展也将促进当地经济更好的发展,二者相互助益,弘扬天水文化,共同把天水市打造成为名副其实的"陇上小江南"。

参考文献:

[1] 天水市. [EB/OL]https://baike. so. com/doc/5334253-5569691. html,
2017-09-18.

[2] 伏羲庙. [EB/OL]http://www. tswhly. gov. cn/loyo/view? news_id=

788,2017-09-18.

［3］陈张帆.武汉旅游景点翻译资料的英译错误分析[J].华中师范大学研究生学报,2009,16(1).

［4］方梅、纵兆荣.徽州文化旅游文本英译错误分析[J].湖南工业大学学报(社会科学版),2014,4.

［5］侯小静.从诺德的功能翻译理论看公示语的英译[J].丝绸之路,2010,14.

［6］范勇.目的论观照下的翻译错误[J].解放军外国语学院学报,2005,1.

［7］甘肃旅游网.［EB/OL］http：//english.gsta.gov.cn/English/englishts/10743.jhtml,2017－09－18.

［8］杨红英.旅游景点翻译的规范化研究——陕西省地方标准《公共场所公示语英文译写规范：旅游》的编写启示[J].中国翻译,2011,4.

［9］白凌.山西旅游景点公示语汉英翻译错误分析与规范[J].淮南职业技术学院学报,2015,4.

［10］牛新生.关于旅游景点名称翻译的文化反思——兼论旅游景点翻译的规范化研究[J].中国翻译,2013,3.

［11］乌永志.文化遗产类旅游景点名称汉英翻译规范研究[J].外语教学,2012,33(2).

［12］丁立福、黄波.安徽旅游翻译错误调查研究[J].焦作大学学报,2011,1.

外宣"三贴近"原则指导下的海派文化英译
——以《纪录陈家泠》为例

胡梦琦

摘　要：以外宣"三贴近"原则为指导,分析人物传记《纪录陈家泠》一书的英译过程,探究海派文化外宣过程中应当采取的翻译策略和方法,指出海派文化英译过程中应充分考虑国外受众的思维习惯,通过适当的"增"、"删"、"释"、"分"、"合"等翻译方法,讲好上海故事,提高上海都市文化的传播效果。

关键词：外宣　三贴近原则　海派文化　英译　陈家泠

On Chinese to English Translation of Shanghai Culture Guided by the Principle of Three Closeness: A Case Study on the Translation of *Memoirs of Chen Jialing*

Abstract： This article, guided by the the principle of three closeness, analyzes the translation process of the biography *Memoirs of Chen Jialing* in order to study the proper translation strategies and methods for translating the Shanghai culture to the outside world. By taking into full consideration of foreign readers' way of thinking, translators should adopt addition, omission, explanation, division, combination and other translation methods as a way to enhance the communicating effect of Shanghai culture.

Keywords： translation for China's global communication, principle of three closeness, Shanghai culture, Chinese to

English translation, Chen Jialing

一、引言

陈家泠是后海派绘画代表性的画家之一,曾师从陆俨少等海派绘画巨匠。他的创作实践既体现了海派美术"海纳百川、兼容并蓄"精神特质,又反映了他"既坚持本土文化立场,又不拒绝外来冲击"的创作定力。贾樟柯导演为他拍摄的纪录片《陈家泠》在各大国际影展上获奖。随后,上影集团又将贾樟柯与陈家泠在上海"大世界"的访谈整理成3万多字的人物传记《纪录陈家泠》,并付梓出版。2017年9月,笔者参与了上影集团《纪录陈家泠》一书的英译项目,全书翻译完成后交外籍专家审校定稿。书中主要内容是陈家泠对绘画、艺术和人生的思考和感悟,表现出一位上海艺术家特有的"上善若水、海纳百川"的人文气息,是上海都市文化在艺术领域的集中体现。因此,这本书的英译为对外讲好上海故事,传播上海都市文化提供了良好契机。有鉴于此,翻译团队认为可以适当借鉴目前国内外宣领域的翻译策略和方法,特别是黄友义(2004:27)提出的外宣"三贴近"原则,即,贴近中国发展的实际、贴近国外受众对中国信息的需求、贴近国外受众的思维习惯。

二、海派文化英译现状分析

孙逊(2007:7)认为,"海派文化"为中国地域文化谱系中最具现代性的一种文化形态,它具有趋时求新、多元包容、商业意识和市民趣味四个主要特点,而形成这些特点的历史成因,主要在于上海作为商业都会、移民城市和租界社会的特殊历史条件。因此,在外宣翻译框架下,可以国家外宣为面,都市外宣为线,派别文化(如海派文化)为点,搭建更为系统的翻译架构。2010年,文汇出版社推出《海派文化丛书》系列,全书共计33册,包括《上海电影》、《墙·呼啸》、《上海望族》、《海派文学》、《上海先生》、《上海女人》、《上海婚俗》、《上海名人家训》、《上海方言》、《上海租界百年》、《海派书画》、《上海人吃相》、

《海派收藏》、《海派滑稽》、《海派时尚》、《海派金融》、《海派中医》、《海派园林》等等,全方位多角度地介绍了海派文化。2013年,上外高翻基地承接了《海派文化丛书》的英译项目,选译了《上海女人》、《上海先生》、《上海人吃相》和《墙·呼啸》等书。值得注意的是,姚锦清(2013)在该项目的翻译中提出,在不影响原作精神的前提下,译者将占据主动权,根据读者需要在译文中适当进行重新构思,以使译文能够真正传达原作精神,沟通中外文化,在保留文化异质性的同时,兼顾内容的可读性。这与外宣"三贴近"原则提出的翻译精神不谋而合。事实上,目前在旅游、广告、新闻等领域,上海地区更多地采取直接用英文撰写文本,省去翻译环节,彻底摆脱原文对译文标点、词性、结构甚至是内容的束缚,提升英语读者的阅读体验。而在金融(如银行单据翻译)、科技(如操作说明书翻译)和法律(如商业合同翻译)等领域,则更多地贴合原文的形式和意义,强调语言和内容的准确性,从另一个方面展现上海作为国际化大都市的严谨、多元和包容特点。

三、外宣"三贴近"原则指导《纪录陈家泠》英译的理据

陈家泠吸取中国古代壁画和西方水彩技法,经过反复研究和实践,形成具有中国哲理性,兼有印象派和表现主义特点的个人风格。刘士林(2007:6)在谈及都市文化学时指出,在学科框架的层面上,都市文化学的基本结构要素主要有五项:一是"都市"。二是"都市文化"。三是"都市文化生产与消费模式"。四是"都市文学艺术"。五是"都市社会"。艺术是心灵的触媒和载体,某种程度上看,陈家泠作为海派艺术的代表人物,恰恰是上海人文艺术风骨的集中体现。因此,《纪录陈家泠》一书的英译必然属于上海都市文化外宣的一部分。外宣"三贴近"原则作为指导国家外宣翻译的重要原则,自提出以来获得广泛认可,可以作为《纪录陈家泠》一书的英译过程的指导思想。此外,这本人物传记中还不时穿插着对上海文化的介绍,以对话的形式润物无声地将海派文化传播出去。我们可以对外宣"三贴近"原则稍作修改,使之更好地指导海派文化的英译实践,即,贴近上海发展的实际、贴近国外受众对上海信息的需求、贴近国外受众的思

维习惯。

    例 1 "大世界",始建于 1917 年,由海上闻人黄楚九创办。它曾经是旧上海最吸引市民的娱乐场所,内设许多小型戏台,轮番表演各种戏曲、曲艺、歌舞和游艺杂耍等,中间有露天的空中环游飞船,还设有电影院、商场、小吃摊和中西餐馆等,游客在游乐场可玩上一整天。因此,可以说在老上海人心里,"大世界"是上海最市民化的地标之一。

    The Big World was founded by Huang Chujiu, a famous entrepreneur of Shanghai in 1917. It used to be the most attractive public place for entertainment in old Shanghai. There were many small stages to perform a variety of operas, folk arts, songs and dances, as well as recreational juggleries, etc. An open-air round trip spacecraft was standing in the middle area. There was also a cinema, a shopping mall, food stands as well as Chinese and western restaurants there, to name just a few. Visitors could visit for a whole day in it. Therefore, it can be said that in the eyes of old Shanghainese, the Big World is one of the most well-known landmarks of this city.

    由于贾樟柯和陈家泠的访谈选址在上海"大世界",因此顺便对这个老上海的地标建筑进行介绍。2017 年 3 月,停业 14 年的"大世界"重新对外营业,再次引来国内外的广泛关注。不少外国青年朋友都对这一建筑充满好奇,这段背景介绍恰好可以润物无声地将它介绍给国外受众。思维习惯方面,第一句译文将核心信息(创办人黄楚九)前置,时间信息后置。同时,黄楚九作为上海巨商和娱乐业的先驱人物,在国内声誉较高,但在向国外介绍时,增译了 entrepreneur 一词,将创始人"企业家"的信息补充进去。原文第二句较长,如果跟着原文结构走,容易导致英文结构冗长,空间结构描述不清。译文充分调用空间想象力,采取分译,将原文内容分解为"内设"、"中间"和"外部"三层,分三小句展开介绍,读来更加简洁流畅。原文中的"老上海"译为 old Shanghainese 而非 old Shanghai people,原因在于此处的"老上海"强调的是土生土长的上海本地人,而非简单的居住在上海的人。比如,一位常年定居在上海的北京人,外国人可以称他为 a Shanghai people,却不会认为他是一位 Shanghainese。

例 2 开埠以来,上海一直是中国的文化中心之一,历史上也是人才辈出,涌现了许多艺术大师,并逐渐形成了"海纳百川,兼容并蓄"的海派艺术风格。与此同时,上海一直以来也是中西文化交流和文化传播的重镇,领风气之先的首善之地。为了让更多的中外观众能够有机会领略中国绘画艺术大师的独特魅力,上海先后拍摄了《任伯年的画》、《徐悲鸿的画》、《吴作人的画》、《潘天寿》、《刘海粟》等电影纪录片。可以说,上海向来都有为艺术大师拍摄电影纪录片的传统。《陈家泠》诚然接续和阐发了这一其来有目的传统。

Shanghai has always been one of the cultural centers of China since it was opened to the outside world. Large numbers of outstanding people came forward here in history, including many great artists. 'The sea admits hundreds of rivers for its capacity to hold.' Such is the artistic style of Shanghai gradually formed in its history of sufficient opening-up. Moreover, Shanghai culture, originated from a city that plays a leading role in boosting economic development, is the result of combing the cultures of the south and the north and melting the cultures of the east and the west. To offer more chances for audiences at home and abroad to enjoy the unique charm of Chinese painting masters, Shanghai successively shot many documentaries such as *Paintings of Ren Bonian*, *Paintings of Xu Beihong*, *Paintings of Wu Zuoren*, *Pan Tianshou* and *Liu Haisu*. As it were, Shanghai has been accustomed to make a documentary for great artists. The film *Chen Jialing* for one is developing this cherished tradition.

例 2 的前半段同样是对上海这座城市的介绍。译文同样从贴合国外受众的语言习惯出发,对原文进行了适当的分译与合译。原文的第一句在译文中被拆分成四句,每一句表达一个核心意思。值得注意的是,原文中"……并逐渐形成了'海纳百川,兼容并蓄'的海派艺术风格","海纳百川,兼容并蓄"作定语修饰"海派艺术风格",考虑到"海纳百川"属于中华传统文化典故,体现出中华文化和海派文化的精髓,应当予以保留,同时如果将"海纳百川,兼容并蓄"仍然处理为定语则过于冗长拖沓,因此译文将其单独拆离,并加上引号,表示引文,然后另起一句,处理成"Such is the..."的结构,并在句尾增译"gradually formed in its history of sufficient opening-up",以便更好地与前面两句衔接。原文第二句中,"……的重镇"和"……的首善之地",如果顺译,则译文容易产生语义重复的问题,译者发现词句与之前学习过的一篇介绍上海历史的英文内容相似,因此重新大胆地沿用了记忆中的地道英文介绍,同时将原文中的主语"上海"转换为Shanghai culture(上海文化)。确保译文长而不乱,符合英文"文似看山喜不平",长短相间的语言偏好。

四、外宣"三贴近"原则指导下的《纪念陈家泠》英译方法分析

外宣"三贴近"原则中,着重强调的是第三条原则,即译文一定要贴合国外受众的思维习惯。因此从翻译策略的选择上,《纪念陈家泠》英译侧重于意译和归化,翻译方法上则主要采用的是"增词法"、"减词法"、"释译法"、"分译法"、"合译法"等,通过适当的"增"、"删"、"释"、"分"、"合"等翻译方法,讲好上海故事,提高上海都市文化的传播效果。张健(2013:27)认为,既为"宣传",就必须让人喜闻乐见、乐于接受,因此进行适当的"变通",合理的"瘦身"、理性的"整合"或"重构",不仅在翻译实践中是必要的,而且从翻译理论上讲也是不无根据的。需要指出的是,翻译过程中,这些翻译方法往往"结伴而行",译者需要根据翻译的需要灵活调用和组合,不能按部就班地为了使用这些翻译方法而调整译文。做到融会贯通,无法而有方,游刃有余,无限而有度。

例3 令人兴奋的是2015年秋季,这部电影又"连下三城":10月25日,在澳大利亚布里斯班举行的第2届中澳电影节上,荣获最佳纪录片奖"金合欢奖"(国家新闻出版广电总局电影局副局长梁戈出席);11月3日,在美国洛杉矶举办的第11届中美电影节上,荣获最佳中国纪录片奖"金天使奖"(国家新闻出版广电总局电影局副局

长毛羽出席);11月16日,在第35届夏威夷国际电影节上荣获纪录片成就奖,陈家泠先生被授予第35届夏威夷国际电影节"文化大使"。这也是自2010年以来,上海第一部电影纪录片获得如此之多高规格的国际影展大奖。

Allow me to list the awards it has been received during the autumn in 2015 with pride: best documentary award or the Golden Wattle Award in the 2nd China Australia International Film Festival held in Brisbane on October 25th (at which Liang Ge, the deputy chief of film department of the State Administration of Press, Publication, Radio, Film and Television of the People's Republic of China (SAPPRFT) attended); the best Chinese documentary award or the Golden Angel Award in the 11th Annual Chinese American Film Festival held in Los Angeles on November 3rd (at which Mao Yu, the deputy chief of film department of the SAPPRFT attended); the Documentary Achievement Award in the 35th Annual Hawaii International Film Festival on November 16th in which Mr. Chen Jialing was awarded as the Cultural Ambassador of the 35th Annual Hawaii International Film Festival. It is the first documentary made in Shanghai that has won so many awards in high standard international film festivals since 2010.

例3中,原文中的"连下三城"原本是一句军事用语,表示接连攻下三座城池,但在英文中却不宜直译。汉语中常常有"奥运军团"、"攻坚战"、"一场硬仗"等比喻用语,中国人读来振奋人心,非常有画面感,但直译成英文,却不符合国外受众的思维习惯,容易造成海派文化"好战"、"好勇斗狠"的错误认知。因此,译文采用减词法,将这个比喻词删去不译。原文"在澳大利亚布里斯班举行的……",地名在译文直接处理为Brisbane。因为对于中国读者而言,可能不清楚布里斯班位于澳大利亚,但在英语读者看来,加上Australia就是多此一举。而且原文中已经表明这是"中澳电影节",无需再次强调Australia。此外,原文中出现的"金合欢奖"和"金天使奖",翻译时也不能想当然地回译成Acacia Award和Golden Angel Award(尽管此处正确），而应当考虑到，既然这些电影节已经是中国和外国多次举办，那么必然已经有了国外已经接受的固定译法。翻译时应当选择"查译"，寻找国外相关介绍，并对应出约定成俗的译名，即，Golden Wattle Award 和 Golden Angel Award。

　　例4　那么开到第二、第三个画展，我想老是花鸟画，对我个人来说，就没有创意了，你不去换换新的东西，就没有意义了。另外对我的粉丝们来说，你老是画花鸟，他们花鸟已经收藏很多了，再收藏你什么？我就想我画山水，为什么我可以画山水，因为我过去从陆俨少老师那里学到他的基本技法、技巧，他的构图方法，怎么画山水，怎么从生活当中升华成艺术，怎么去找山水的精神与画山水的要点。因为我也带学生出去采风写生，有好多山水稿子，我有这个基础，于是我就把积累的素材画了一批山水，而这个技法，是用我画花鸟画的技法来画我的山水，这样就是我自己的了，艺术语言就统一了。所以第二个画展是在广东美术馆开的。我开画展还有一个特点，就是一定要到场地去看，根据这个场地的大小、面积来设计我的画展，它是整体性的。

When it comes to my second and third exhibition, flowers and birds were not my horizon anymore, for these subjects gradually became, so at least it seemed to me, a slavish copy of the original. I needed more space for my creativity to expand. Moreover, what new works can I offer to my fans since they have collected so much bird-and-flower paintings of mine? I switched to landscape again. Why could I do it? Because Lu Yanshao had taught me the principles of artistic composition and the way to lift the landscape out of banal sights so that the essence of art can capture the spirit of landscape. I had accumulated many landscape paintings during my field trips. So I produced a series of landscapes with my materials. Applying "Flowers and Birds" techniques to landscape, I created a language of my own. My second exhibition was held in Guangdong Museum of Art. To achieve a good overall effect, I would always visit the site in advance and design my exhibition according to the size and space of the site.

例 4 中的"花鸟画",译文处理为 bird-and-flower paintings。作为一个针对画家的访谈,"画"自然是全书的核心,英文至少就有 drawing、sketch 和 painting 三种。牛津词典对 drawing 的解释是 "That which is drawn; a delineation by pen, pencil, or crayon; a representation in black and white, or in monochrome; a sketch",因此 drawing 的特点包括:钢笔、铅笔或蜡笔作画,色彩为黑白。Sketch 的解释是"A rough drawing or delineation of something, giving the outlines or prominent features without the detail, esp. one intended to serve as the basis of a more finished picture, or to be used in its composition; a rough draught or design. Also, in later use, a drawing or painting of a slight or unpretentious nature."。因此,Sketch 的特点包括:粗线条的勾勒,草图。Painting 的解释是"The representation of an object or scene on a surface by means of colours; a picture. The representation of objects or figures by means of colours laid on a surface; the art of so depicting objects."。结合陈家泠的绘画特点,文中的"画"应当处理成 painting。此外,由于原文属于访谈语录,口语较多,有时候一句话会显得比较啰唆,译文如果一味地为了再现原文风格,很可能连基本意思都表达不清楚,因此要适当进行语义重构。比如"……因为我过去从陆俨少老师那里学到他的基本技法、技巧,他的构图方法,怎么画山水,怎么从生活当中升华成艺术,怎么去找山水的精神与画山水的要点……",译文处理为 Because Lu Yanshao had taught me the principles of artistic composition and the way to lift the landscape out of banal sights so that the essence of art can capture the spirit of landscape。原文中"他的……他的……"以及"怎么……怎么……"结构,都是陈家泠当时的思维过程,译文采取合译,使结构更加紧凑,逻辑更为清晰。

例 5　这对于我来说,大有启发:有信仰,就是一种力量。那么我们搞艺术的,信仰什么呢? 大自然就是我们的信仰,它们就是我们的神,就跟这些信徒一样,这些神山圣水就是智慧,就是养育了他们的源泉。再反过来看,我们的艺术就靠神山圣水给我们灵感,给我们智慧,给我们表现的一个对象,也就是我们的老庄哲学中所说的"天人合一",换句话讲就是"殉道者的精神",我们要"殉道",为了要跟天地通气,为了要跟山水对话,为了要对这种自然的敬畏,我们需要有这种"殉道者的精神"。殉道的方法对他们信徒来看,就是五体投地。这一点对于我来说很感动,他们用三步一拜、五体投地这种虔诚的行动表达对神的敬畏。那么我们对自然的殉道方法就表现在拍照片、画画这些行动上。我们要取得神灵给我们的智慧,要和神灵对话,我们便要敬畏神灵,行动上就是努力记录。这个记录的过程就是跟它对话的过程,就是吸取灵感的过程。神赐给我力量,赐给我智慧,我画画就是它赐给我的。这个殉道的过程不同于行走在"三山五岳",它不会给你这么深的体会。

As a result, I was greatly inspired by it and learned that 'faith is power'. Then what should we be faithful to? Nature is our faith and our god. Just like those believers, the mountain and water are the source of their wisdom. Artists like us need to be inspired by Nature — it offers us the objects to imitate. This is what the Lao-Zhuang philosophy called 'the unity of man and nature', or in our words, the spirit of sacrifice. We sacrifice to connect with the universe, to communicate with mountains and lakes, and to revere Nature. All these is in need of the spirit of sacrifice. Believers throw themselves down at their feet by heart to practice worship and express their reverence toward their god. Their pious actions moved me deeply. Artists worship Nature by taking and painting pictures. We record Nature carefully and get inspiration from Nature and make connection with it during the process. This is the experience of being a martyr for religion which you would never gain from walking in the Grand Mountains and Four Sacred Places.

例5讲的是陈家泠在西藏采风时的感悟。需要注意的是,本段多次出现了宗教用语,如"神"、"神山圣水"、"天人合一"、"殉道者的精神"、"天地"、"神灵"等等。外宣翻译时要特别注意宗教和文化负载词的处理,不能想当然地用英语中的基督教用语对应翻译。比如在介绍藏族同胞的朝圣行为时,将"神"处理成小写的 god,介绍老庄哲学中的"天人合一"时,将"天"处理成 nature,当强调"自然"具有一定神性时,处理成大写的 Nature,将"天地"处理成 universe。

五、结语

杨剑龙(2008:16)认为,文化的开放性、包容性、竞争性和创新性是现代移民城市上海与纽约的共同文化特征。这是从另一个方面对海派文化较为全面的总结。黄友义(2010:16)指出,当今,我们面对的一个现实是,外国人比以往任何一个时期都更想深入地了解中国,所以中国文学的对外翻译任务也比任何一个时期都更加繁重。讲好上海故事,提高上海都市文化在国际上的传播效果,离不开英语这一事实上的"世界语"。《纪录陈家泠》的英译项目仅仅是当前海派文化英译项目中的冰山一角,未来随着"一带一路"的不断深化,国内在国家层面、都市层面甚至县镇乡级层面的外宣翻译需求会越来越大。目前,中国的语言服务业随着"一带一路"计划的提出进入了快车道(黄友义,2017:1)。我们注意到,2017 年外籍专家首次直接参与到十九大报告的翻译过程中,贴近国外受众的思维习惯这一外宣原则的重要性更加凸显。因此,我们在传播海派文化(对于其他都市文化同样如此)的过程中,应当坚持"三贴近"原则,充分考虑国外受众的思维习惯,通过适当的"增"、"删"、"释"、"分"、"合"等翻译方法,达到预期的翻译效果。

参考文献:

[1] 黄友义."一带一路"和中国翻译——变革指向应用的方向[J].上海翻译,2017(3):1.

[2] 黄友义.汉学家和中国文学的翻译——中外文化沟通的桥梁[J].中国翻译,2010(6):16.

[3] 黄友义.坚持"外宣三贴近"原则,处理好外宣翻译中的难点问题[J].中国翻译,2004(6):27.

［4］刘士林. 都市文化学：结构框架与理论基础[J]. 上海师范大学学报(哲学社会科学版),2007(5)：6.

［5］孙逊. "海派文化"：近代中国都市文化的先行者[J]. 江西社会科学,2010(10)：7.

［6］杨剑龙. 白玉兰与大苹果：上海、纽约都市文化之比较[J]. 上海师范大学学报(哲学社会科学版),2008(9)：16.

［7］姚锦清. 上海外国语大学高级翻译学院领衔《海派文化丛书》英译项目[EB/OL]. http：//www. chinanlsc. com/2202. html, 2013 - 07 - 22.

［8］张健. 全球化语境下的外宣翻译"变通"策略刍议[J]. 外国语言文学,2013(1)：27.

从生态翻译学视角看都市旅游网站翻译

——以上海市旅游网站翻译为例

季晨晓

摘　要：随着中国旅游业的发展，都市旅游网站的翻译也逐渐引起大家的重视。本文从生态翻译学视角对都市旅游网站的翻译进行研究。文章从生态翻译学的语言维、文化维和交际维三个角度分析了上海市旅游网站翻译中常用的翻译方法。试图论证都市旅游网站翻译应做到理论与实践相结合，旨在启发译者译出高质量的旅游网站文本。

关键词：都市文化　旅游网站　生态翻译学　翻译

Abstract：With the development of Chinese tourism, the urban tourism website translation has attracted people's attention gradually. This paper studies the translation of urban tourism websites from the perceptive of Eco-translatology.

Based on the language dimension, culture dimension and communication dimension, this paper analyzes the translation methods used in Shanghai tourism website translation.

This paper attempts to demonstrate that the translation of urban tourism website should be combined with translation theory. Meanwhile, it aims to inspire translators to translate high-quality English urban tourism website.

Key words：urban culture; tourism website; Eco-Translatology; translation

一、引言

中国对外开放水平不断提高,旅游业蓬勃发展,越来越多的外国游客选择到中国游览参观。据世界旅游组织(World Tourism Organization)预测,到 2020 年,中国将成为世界上第一大旅游目的地国和第四大客源输出国。

在互联网技术的支持下,国内各大旅游景点纷纷建立特色鲜明的旅游网站,供游客浏览参考。为适应游客需求,都市旅游网站就需要进一步完善,以上海市旅游景点为例,上海迪士尼度假区、上海博物馆、上海环球金融中心等上海著名旅游景点的官方网站都已经推出了相对完备的英译版网页。但是目前中国都市旅游文本的翻译仍然存在许多不足之处。并归纳出"拼写遗漏错误、语法错误、中式英语、用词不当、语言累赘、文化误解"等六大错误。(文军,2002)因此,要真正实现中国旅游文化走出去,当前的旅游翻译质量亟待提高。

二、生态翻译学

生态翻译学是由清华大学教授胡庚申提出的。生态翻译学,顾名思义,既涉及翻译学又涉及生态学,是一种拥有全新视角的跨学科理论。该理论起步探索于 2001 年,立论奠基 2003 年,倡导整合于 2006 年,全面拓展于 2009 年。(胡庚申,2013:69)方梦之曾在《生态范式 方兴未艾》一文中阐述:生态翻译学是在翻译适应选择论的基础上发展起来的,它以翻译生态与自然生态的类似性和同构性为基础,以生态学的整体观为方法论,以华夏传统文化中的生态智慧为支点,以译者与翻译生态环境的相互关系为研究对象,用生态翻译学的范式,研究各种翻译问题。

"平衡和谐"原则、"多维整合"原则、"多元共生"原则和"译者责任"原则是生态翻译学的四大伦理原则。本文所依托的理论正是"多维整合"原则,该原则主要指评判译文的标准不再只是忠实于"原文",也不再只是迎合"读者",而是要保持文本生态的基础上,为实现译文能在新的语言、文化、交际生态中"生存"和"长存"所追求的译文整合适应选择度。所谓"整合适应选择度",是指译者产生译文时,在语言维、文化维、交际维等多维度的"选择性适应"和继而依此、并照顾到其他翻译生态环境因素的"适应性选择"程度的总和。(胡庚申,2013:114)

胡教授所提出的翻译理论依托东方智慧,其中包括"天人合一"、"中庸之道"、"以人为本"、"整体综合",其中包括丰富的哲理。这与中国传统文化不无关系,也与当前都市文化发展的理念不谋而合。生态翻译学经过十几年的发展已经渐趋完善,对翻译工作者的实际翻译也起到了指导作用,由此,该理论对都市文化的对外传播与发展也有着重大理论指导意义。

三、都市旅游网站的特色

旅游网站是旅游文本的新型展示方式,归根结底还是属于旅游文本。金惠康教授在《跨文化旅游翻译探讨》一文中指出:旅游是现代的第三产业(tertiary sector),被誉为当代的"无烟工业"(smokeless industry),但本质上却是"文化产业"(cultural enterprise)。旅游作为一门学科综合了地理学、经济学、社会学、心理学等学科,因此旅游语言具有复杂性、综合性、交叉性,同时文化特点鲜明。

陈刚教授认为,旅游翻译应是为旅游活动、旅游专业和行业进行的翻译(实践),属于专业翻译。概括地说,旅游翻译是一种跨语言、跨社会、跨时空、跨文化、跨心理的交际活动。同其他类型的翻译相比,它在跨文化、跨心理交际特点上表现得更直接、更为突出、更为典型、更为全面(2004:59)。这种说法强调旅游翻译的跨度非常之广,内容更为丰富。旅游翻译被界定为一门专业翻译的同时也兼具实用翻译的特点。属于应用翻译(applied translation)或者实用翻译(practical translation)。同其他实用行文本一样,旅游翻译应以传递信息为主要目的,又要注重信息的传递效果。(丁大刚,2008:16)旅游文本翻译过程中,为确保交际成功必须以读者为中心,从而达成呼唤读者前来游玩的目的,其中译者扮演的角色就好比一位"解码者"将原语国家中的文化通过高质量的译文传递到目的语国家。

城市是人类文明在生活空间上的结晶,越来越多的人为了追求美好的生活而进入城市安家落户。当今城市化的进程正在进一步加快,城市变化日新月异,具有魅力的城市像巨大的磁石,吸引着无数人的眼球。(谭卫国,2016:89)而都市景点的旅游网站作为游客了解景点的窗口,不仅要提供游客需要的信息,很大程度上还需要宣传自己旅游景点,起到一种呼唤号召的功能,所以在对旅游网站文本进行翻译的时候要综合考虑文本的语言、文化以及交际功能。

旅游网站翻译属于隐性翻译,网站的翻译需要保持和原语网站体裁和功能的对等。首先,网站文本内容必须符合目的语国家的文化习惯,交际语气必须符合目的语国家市场的风格和要求,网站所用图片和图形信息必须满足文化交际的要求,还需要保持中英网站搜索引擎和索引目录的兼容。因此译者在翻译时所要注意的问题也渐趋明朗。那就是综合旅游文本的特色,尽可能地将原文的交际功能发挥到最大,同时还要兼顾文化和语言的和谐平衡。

四、"多维整合"原则对上海市旅游网站翻译的启示

生态翻译学的翻译方法简括为"多维转换",具体落实到语言维、文化维、交际维的"三维"转换。(胡庚申,2013:114)由于中文和英文用语特点的差异,中西方文化的差异以及文本需要传递的交际信息要求,译者在进行都市旅游网站翻译时也总是会遇到许多问题。翻译时需将语言、文化、交际等方面的问题纳入考虑。

从功能语言学角度来看,在生态翻译学理论中,语言维的关注点主要是翻译的文本语言表达,文化维的关注点强调实现翻译的语境效果及文化信息传递,交际维则更多关注翻译的人际意图。而都市旅游网站翻译时,我们也需要关注三个方面的内容。首先,中英双语转换是否流畅忠实。其次,中国特色文化是否能通过译文准确无误的传达给读者。最后,都市旅游网站的英译本是否能达到网站存在的目的,尽可能地发挥语言的呼唤功能,即传递景点游览信息的同

时,激发游客游览兴趣,从而达到宣传景点的同时实现经济效益。

此处,笔者在生态翻译学"三维转换"方法论的指导下,选取上海市各大旅游景点网站翻译实例,理论与实践相结合,试图探索都市旅游网站翻译时可采用的方法和策略,从而达到启发译者,丰富译文,满足读者的目的。

(一)语言维的适应性选择转换

语言维的适应性选择转换强调译者在翻译过程中对语言形式的适应性选择转换。要实现旅游网站中英文在语言维的平衡和谐,就需要译者熟悉两种语言的不同之处,能够通过具体的翻译技巧来化解中英旅游网站翻译时语言维的差异。

1. 词汇层

中文是动态语言,多用动词,英文是静态语言,少用动词。因此译者在进行旅游网站翻译时需要注意中英文的用词习惯,进行必要的词类转换,从而实现词汇层面的适应性选择转换。请看实例:

(1)上海迪士尼乐园 2017"秋冬畅游季卡"现已发售! The Shanghai Disneyland 2017 Fall and Winter Seasonal Pass is available for guests to purchase now!

(2)在虚拟世界与生命赛跑,感受惊心动魄的急速飞驰吧。Experience high-speed thrills and chills as the Grid comes alive in a heart-pounding race for survival.

分析:例(1)和例(2)中,中文里出现了多个动词,如"发售"、"赛跑"、"感受"、"飞驰"。此类动词的使用可以使中文表述形象,生动。而英文受到语法的限制,每个句子只有一个动词,在翻译时,中文里的动词常常根据重要性,分别处理为非谓语动词、介词,甚至采取不译的手法。

2. 句式层

2.1 长难句的翻译

中文和英文在句子结构上也有很大的不同,这种差异主要源于两国人民思维和逻辑习惯的不同。中文重意合,英文重形合。体现在句式层面,中文的句子大多短小精炼,一个长句中可能含有好几层信息。英文句式语法严谨,在翻译时,两种句式之间不能直接对译。所以要采用拆分译法,将中文所要表达的意思抽丝剥茧,一层一层地表达出来。

(3)上海环球金融中心,是一座"城中之城"。这座综合性城区安全、舒适、温馨,充满新的惊喜和发现。它聚集城市的多种元素,人们在相遇、沟通和相互启发中,进行着丰富多彩的经济和文化交流。The Shanghai World Financial Center is a city within the city, surrounded by natural beauty at ground level, soaring high into the sky. Here there is always something fresh and exciting to discover, in a place that is both safe and enjoyable. Here people meet, lively encounters generate economic energy; new forms of cultural activity appear. Diverse functions are assembled in a single self-contained neighborhood.

分析:例(3)中文原文包括两个句子。译文中则处理成了4个独立的英文句子。原文中一个句子包含很多信息,无法直译成句式结构和语言信息——对应的英文句式。根据生态翻译学语言维的适应转化,译者在尽量保持原文形式的基础上进行了拆分译法。

其中"上海环球金融中心,是一座'城中之城'。"这一句基本采用直译的翻译方法,在语言结构和达意方面基本保持和原文一致。译文"The Shanghai World Financial Center is a city within the city,…"尤其是"城中之城"的翻译可谓非常忠实原文。符合语言维生态平衡的要求。

译者还巧妙地把中文修饰性的语句转化为英文句子中的定语和补语。未出现漏译现象。语义上也忠实原文。

2.2 被动句的翻译

语态是中英文语言中一个重要语法点。中文少用被动语态,英语多用被动语态。在英文中,被动语态将受动者放在主语位置,可以起到强调受动者的作用。有时原文作者不愿透露动作的施动者,被动语态也可以巧妙地化解。

(4)2017年9月11日至2017年底,游客可通过以下官方及官方授权的渠道购票。From September 11 through the end of 2017, the Fall and Winter Seasonal Pass will be sold on multiple official channels.

分析：该句是上海迪士尼为游客提供的购票信息。汉语通常将人作为句子的主语,此句中,后半部分我们可以看出,句子的主语是"游客"。在翻译成英文时,句子将"the Fall and Winter Seasonal Pass"作为主语,突出游客要获得的商品如何购买。关键词发生变化,句子传达的意思却没有改变,这一点也符合语言维句式层的适应选择性转换。

3. 篇章层

句式结构调整,变译的方法处理,表达原文的中心意思。

(5) 采用先进技术,重视环保,令人安全安心

采用先进技术建造的上海环球金融中心令人安全放心,变风量空调系统极大降低电力消耗,多层复合玻璃幕墙提高空调效能,力求更高效地利用能源和资源。

与浦东新区,陆家嘴金融贸易中心区共同发展

流经上海市中心的黄浦江将上海分为东西两侧,西侧称为浦西地区,东侧称为浦东地区,陆家嘴金融贸易中心区位属浦东地区。

自1990年起浦东地区被列为国家重点开发项目,森大厦集团于1993年起着手研讨在该区域中的项目开发,并于1994年决定了开发内容。1997年因亚洲爆发金融危机,上海环球金融中心工程暂时中断。2003年重新动工,2007年9月结构封顶,2008年竣工。

Advanced technologies to realize safety and fulfill environmental responsibilities

SWFC deploys advanced technologies to help create a safe, comfortable office building. A carefully zoned air-conditioning system minimizes energy consumption, while use of multi-layered glass in the curtain wall enhances HVAC effectiveness. Both features help make the most efficient use of energy and other natural resources.

Mori Building was quick to advance into the Lujiazui Finance and Trade Zone in Shanghai's Pudong Area

The Huangpu River flows through the center of the city of Shanghai, separating the city into the Puxi area on the west side of the Huangpu and the Pudong area on its east side. The Lujiazui financial district is located in the Pudong area.

Development of the Pudong area began as a national project in 1990. Mori Building began studying development in this area in 1993, deciding on a project in 1994. Although construction began in 1997, the project was later suspended in response to the worsening of economic conditions as a result of the Asian currency crisis. A resumption of construction was announced in 2003 when the Asian economy began to show signs of recovery. The frame was completed in September 2007, and construction was completed in 2008.

分析：例(5)是上海环球金融中心旅游网站的介绍性宣传文本。旅游网站为了方便游客阅读，在翻译网站的时候要保持网页各个板块的中英文对应。所以都市旅游网站的篇章或者说各板块的内容大多是保持篇章结构的一致性，类似新闻编译中出现的删减或者调换顺序的情况并不多。例(5)中虽然在词语层和句式层出现了基于语言维的适应选择转换，但是在篇章结构上依然保持整体结构的对应。

从词语层、句式层和篇章层的实例中，我们不难发现，都市旅游网站的翻译除了具有普通文本汉译的特点，还有自己的独特之处。从语言维角度来看，基本做到在尽量保持文本对应的同时准确传达中文旅游网站的内容和信息。

(二) 文化维的适应性选择转换

中国的旅游景点很多都有自身的文化价值，这类景点的旅游网站中就涉及到文化信息的传递。要让外国游客通过都市旅游网站对博大精深的中国文化有所了解就需要在译文中将文化信息传递出去。生态翻译学"多维整合"原则中，文化维的适应选择转换就可以很好的为译者提供理论指导。

都市旅游网站中出现的文化负载词翻译时，常用的翻译方法有三种：增译、省译、音译加注释。

1. 增译

（6）年代：清乾隆 Date：Qianlong Reign Period（AD 1736 - 1795），Qing

分析：例（6）选自上海博物馆网站，在上海博物馆中有大量的古董文物。文物年代的介绍不在少数。例（6）就是一个非常具有代表性的翻译。在处理表示年代或者中国特色的文化词语时，常常需要通过增译的方法，完善文化信息，让国外游客通过增补信息更好的理解需要传达的文化信息。

中国历史表示时间常常用朝代和皇帝来代替具体的年份。拥有中国历史知识的游客看到此类信息就可以很快判断出展品的制作时期。但是对于国外游客，尤其是对中国历史不了解，需要通过旅游参观这类景点来丰富知识的游客来说，如果不做增补信息，就很容易造成文化传递的失败。例（6）翻译"清乾隆"时，补充了乾隆时期所处的具体年代，让读者能够通过增补信息了解中国文化。这点也是文化维适应性选择转换所强调的原则。也是生态翻译学相对之前功能对等和目的论等翻译理论的进步之处。

2. 音译加解释

大部分中国特色的文化词语在英文里是找不到对应词的，所以在翻译的时候常常采用音译的方法，这种词语对于国外游客来说就是一个新的词语，如果不做解释就很容易造成文化传递的失败。所以音译加注释是翻译中国文化词的一个重要方法。译者必须掌握这种方法。从而实现文化维的适应性选择转换。

（7）清乾隆胭脂红彩缠枝螭龙纹瓶 Vase with Red Floral Spray and Dragon Design

（8）秦公镈 Qin Gong Bo（musical instrument）

分析：例（7）和例（8）都是中国文物名称，有的文物是装饰性的摆件，有的却有自己独特的用处。这时，翻译这类文物名称的时候可以采用音译加解释的方法。汉语拼音译出文物的名称，然后通过解释的方法介绍文物的作用或者文物的外表特色。

例（7）的翻译用到了许多描述性的词语对文物的外形做解释，其中"螭龙"这个词语,译者直接翻译成了"Dragon"符合约定俗成的翻译方法,但是对于中国文化的传递效果却有略有偏颇,各界学者对于这个翻译也都有自己的考量,目前尚未有定论,此处不做过多赘述。

例(8)是典型音译加解释的例子。首先采用音译的方法翻译出文物的名称"Qin Gong Bo",接着使用括号,介绍文物的作用。让国外游客通过解释对文物有更清晰的认识。

3. 省译

文化维的适应选择并非将所有的文化信息尽数翻译。中文旅游网站的语言有时很注重文采,但是旅游翻译和文学翻译仍然有所区别其主要任务是传递网站所承载的信息。况且译者的文化修养也参差不齐,如果处理不当,很容易给国外游客造成困扰。所以并非所有的中文语句都要完全照顾到,必要的时候需要做适当的删减。

(9) 上海环球金融中心像一块强有力的"磁石",具有磁引力、能形成磁流、产生磁影响、指引前进的方向。The Shanghai World Financial Center is a magnet in every sense of the term.

磁石也可以作为指南针指引前进的方向。在这里诞生的磁力,可以为上海、中国、亚洲乃至全世界,指引一条更加美好的未来之路。This global magnet is also a compass, pointing the way to a brighter tomorrow for Shanghai, China, Asia, and the world as a whole.

分析:例(9)在介绍上海环球金融中心时,使用了比喻的修辞手法。将金融中心比作"磁铁",随后又形象地介绍了磁铁的功能,实质上是借磁铁介绍环球金融中心的特色。此处译者直接译出"环球金融中心像磁铁"其后的句子选择不译。因为磁铁的作用大家都知道,不需要再重复。

(三) 交际维的适应性选择转换

直译和意译是译者在翻译时常常需要考虑的点,一般来说,比较遵照原文语言结构的译法就是直译,而脱离原文语言结构的束缚,只译意思的译法可称为意译。(叶子南,2013:5)

1. 直译

直译强调在准确译出原文文本意思的同时,在句式结构和用词方面也保持和原文一致,在都市旅游网站翻译中,针对一些单纯的信息语句可以采用直译的方法,实现语言的交际功能。

(10) 冬季的气温可低至 10 摄氏度,而夏天的气温可高达 33 摄氏度。Temperatures range from winter lows of about 10℃ to summer highs above 33℃.

(11) 为保证顺利入园,请携带以下材料在乐园主入口入园。For a hassle-free entry into the Park, remember to bring the following, and head directly to the Main Entrance.

分析:例(10)和例(11)都是旅游网站中对游客提示性的语句,并不存在特定的文化负载词,采用直译的方法就可以直接将原文的意思传达出来,为游客提供必要信息,实现语言的交际功能。

2. 意译

(12) 金色秋日,来一场说走就走的神奇之旅! This Fall, Visit the Magic Anytime You Want!

(13) 【8折】吃遍乐园及迪士尼酒店缤纷美食,尽享秋冬惊喜!20% OFF at All Dining in Park and Resort Hotels.

分析:例(12)和(13)是上海迪士尼网站上具有宣传目的的广告信息。在翻译这类旅游文本时,一方面要忠实准确的翻译出旅游网站想要游客得知的信息,还需要将文本的广告作用翻译出来,实现语言的交际功能。

例(12)原文写道:"金色秋日,来一场说走就走的神奇之旅!"对读者有呼唤和号召的交际目的,译者将这句处理为"This Fall, Visit the Magic Anytime You Want!"采用了意译的翻译方法,"金色秋日"翻译成"This Fall"。将"金色"这种不必要的宣传词语略去,接着将"来一场说走就走的神奇之旅!"这句非常有号召力的语言翻译成"Visit the Magic Anytime You Want!"译文中用到"Anytime"和"You Want"强调旅游产品的灵活性,更有向游客发起游玩邀请的语气。和原文中来场说走就走的神奇之旅有异曲同工之妙。但是译者翻译时并未拘泥原文模式,也顺利达到了交际功能。

例(13)则突出旅游产品的折扣信息,吸引游客购买。

都市旅游网站的翻译一方面是向外国游客传递游玩信息,另一方面也是要实现语言的交际功能,因此在翻译时,译者还需要注意语言交际功能的保留,在交际维实现语言的适应性选择转换。根据旅游网站的文本内容不同,译者可以采用直译和意译相结合的方法来翻译。

五、结语

生态翻译学视角下,对旅游网站翻译的启发主要体现在语言维、文化维和交际维的适应性选择转换。未来随着中国旅游的继续发展,都市旅游网站的翻译会逐渐完善,在翻译数量和翻译质量上都会对译者提出要求。译者不仅要掌握中英语言,还要了解旅游网站用语习惯和特色,更要积极学习翻译理论为翻译实践提供理论指导。

参考文献:

[1] 文军.信息与可接受度的统一[J].中国科技翻译,2002(1).
[2] 胡庚申.生态翻译学构建与诠释[M].北京:商务印书馆,2013.
[3] 陈刚.旅游翻译与涉外导游[M].北京:中国对外翻译出版公司,2004.
[4] 丁大刚.旅游英语的语言特点与翻译[M].上海:上海交通大学出版社,2008.
[5] 谭卫国.旅游文化精读范文[M].武汉:武汉大学出版社,2016.
[6] 叶子南.高级英汉翻译理论与实践[M].北京:清华大学出版社,2013.

传播学视角下中国网络文学
"走出去"译介模式探析
——以《我欲封天》"武侠世界"英译本为例

蒋文漪

摘　要: 随着互联网媒介的不断进步,网络阅读成为国民的重要阅读方式,逐渐融为都市文化的一部分。"网络文学"这种新文学现象在中国发展迅猛,同时也吸引了一大批国外读者。本文以武侠世界(Wuxiaworld)翻译网站译者 Deathblade 译介的网络武侠小说《我欲封天》为例,从传播学角度具体阐述该作品的译介主体、译介内容、译介途径、译介受众和译介效果,分析该作品译介成功的原因,为中国网络文学西传提供借鉴。
关键词: 网络文学　传播学　译介模式　《我欲封天》

奥斯瓦尔得·斯宾格勒曾说过:"一切伟大的文化都是市镇文化"。早在十九世纪,都市文化就在欧洲出现,其软件标志包括了都市文学。中国的都市文化也在上世纪八十年代成型,孕育了无数现代文学作品。[①] 作为中国都市文化的重要组成部分,网络文学近年来发展迅猛,优秀作品层出不穷。随着人们阅读方式的变革,如今的中国网络文学成为了热门互联网内容产业,一些热门网络小说还被改编为电视剧。放眼国外,起点中文网等网络阅读平台的一些优秀作品在英语国家的翻译和出版,获得了不错的成绩,掀起了国外读者学习中文的热潮,这一现象是中国都市文化充实发展的重要见证,是中西方都市文化交流的新兴成果,也更是中国文化"走出去"战略下的一项卓越成就。

---

① 于霞:《80 后文学的都市文化经验》,《小说评论》,2017 年第 4 期,第 140 页。

　　武侠世界是目前规模最大的中国网络文学英译网站,致力于向西方世界传播中国当代文学与文化。自创办以来,该网站译介了《盘龙》《我欲封天》《斗破苍穹》等中国网络武侠小说,日点击量高达20万次。该网站译介的代表作品《我欲封天》是起点中文网作家耳根创作的古典仙侠小说,广受中国读者喜爱,译介后在武侠世界网站取得了很高的阅读量。

　　中国网络文学海外译介模式具有重要探究价值。国家新闻出版广电总局于2017年2月发布了《2017新闻出版课题研究指南》,将"我国网络文学海外输出现状研究"定为重点项目,以"探寻我国如何加强网络文学海外输出,在世界舞台讲好中国故事"[①]。文学译介是我国网络文学走向世界舞台的主要手段,其模式与质量关系到中西方都市文化在文学上的交流,也间接影响了我国"文化软实力"的提升。

　　《我欲封天》作为一部中国网络小说走向英语世界的成功案例,其译介模式值得探究。本文从传播学理论入手,以《我欲封天》通过武侠世界在西方的译介为例,探讨中国网络文学"走出去"的译介模式,希望为更多中国网络文学作品成功传播海外提供借鉴,也为中西方都市文化在文学方面的交流提供新思考。

一、传播模式与译介模式

　　美国学者哈罗德·拉斯韦尔(Harold Lasswell)是传播学先驱之一,他在《社会传播的结构与功能》一书中提出了著名的5W传播模式——谁(Who)、说什么(Say What)、通过何种渠道(in Which Channel)、对谁说(to Whom)、有何效果(with What Effect);其对应的研究内容为——控制分析、内容分析、媒介分析、受众分析和效果分析。[②]该理论一经提出,受到了国内外学者的赞誉,被认为是传播学的重要

---

　　① 钟边:《〈2017年新闻出版课题研究指南〉发布》,《中国编辑》,2007年第3期,第94页。

　　② [美]拉斯韦尔:《社会传播的结构与功能》,中国传媒大学出版社2013年版,第1—2页。

论断。

在性质和功能上,"翻译是一种跨文化的信息交流与交换的活动,其本质是传播"①。鲍晓英提出将该模式运用到文学译介,就产生了包含"译介主体"、"译介内容"、"译介途径"、"译介受众"、"译介效果"五个要素的译介模式。②"译介主体"是译介活动的主导者,可以是机构也可以是个人;译介内容涉及"译什么"和"怎么译"的问题;译介途径指的是传播信息的主要媒介组织和信息载体;译介受众是实现译介目的的必要角色;译介效果则包括译介行为对受众及社会产生的影响。

二、译介主体

译介主体是构成译介活动的第一要素。鲍晓英提出"译介主体研究的是探讨'谁'翻译的问题,即译者应该是'谁'的问题"③。由于译介活动的特殊性,除译者外,宏观的译介主体还应包括作品的原作者。

(一)《我欲封天》作者耳根

耳根,起点中文网作家,中国作协第九届全委会委员,主要创作仙侠类小说,其《仙逆》、《我欲封天》等作品长期占据起点仙侠类小说月票榜前列。

耳根在大学四年中看书无数,毕业工作多年后萌生了自己写书的想法。他从 2009 年开始写作,逐渐转为全职作家。他在写作中注重与自己笔下主人公达到契合,以创造出符合逻辑、扣人心弦的作品。2016 年初,他凭借《我欲封天》获得 2015 年度福布斯原创文学风云榜年度冠军;一年以后,他又靠新作《一念永恒》跻身该榜前三;2017 年 2 月,耳根在第二届"网文之王"评选中位列"五大至尊",可见

---

① 吕俊:《翻译学——传播学的一个特殊领域》,《外国语(上海外国语大学学报)》,1997 年第 2 期,第 39 页。
② 鲍晓英:《中国文学"走出去"译介模式研究》,上海外国语大学,2014 年。
③ 同上论文,第 52 页。

他的超高人气。① 耳根擅长情节构架,向往中国古代文学创作的抽象和写意。当被媒体问及自己的作品在海外走红一事,耳根表示很荣幸能为传播中国文化作出贡献。

(二)武侠世界译者 Deathblade

笔名为 Deathblade 的译者是土生土长的美国人,在加利福尼亚州长大。他从小热爱亚洲文化,特别喜欢功夫电影。2000 年,他第一次接触了中国武侠片《卧虎藏龙》,从此爱上中国文化,并开始在网络上大量阅读武侠小说。2009 年,Deathblade 开始学习中文,如今已在中国生活多年。他致力于传播中国文化,积极推广中国武侠小说,其译作包括著名武侠小说家古龙先生的《七杀手》、《英雄无泪》、《七星龙王》,以及新晋仙侠小说作者耳根的《我欲封天》。②

Deathblade 在武侠世界网站持续翻译中国小说的同时,还坚持与读者互动,并就如何学习中文的问题在该网站开设专栏,为想学习中文的国外读者答疑解难。

三、译介内容

译介内容是指"对原作的择取、对译本的删减、变通等翻译策略,从译什么到怎么译都不是译者单一的抉择,而是受制于以意识形态、诗学准则、赞助人为核心的多种内外部因素"③。

(一)影响 Deathblade 译介内容选择的因素

1. 意识形态和诗学准则

意识形态指直接反映社会经济形态政治制度的思想体系,翻译

---

① 百度百科:耳根,https://baike.baidu.com/item/%E8%80%B3%E6%A0%B9/2172007#reference-[8]-9983937-wrap, 2017-03-24/2017-11-09。

② 武侠世界:About 武侠世界,http://www.武侠世界.com/about-武侠世界/#, 2017-11-09/2017-11-09。

③ 吴赟、蒋梦莹:《中国当代文学对外传播模式研究——以残雪小说译介为个案》,《外语教学》,2015 年第 6 期,第 105 页。

的意识形态即"翻译行为背后的思想和解释系统"①。译介活动中对原作的选择以及对译本的处理,都体现了背后的意识形态动机。安德烈·勒菲弗尔(André Lefevere)认为诗学包括两个部分,一为文学体裁、主题、象征、典型人物和环境的集合,二为文学作为整体在整个社会系统中扮演的角色。② 译介作品的成败与其是否符合目的语社会的诗学准则有紧密的关系。

据统计全球网站流量的 Alexa 中文网 2017 年 11 月 9 日的数据,北美网站武侠世界的最大读者群来自美国(访问比例为27.96%),因此本文把美国作为主流意识形态和诗学的来源。

美国大众文化特点体现着美国的意识形态和诗学准则,一定程度上塑造了美国人的生活方式。美国布朗大学教授保罗·布勒等人认为,电影和电视是美国大众文化的核心。美国大众文化具有通俗化、产业化、商品化、娱乐性、消费性和多变性的特征。③ 作为美国大众文化核心的电影电视,以好莱坞电影为例,主要宣扬的是极端个人主义和英雄主义、爱的力量大于邪恶、事业进取心等资本主义信条④,这些主题同样也反映在他们青睐的文学作品中。美国大众喜闻乐见的文学形式也是通俗和娱乐的,以满足美国大众生活快节奏下的精神需求。一直以来,美国大众对中国既好奇又害怕,他们认为中国社会落后,却对神秘的东方文化十分向往,尤其是中国功夫。

因此,武侠世界的译者 Deathblade 在选择中国网络文学作品时,不仅考虑到美国普通读者喜爱的文学形式和主题,也选择了美国大众喜爱的东方元素。《我欲封天》讲述的是中国古代一位普通书生偶入修真界,凭借惊人资质一路修炼,最终成为山海星空之主的故事。小说本身娱乐性十足,充满中国古典神秘色彩,又符合美国对个人英

① 庄怀玉:《用多元系统理论研究翻译的意识形态的局限》,《翻译季刊》,2000 年第 5 期,第 16 页。

② [美]安德烈·勒菲弗尔:《翻译、改写以及对文学名声的控制》,上海外语教育出版社 2004 年版,第 26—29 页。

③ 杨婧:《美国大众文化消费现象启示》,《人民论坛》,2010 年第 23 期,第 202 页。

④ 强丽:《电影文化中的意识形态问题研究——以美国好莱坞电影意识形态输出为视角》,《重庆科技学院学报(社会科学版)》,2014 年第 7 期,第 117 页。

雄主义的审美,可见译者对于原作的精心选择。

2. 赞助人

勒菲弗尔认为"赞助人"是制约文学翻译的因素之一,包括三个要素:意识形态、经济和社会地位。这三种要素经常互相组合、互相作用,因此赞助人既包括译者、文学批评家、评论家等一般意义上的读者和专业人士,又包括翻译发起者、翻译中介、大学、探讨会、电影电视和出版社等文学机构和组织。① 在选择原作时,译者或多或少会受到赞助人的影响或支配。

武侠世界网站的译介活动有别于传统出版小说,因此影响Deathblade选择原作的赞助人主要有武侠世界网站的运营者和读者。本节主要讨论武侠世界运营者。

RWX(任我行)是武侠世界创始人和主要运营者,中文名赖静平,出生于中国,后定居美国。他曾在美国国务院担任全职外交官,目的是为中美关系做贡献②,后回国运营武侠世界网站。RWX接触翻译始于对香港武侠片的热爱,随后的几年中,他从金庸、古龙等武侠小说,翻译到了现在的网络武侠小说。他对自己翻译的目的作出如下总结:"自己对中国小说感兴趣,翻译也是想让自己更充实更方便地享受自己喜欢的东西"③。

RWX所译武侠小说译本的最初读者是为数不多的汉语水平欠佳的海外华侨、华裔。随后,他开始在论坛上翻译网络作家"我吃西红柿"的小说《盘龙》,意外受到大批读者追捧,并因此创办了武侠世界网站。④ RWX认为要让西方读者逐渐了解中国文化,必须先打通外国主流普通读者的"快感通道",而过于中国化的东西很难受国外读者喜爱,因而现在武侠世界上的译本基本上都涉及西方元素。

---

① 鲍晓英:《中国文学"走出去"译介模式研究》,上海外国语大学,2014年,第52页。
② 邵燕君、吉云飞、任我行:《美国网络小说"翻译组"与中国网络文学"走出去"——专访武侠世界创始人RWX》,《文艺理论与批评》,2016年第6期,第105页。
③ 同上书,第108页。
④ 同上。

(二)《我欲封天》英译版本译介内容

1. 作品内容

《我欲封天》是一部网络仙侠小说的代表作品,主要讲述了一位资质不凡的落榜书生被迫进入修真界,在弱肉强食的环境中一路披荆斩棘,最终修为超脱的故事,情节涉及主人公的身世之谜,爱情故事以及斩魔修真的历程。作品内容叙事宏大,情节新鲜,打斗场景多,想象丰富;语言风格朴素易懂,画面感强;娱乐性十足,打通了国内外读者的"快感通道"。

这部作品凭借宏大的场景描述和精彩的故事情节,赢得了百万读者的青睐。它在2015"中国原创文学风云榜"中夺得"年中桂冠";随后被搬上舞台,在2016年9月17日于北京梅兰芳大剧院首演。可见这部作品的受欢迎程度之高。RWX在一次专访中表示,武侠世界翻译的第一部作品《盘龙》比较西化,会让西方读者产生熟悉感,而《我欲封天》是《盘龙》的升级版,原因在于《我欲封天》中的中国元素更多。

2. 翻译策略

方梦之提出,翻译策略是指翻译过程中的思路、途径、方式和程序①,这四个方面相辅相成,共同体现着译者的翻译理念。换言之,"翻译策略是译者再翻译实践中,自认为要达到的既定目标的最佳方法"②。Domesticating Translation(归化)和 Foreignizing Translation(异化)是劳伦斯·韦努蒂在1995年使用的术语,来源于德国思想家斯马莱尔马赫(Schleiermacher)。"归化"就是"译者不打扰读者,让作者靠拢读者","异化"则为"译者不打扰作者,让读者靠拢作者"。③ 近几十年来,规划和异化不仅运用于传统翻译论对于文本语言的分析,还拓展到了对翻译与社会、意识形态等大文化互动的解释研究上来。④ 在《我欲

---

① 方梦之:《翻译策略的理据、要素与特征》,《上海翻译》,2013年第2期,第2页。
② 李德超:《TAPs翻译过程研究二十年:回顾与展望》,《中国翻译》,2005年第1期,第30页。
③ Schulte, R. & Biguenet, J.: *Theories of Translation: An Anthology of Essays from Dryden to Derrida*, The University of Chicago Press, 1992, p. 42.
④ 葛校琴:《当前归化/异化策略讨论的后殖民视阈——对国内归化/异化论者的一个提醒》,《中国翻译》,2002年第5期,第34页。

封天》英文译本中,Deathblade 结合了归化和异化两种翻译策略,既向读者传达了小说的情节内容,又保留了中国元素。

（1）异化策略的运用

原作中有一些文化负载词贯穿全文,Deathblade 对这些概念基本都作了异化处理。例如,小说中的货币单位均为古代中国所用的"钱""两",这些名词被 Deathblade 保留。比如"哪怕是县城里的教习先生,每月也只有几钱银"①被处理为"Even the teachers in town can only make few pieces of silver","few pieces of silver"被用来对应中文里的"几钱银"。再例如,一些中国武侠的门派术语也在译文中得到了保留:"宗派"一律译为"Sect",并在网站的术语解释网页上对该词加以解释——武术或修真的训练机构;"家族"一词被规定为"Clan",意为姓氏相同且有血缘关系的大集体。无论是金钱还是门派术语的异化,都会在国外读者的脑海里印上中国特色的意象和观念,是传播中国文化的有效途径。

为了保留原作的中国风味和意境,在许多重要部分,译者也作了异化处理,其中较为典型的是各大章节的标题。例如,《我欲封天》第二部 104 章标题"大风起兮鲲鹏展"的译文是"A Great Wind Arises, The Roc Spread its Wings","风"、"鲲鹏"这两个重要意象和原文的诗歌形式均得到了保留,为读者展现了一副中国古代山水图景,也在气氛上为这一章的内容作了铺垫。

（2）归化策略的运用

武侠世界的运营者 RWX 曾表示过于中国化的小说会妨碍西方读者的理解和接受,而作为中国古典小说的《我欲封天》又包含大量的成语、俗语,因此 Deathblade 在处理这些中国元素时做了适当的归化,以便读者理解。例如,第三十八章中对靠山宗大殿内雕像的描述,作者耳根用了"一个个都是仙风道骨一般"来描述这些雕像的威严凛然,而 Deathblade 的翻译为"all of them possessing the demeanor of transcendent beings",字面意思为"有超凡之人的风

---

① 起点中文网:《我欲封天》第一章: https://read.qidian.com/chapter/ee4DY6KJrWc1/jzUPEC9d9VQex0RJOkJclQ2,2014-03-01/2017-11-04。

范"。这样处理虽然失去了这些雕像在品貌风度上的神采,也没有了原文肃穆庄严的意境,但的确是利于国外读者理解的较好处理办法。

通过 Deathblade 的翻译,许多国外读者表示对于中国文化非常着迷,希望继续阅读其他网络武侠英译作品,这部译本的阅读和评论量也在该网站的各部作品中名列前茅。

四、译介途径

吴赟、蒋梦莹将"译介途径"定义为"译介传播中承载并运输译本到达目标市场的具体渠道",其中的载体有书籍、报纸、期刊、出版社、互联网等。[①] 译介途径也是中国网络文学作品"走出去"需要考虑的重要因素。

成功的文学译介是目的语国家市场的需求导致的,而非源语国家的主动输出。目前中国"走出去"的一些作品采取了主动译出并出版的方法,最终不免走向自产自销。作为我国都市文化的重要内容,网络文学能够在海外备受追捧,也是如此。《我欲封天》是由西方世界的译者主动译介,并且通过互联网进行传播,最终获得成功,可见译介途径的选择某种程度上会关乎作品传播的成败。

我国网络文学最早由生活在目的语国家的网络文学爱好者自发在论坛上译介与传播,随后扩大规模,建立了许多中国网络文学翻译网站。[②] 第一个传播我国网络文学的人是一位曾在中国留学的越南留学生,他的译介引起了越南对我国网络文学的喜爱与跟踪翻译。如今在世界各地,有数百家自发组织译介我国网络文学的社区和网站,例如 Wuxiaword(武侠世界)、Gravity Tales(重心网文)等。其中点击量最高的就是北美网站武侠世界。

流量统计网站 Alexa 2017 年 11 月 9 日的数据表明,武侠世界的日访问量为 18.08 万,是为该网站提供作品的起点中文网的 3 倍多

① 吴赟、蒋梦莹:《中国当代文学对外传播模式研究——以残雪小说译介为个案》,《外语教学》,2015 年第 6 期,第 106 页。
② 高纯娟:《我国网络文学海外译介与输出研究》,《出版广角》,2017 年第 18 期,第 56 页。

（起点中文网的日访问量为 5.94 万/日）。

除了极具中国风的网站设计风格,武侠世界网站平台的特点还在于它的互动性和科普性,这也是《我欲封天》译介成功的主要原因之一。译本的每一章下方都设有评论区,供读者各抒己见,并与译者交流。如果翻译存在疑惑,可以通过网站的纠错平台提出建议,帮助网站修改译文。读者与译者、译介平台能够方便地进行互动,这是传统的出版译介方式所不能达到的。另外,武侠世界网站还提供了所有译者和原作者的经历与作品介绍,并对其所译介的网络小说中出现的术语进行整理,做成了详尽的术语表,供感兴趣和有疑惑的读者查看,也为国外读者了解中国文化提供了便利。武侠世界还专门为《我欲封天》的译者 Deathblade 开了专栏,专门介绍学习中文的方法,受到了读者的好评。

五、译介受众

受众是传播学中的重要概念,指的是传播活动中的信息接收者,而受众接受信息是主动且有选择的。① 译介受众指的是译本到达目的语国家后所面对的阅读对象。②

据 Alexa2017 年 11 月 9 日的统计,武侠世界的访问者来自 93 个国家,大部分来自于美国（27.96%）,其次是菲律宾（7.44%）、印尼（5.03%）、巴西（4.1%）、加拿大（3.99%）、法国（3.62%）,主要集中在欧美和东南亚地区。美国读者对武侠世界的日访问量已经接近起点中文网的中国读者日访问量。

受众阅读文学作品的心理需求包括以下两点:第一点是娱乐消遣,以放松长时间在快节奏生活和工作下紧绷的神经;第二点是求知探索,以满足受众对国家大事、自然科学、社会科学以及自己专业领

---

① 鲍晓英:《中国文学"走出去"译介模式研究》,上海外国语大学,2014 年,第 135 页。

② 吴赟、蒋梦莹:《中国当代文学对外传播模式研究——以残雪小说译介为个案》,《外语教学》,2015 年第 6 期,第 107 页。

域知识的探索。① 武侠世界运营者 RWX 在接受吉云飞等人的访谈时，提到了网站的主要阅读人群是西方的主流大众，这一人群阅读该网站小说的目的是"获得快感"②。除了消遣之外，一些读者在《我欲封天》的评论区表示他们读这本小说不仅是为了放松，也是为了学习中国语言以及"道"文化。

六、译介效果

译介效果即受众对于译介内容的接受和反馈，是译介行为的最终目的和检验标尺，通常表现为媒体报道、获奖情况、书评等。③《我欲封天》英译本不仅获得了众多国外网友的评论与推荐，还在各大书评网站上获得较高的评分。

继《盘龙》之后，《我欲封天》成为武侠世界网站上最为炙手可热的英译小说。自 2015 年，武侠世界开始持续翻译这部网络小说，几乎每章节下方的评论区都有网友"催更"，表示"希望看到更多新章节"，"非常期待接下来的剧情"。今年 1 月，这本小说的翻译完结，《我欲封天》的国外读者已经为这本小说整理了"表情包"库，设计了周边 T 恤，可见他们对于这部小说的热爱。

Novel Updates 网站（全亚洲翻译小说连载指南的国外网站）对《我欲封天》的评分为 4.4，共有 2500 多名网友参与评分。在有"美国豆瓣"之称的 Goodreads 网站上，《我欲封天》系列 10 本英译作品的平均评分为 4.49，值得注意的是，该网站上《杀死一只知更鸟》这一被称为"20 世纪 20 本最佳文学作品"之一的著名小说评分为 4.26。虽然文学类型不同，但可以从侧面说明这一中国网络小说在国外的译介效果的确不同凡响。

---

① 王悦:《受众心理对大众传媒的影响——受众选择心理在大众传媒中的定位》,《西安航空技术高等专科学校学报》,2010 年第 28 期,第 92 页。
② 邵燕君、吉云飞、任我行:《美国网络小说"翻译组"与中国网络文学"走出去"——专访武侠世界创始人 RWX》,《文艺理论与批评》,2016 年第 6 期,第 111 页。
③ 吴赟、蒋梦莹:《中国当代文学对外传播模式研究——以残雪小说译介为个案》,《外语教学》,2015 年第 6 期,第 107 页。

七、结语

中国文学作品"走出去"一直是社会各界关注的重要问题。随着科技的进步,中国文学作品西传的方式已不再局限于传统纸质出版物。然而从传播学的角度来看,文学作品的外译仍然是一个科学且复杂的过程,必须仔细规划译介主体、内容和途径,并了解译介受众的需求,才能取得良好的译介效果。

能成功"走出去"的中国文学作品屈指可数,除了诺贝尔文学奖得主莫言的作品,以及获得雨果奖的《三体》外,似乎很难有其他作品成功进入西方世界。而中国网络小说作为中国的一张新名片,极具中国性和网络性,已在国外取得了不错的反馈,《我欲封天》的译介就是成功例证。该作品英译本在国外网站走红的主要原因有:作品内容打通了国外普通主流读者的"快感通道",满足了他们的娱乐、求知需求;译者了解中西方文化,对原作内容进行了"创造性叛逆",运用了归化和异化等翻译策略,使译本既通俗易懂,又展现中国文化特色;作为主要译介途径的武侠世界翻译网站提供了方便的阅读平台,并积极与读者互动,为其答疑解惑。

在中国大力倡导中国文化走出去的背景下,作为都市文化重要组成的网络文学正在走向西方世界。《我欲封天》英译作品的成功译介为其他中国网络文学作品的西传提供了良好借鉴,其探究十分具有现实意义。希望本文能为中国网络文学"走出去"的译介模式研究提供借鉴。

参考文献:

[1] Lefevere, André. Translation, Rewriting and the Manipulation of Literary Fame [M]. Shanghai: Shanghai Foreign Language Education Press, 2004.

[2] Schulte, R. & Biguenet, J. Theories of Translation: An Anthology of Essays from Dryden to Derrida [C]. Chicago and London: The University of Chicago Press, 1992.

[3] 鲍晓英. 中国文学"走出去"译介模式研究[D]. 上海外国语大学,2014.

［4］百度百科. 2017. 耳根. https：//baike. baidu. com/item/％E8％80％B3％
　　 E6％A0％B9/2172007♯reference-［8］-9983937-wrap，2017-03-24/2017-
　　 11-09.

［5］方梦之. 翻译策略的理据、要素与特征［J］. 上海翻译，2013，(02)：1—6.

［6］葛校琴. 当前归化/异化策略讨论的后殖民视阈——对国内归化/异化论者
　　 的一个提醒［J］. 中国翻译，2002，(05)：34—37.

［7］［美］拉斯韦尔. 社会传播的结构与功能英文. 北京：中国传媒大学出版社，
　　 2013.09.

［8］李德超. TAPs 翻译过程研究二十年：回顾与展望［J］. 中国翻译，2005，
　　 (01)：29—34.

［9］吕俊. 翻译学——传播学的一个特殊领域［J］. 外国语(上海外国语大学学
　　 报)，1997，(02)：40—45.

［10］强丽. 电影文化中的意识形态问题研究——以美国好莱坞电影意识形态输
　　 出为视角［J］. 重庆科技学院学报(社会科学版)，2014，(07)：116—118
　　 ＋129.

［11］钟边.《2017 年新闻出版课题研究指南》发布［J］. 中国编辑，2017，(03)：
　　 93—94.

［12］高纯娟. 我国网络文学海外译介与输出研究［J］. 出版广角，2017，(18)：
　　 56—58.

［13］起点中文网：《我欲封天》第一章：https：//read. qidian. com/chapter/
　　 ee4DY6KJrWc1/jzUPEC9d9VQex0RJOkJclQ2，2014-03-01/2017-11-04.

［14］武侠世界：About wuxiaworld, http：//www. wuxiaworld. com/about-
　　 wuxiaworld/♯，2017-11-09/2017-11-09.

［15］邵燕君、吉云飞、任我行. 美国网络小说"翻译组"与中国网络文学"走出
　　 去"——专访武侠世界创始人 RWX［J］. 文艺理论与批评，2016，(06)：
　　 105—111.

［16］王悦. 受众心理对大众传媒的影响——受众选择心理在大众传媒中的定位
　　 ［J］. 西安航空技术高等专科学校学报，2010，28(06)：90—93.

［17］吴赟、蒋梦莹. 中国当代文学对外传播模式研究——以残雪小说译介为个
　　 案［J］. 外语教学，2015，36(06)：104—108.

［18］杨婧. 美国大众文化消费现象启示［J］. 人民论坛，2010，(23)：202—203.

［19］于霞. 80 后文学的都市文化经验［J］. 小说评论，2017，(04)：140—145.

［19］庄怀玉. 用多元系统理论研究翻译的意识形态的局限［J］. 翻译季刊，2000，
　　 (5)：16—17.

华裔美国文学中的都市文化汉译

——以谭恩美的《接骨师之女》为例

康媛媛

摘　要: 美国华裔女作家谭恩美的第四部长篇小说《接骨师之女》,以中美两种文化为背景,围绕着华裔移民家庭中中国母亲与在美国成长起来的女儿之间的矛盾纠葛和文化冲突展开。张坤的译本较之于原著,在语言风格、内容等方面发生了显著变化。这既与原著内容和译者的翻译策略有关,也与中美不同的都市文化和价值观密不可分。《接骨师之女》的张译本为译者如何恰当结合本民族的文化传统,从而使译文和原著在审美上相映成趣,在文化上相得益彰,更好地与译入语国家的文化相融合,使其更加符合中国读者的思维方式和文化审美,提供了诸多启示和借鉴。

关键词: 华裔美国文学　都市文化　英译汉《接骨师之女》

Abstract: *The Bonesetter's Daughter* is the fourth novel of Amy Tan, a world-renowned female Chinese American writer. Based on American and Chinese cultures, the novel is bound up with the conflicts in a Chinese immigrant family between the mother who grew up in Chinese and the daughter, an American in theory. Compared with the original, the translation of Zhang Kun changed a lot in terms of language style and content. It is concerned with the content of the original and the strategies used by the translator. And it is also relevant to the urban cultures and values. The translation shows how the translator made reasonable use of the traditional culture to correspond to the original in aesthetic style, so as to integrate the original well into the target culture and to accord with the mode of thinking and cultural taste of Chinese readers.

Key words: Chinese American literature; urban culture; translation; *The Bonesetter's Daughter*

一、引言

华裔美国文学是两种文化碰撞和交融的产物,美国华裔作家是两种文明熏陶和影响的混血儿。在当今美国这个多元文化的大熔炉中,华裔美国文学因其作者独特的人生经历和文化背景而备受关注。以汤亭亭和谭恩美为代表的一批美国华裔作家挥动着自己手中的笔杆,运用丰富的想象力,把中国传统文化、美国社会生活以及周围的人融入自己的作品中,在美国的主流文化中也不忘寻找自己的文化之根。谭恩美的《接骨师之女》就是这样一部带有时代烙印的都市文化小说,因其涉及中美两种文化,出生和生活在美国的作者对中国传统文化的解读存在着一定的偏差。相对于作者而言,译者更加了解中国的文化元素,因此译者在汉译的过程中,为了保证译文的准确性,也为了满足中国都市读者的需求,在保持作者基本立场不变的前提下,对译文进行了适当的修改,使译文与原著各放光彩,中国的译者在华裔美国文学中的都市文化汉译的问题上可以以此为借鉴,更好地满足中国读者的期待。

美国华裔文学是美国多元文化的重要组成部分,美国华裔作家为美国文坛注入了新的力量。作为美国华裔文坛上的后起之秀,谭恩美为美国华裔文学的发展做出了不可磨灭的贡献。美国当代华裔作家李健孙曾这样评价她:"美国出版业对华裔美国作家的兴趣,一般地讲,当然要归功于汤亭亭,特殊的讲,要归功于谭恩美。谭恩美神奇的作品震动了美国社会精神的意识之弦,创造了既有永久历史意义又具有广泛商业成功的一种文学作品。"[①]

《接骨师之女》以历史事件为背景,以主人公露丝·杨(Ruth

---

① 张子清:《善待别人　尊重别人的生存权——李建孙访谈录》,译林出版社 2003 年版,第 387—388 页。

Yoang)和母亲刘茹灵(Luling lia)之间一系列的母女冲突和家庭矛盾为主线,将小说分为看似毫无关联却是环环相扣的三个部分。开篇第一部分以生活在美国旧金山的第二代移民露丝的日常生活而展开。她与男友亚特(Art)维持了近十年的恋爱关系,同居却不结婚。因为文化价值观的不同等多种因素的影响,两人的感情生活处于崩溃的边缘。雪上加霜的是,母亲茹灵却开始表现出老年痴呆的症状。随着母亲的记忆力的不断衰退,露丝才猛然意识到,"母亲渐渐失去的记忆,她早年在中国的成长经历,对于自己理解母亲的人生,揭示母女关系爱恨纠缠、互相伤害的根源,乃至更深一层解释自己生活中面临的问题,都有极大的影响和意义"。① 当种种往事袭上心头的时候,当露丝开始反思自己的任性行为的时候,她渐渐明白,母亲对自己提出的看似不可理喻的要求,其背后却是对文化之根的苦苦追寻,也是对中国文化传统的坚守。母亲留下来的手稿是一把打开尘封已久的记忆的钥匙。她尝试着去了解母亲早年在中国的生活经历,站在中国传统文化的立场去理解母亲坎坷的人生。

　　第二部分的主人公不再是露丝,而是转换成了她的母亲。茹灵以第一人称讲述了自己从出生到移居美国的艰辛历程,这一部分也正是她在觉察到自己记忆力衰退之前写给女儿露丝的手稿。本部分"围绕北京郊区一个制墨世家的兴衰,北京人骨的发掘,与一位接骨大夫的女儿,即茹灵生身母亲的悲惨遭遇,讲述茹灵姐妹如何于国仇家难之中幸存下来,在美国人办的孤儿院得以栖身,又如何先后抛下过去的种种伤痛,最终来到美国的坎坷经历"。②

　　第三部分又回到了露丝的立场和角度。在得知了母亲内心深处隐藏了一辈子的秘密之后,露丝了解了母亲的经历,明白了母亲的良苦用心,反省了自己年少时的任性,原谅了母亲也宽恕了自己。当脑海中由痛苦和不安交织而成的记忆网越来越模糊的时候,露丝得以重新审视自己的内心,最终与母亲和男友的关系也都得到了缓和。她开始为自己而活,为自己想要的生活而努力,于是她放下代人写作

---

① 张坤:《接骨师之女》,上海译文出版社 2010 年版,第 335 页。
② 张坤:《接骨师之女》,上海译文出版社 2010 年版,第 336 页。

的工作,开始执笔"写给她的外婆,她自己,还有那个将成为自己母亲的小女孩"。①

二、《接骨师之女》中中美都市文化的碰撞

《接骨师之女》是一部深入具体地表现华裔移民家庭母女关系的力作,是谭恩美的第四部长篇小说,带有很强的自传性。她笔下的母亲和女儿都已经超越了个体的存在,而是象征着两种截然不同的文化。正如程爱民所说:"谭恩美的小说之所以在主体和艺术上具有独特的魅力,一个重要的原因就在于其小说中母亲形象的感染力以及母女关系所折射出的深邃的文化内涵。"②

在《接骨师之女》中,由于作者"具有双重的民族和文化身份:有利于全球和本土之间,既可以与本土文化对话,同时也能促进本土文化更具有全球化特征"③,她笔下的茹灵出生于中国,接受了中国传统的文化教育,她的价值观,为人处世的方式以及生活习惯在移民前早已形成。中国传统的思维方式已经根植于她的内心并在她的美国生活中起了关键性的作用,成为她无法摆脱,也不能摆脱的思维模式和行为的内在原因。因此她成为了中华文化的象征。而自幼丧父的露丝出生并成长在美国,对美国文化深有认同,是美国文化的缩影和象征,但由于母亲是中国移民,因而在日常生活中又不可避免地受到中国都市文化的影响,这就使得她兼具了中美双重文化身份。作为中国都市文化代言人的母亲与长期生活在美国文化中的女儿之间的战争一触即发,这实际上也是中美两种都市文化的碰撞。

茹灵希望女儿可以传承从祖辈那里传来的血液里流淌的中国传统文化,用中国的教育方式来约束露丝,但常常因为女儿的不理解和叛逆而引起更大的冲突:她希望对女儿的行踪了如指掌,对她的朋友知根知底。当她理所当然地以为女儿在她的面前应该是透明的、

---

① ［美］Amy Tan: *The Bonesetter's Daughter*, Ballantine Books Press 2001, p. 403.
② 程爱民:《论谭恩美小说中的母亲形象及母女关系的文化内涵》,《南京师范大学学报》,2001 年第 4 期,第 108 页。
③ 王宁:《流散文学与文化身份认同》,《社会科学》,2006 年第 11 期,第 173 页。

毫无保留的,却不知道自己已经侵犯了美国人所关注的隐私权;当她自以为是的认为女儿在父母面前应该是唯命是从的时候,却已经严重地违背了美国人所提倡的话语权;当她异想天开的希望女儿可以精通中英双语的时候,却已经把自己望女成凤的愿望强加在了女儿身上。茹灵历经千辛万苦终于摆脱了中国的苦难生活,在美国开启了崭新的生活,但是又没能放下中国的一切,希望女儿能够成为自己的延续,以中国的生活方式融入美国社会,在美国社会幸福的生活下去,而这一切并未得到女儿的理解和社会的认同。"母女之间的冲突凸现了美国社会中接受强势文化(美国文化)的华裔青年与仍固守弱势文化(中国文化)的老一辈人之间的矛盾,他就像一面镜子,把中美两种文化之间的冲突与融合显现出来。"[1]

华裔美国作家在创作的过程中对中美两种文化各有所用,在两种文化的碰撞中书写着新的文字和历史,因而译者在翻译的过程中也不能仅仅停留在文本的表面,而是应当跨越民族的界线挖掘文字背后隐藏的文化意义,让中华文化在文本中回归其真实的面貌,让中国读者在阅读译本的时候可以有所归属,而不是游荡在本国文化之外。

三、"他者"身份在汉译中的文化回归

《接骨师之女》生动的讲述了两对母女三代人在不同历史时期和生活环境中的命运变幻,以及母女间的矛盾冲突与相互谅解的过程。第二代中的中国移民妈妈刘茹灵的一生跨越了中国和美国两个国度,受到了中美两种都市文化的影响。但是她始终没有忘记自己的文化之根,也未能真正的融入美国的主流文化,换言之,她只是一个"他者"的身份。

回顾茹灵的一生,她早年在中国见证了自己家族——一个制墨世家的兴衰,经历了受尽排挤之后的丧母之痛,抗日战争时期的丧夫

---

[1] 素芹、荆楚:《寻梦人的心灵世界——谭恩美小说《喜福会》中的文化冲突探析》,《北京科技大学学报》,2001 年第 4 期,第 18 页。

之痛,几经周折,看惯了世间冷暖,尝尽了人间心酸,最终辗转香港,奔赴美国"这块没有鬼魂也没有毒咒的大陆"①。然而,两年的香港生活和大半辈子的美国生活都未能教会她地道纯正的英语,她口中的英语可以简单地表达自己的意思,却摆脱不了浓厚的中国腔,避免不了中式英语的影响。在《接骨师之女》的英文原著中,谭恩美笔下的茹灵是第一代移民的典型代表,一个普通却不简单的人物形象。语言生硬,语法混乱是她口中的英语的一大特点也是第一代移民普遍存在的问题。这种中式英语很难在汉语中找到一一对等的翻译,因此译者在译文的开头就这样注释到:"茹灵讲的英语自始至终都语法混乱,错误层出,既不分时态,也不分人称和数。这些在翻译中很难展现出来,因此提请读者知道"。② 在张译本中,刘茹灵逻辑混乱的英文表达都没有展现出来,取而代之的是地道流畅的中文表达。例如,在作品的第三部分中,露丝带母亲去医院检查身体,面对医生的询问,已经表现出老年痴呆症的症状的茹灵坚持说自己亲眼目睹了辛普森杀人案的过程。她在原著中的表达是这样的:

> "How I go, don't know. But I there. This true! I follow that man, oh he sneaky. O. J. hide in bush. Later, I go his house too. Watch him take glove, stick in garden, go back inside change clothes—"LuLing caught herself, embarrassed. "Well, he change clothes, course I don't look, turn my eyes. Later he run to airport, almost late, jump on plane. I see whole thing."③

刘茹灵的英文表达用词简单易懂,无论是西方读者还是东方读者都能够从这段话中提取出关键信息,但是从语言形式上来看,语法混乱,词汇堆积,语不成句。这样的英语表达,符合她作为第一代移

---

① ［美］Amy Tan: The Bonesetter's Daughter, Ballantine Books Press 2001, p. 338.
② 张坤:《接骨师之女》,上海译文出版社 2010 年版,第 11 页。
③ ［美］Amy Tan: *The Bonesetter's Daughter*, Ballantine Books Press 2001, p. 72.

民的人物设定,符合现实的真实写照。在美国这个异语的都市文化之中,茹灵处于被边缘化的"他者"地位,她因为语言障碍而成为美国文化中的"沉默者",一个不能用自己的民族语言展现自己的异者形象。可是这样一个人物形象贴近中国都市读者的期待视野,符合我们对美国华裔移民的一般印象。在面对广大中国普通读者的汉译本中,刘茹灵不应再以一个"他者"的身份存在,而应该是一位命运多舛,颠沛流离的中国女性形象。因此在汉译本中,译者把茹灵的表达处理为如下内容:

> "我怎么去的,自己也不知道。但是我在现场。是真的! 我跟踪他,哎呀,他真是狡猾,那个辛普森,躲在树丛里。后来我还去了他家。眼看着他脱下手套,藏在花园里,又回到屋子里去换衣服——"茹灵说到这里,有点不好意思。"当然他换衣服的时候我没看,转开了。后来他跑去飞机场,差点晚了,赶忙跳上飞机。我全都看见了。"①

这与原文的风格迥异,茹灵的中文表达流畅,通俗易懂,逻辑清晰,没有语法错误也没有断句现象,符合一个受过教育的中国女性形象,实现了"他者"身份的回归。谭恩美成功地塑造了第一代移民的形象,真实地呈现出了刘茹灵的中式英语,从而更突出了她的"他者"身份。如果译者按照原文进行直译的话,会影响读者的阅读体验,使其对茹灵的身份产生怀疑。从小说人物形象的塑造来看,刘茹灵是"出身于制墨世家"②的传统中国女性,擅长书法,中国文化早已流淌在她的血液中,汉语对她来说是铭记于心的实际母语,在汉译本中将她蹩脚的英语转换成语言流畅的汉语,反而更符合人物设定的初衷。从一定程度上来讲,熟悉中国社会历史变迁的中国读者能够理解和认同一个在中国受尽苦难而逃亡美国的普通中国妈妈在异国他乡会遇到的重重语言障碍,也就不需要通过语言描述来还原原著中呈现

---

① 张坤:《接骨师之女》,上海译文出版社 2010 年版,第 64 页。
② 张坤:《接骨师之女》,上海译文出版社 2010 年版,第 218 页。

出来的第一代美国华裔移民语言障碍这一现象了。译者的这种创新,从某种程度上来讲,没有达到"信"的要求,却契合了中国都市读者的文化认同心理,也让华裔移民对中国文化之根的苦苦追寻在译文中得以实现。但是从另一方面来说,译者在向汉语读者靠拢的同时,也不可避免地忽视了原文中"他者"身份的存在价值,弱化了原著的主题,不可避免地流失了原著中的隐藏信息。

笔者认为面向不同的文化群体,译者对原文进行再创造性的改动也是对读者的一种尊重。译文不是原文在另一种语言中的影子,而是译者思想介入后的再生。

四、中国故事在汉译中的文化回归

《接骨师之女》讲述了宝保姆、刘茹灵、露丝三代母女之间的爱恨纠缠。宝保姆和茹灵之间的故事发生在北京郊区的"仙心村"。谭恩美作为一名美国华裔作家,是出生在美国的第二代美籍华人,她笔下的中国故事既有中国文化和历史的真实写照,也有美国文化的干扰。她用英文讲述的中国故事不能完全贴合中国的实际,不能完美贴近中国的传统文化,中国故事始终处于异语漂泊的无根状态。在汉译的过程中,译者结合中国的实际,让中国故事回归到了中国的文化之根中。本文将以母女三人的生活经历入手来进行分析。

宝保姆是一位接骨大夫的女儿,命运凄惨,在出嫁当天,父亲和丈夫永远的离她而去。生活跌入万丈深渊的她想要离开这个世界,不幸的是,自杀未遂,美丽的容颜和珍贵的声音却毁于一时冲动。女儿茹灵的降生给了她活下去的勇气,然而婆家却不许母女相认,她只能以保姆的身份陪伴在女儿左右。在原著第二部分女儿刘茹灵的回忆录中,讲述了一段宝保姆与自己生父相识相知的片段。

I have never seen a picture of my real father, but Precious Auntie told me that he was very handsome and smart, yet also shy enough to make a girl feel tender. He looked like a poor scholar who could rise above his circumstances, and surely he would have qualified for the imperial examinations if they had not been canceled several years before by the new Republic.

The next morning, Baby Uncle came back with three stemfuls of lychees for Precious Auntie as a gift of appreciation. He peeled off the shell of one, and she ate the white-fleshed fruit in front of him. The morning was warm for late autumn, they both remarked. He asked if he could recite a poem he had written that morning: "You speak," he said, "the language of shooting stars, more surprising than sunrise, more brilliant than the sun, as brief as sunset. I want to follow its trail to eternity."①

故事发生在民国初年的中国,男女青年对恋爱和婚姻充满了向往和憧憬。而这两段描述无论从遣词造句,还是句式结构上来讲都不能给人以耳目一新的感觉。如果译者只是停留于表面文章,就脱离了中国当时的历史文化背景,就不能使中国读者感同身受,体验到文化上的认同感。因此,作者作出了如下的处理:

　　我从未见过生身父亲的照片,但宝姨告诉我说他相貌堂堂,而且聪颖过人,却又非常腼腆,叫女孩子见了他不由得心生柔情。他就像个落魄书生,叫人一看就觉得他有朝一日总会飞黄腾达。要不是早几年废了科举,小叔一定能中举人。

　　第二天一早,小叔来看宝姨,还带了三串荔枝给宝姨赏玩。他剥了一个荔枝,宝姨当着他的面品尝里面白色的果肉。两人都说以深秋的天气,这个上午实在是太暖和。他请宝姨听他诵读早上刚写的一首诗:"倏忽唇启流星语,灿若晨曦掩日华,转瞬日落寻不见,愿逐星际至天涯。"②

①　[美]Amy Tan: *The Bonesetter's Daughter*, Ballantine Books Press 2001, p.191.
②　张坤:《接骨师之女》,上海译文出版社 2010 年版,第 162 页。

译文中不但出现了"落魄书生"、"科举"、"举人"等当时所处时代的词汇,也出现了诸如"飞黄腾达"、"赏玩"等带有现代意味的表达,便于读者接受和理解。作者没有意识到荔枝在中国传统文化中的寓意,但是译者巧妙地把"荔枝"这一形象与科举制度联系在了一起,正如《中华文化辞典》中的记载:连中三元是中国传统吉祥图案。由荔枝、桂圆、核桃构图。图案中三种果实都是圆形,象征"三元",寓意考试成绩优异,不断进取,喜报频传。多见于剪纸、文具及装饰图案中。在原文平淡无奇的基调中,译文另辟蹊径,把原文中的口语化的诗歌译成了符合中国读者审美观的朗朗上口的中国式诗歌形式,把小叔①对宝姨的深情款款描写得淋漓尽致。这两段话本身就是宝姨的回忆,译文让一个热恋少女的形象跃然纸上。

相对于宝姨与小叔的爱情,在抗日战争时期,刘茹灵和第一任丈夫潘开京同样上演了一段凄美而又浪漫的爱情故事。潘开京是地质学家,是从事考古坑工作的科学家之一。而他在一次考古坑检查行动中被征兵入伍加入共产党。在躲避日军逮捕的时候,原著中对潘开京和茹灵的重逢有这样一段描述:

> His kissed my eyes, one at a time. "This is beauty, and this is beauty, and you are beauty, and love is beauty and we are beauty. We are divine, unchanged by time." He said this until I promised I believe him, until I agreed it was enough. ②

从英语世界读者的角度来说,潘开京的表达含情脉脉,真情流露,可是对于中国的读者来说,这种爱的表达方式过于直白,不符合中国文化中传统的含蓄内敛的情感表达方式。谭恩美面对的主要是英语世界的读者,作为第二代华裔移民,她的文化认同更倾向于美国文化,在书写的过程中不自觉的会带入西方的思维方式。而汉译本面对的主要是广大的中国都市读者,译者需要创造性的叛逆去取代

---

① 小叔即茹灵的生父,因为刘家对外宣称茹灵是其大伯的女儿。

② [美]Amy Tan: *The Bonesetter's Daughter*, Ballantine Books Press 2001, p. 72.

逐词直译。

> "他亲吻我的眼睛,亲完这边换另一边。'巧笑倩兮,美目盼兮。你真是美。死生契阔,与子相悦。执子之手,与子偕老。'他说啊,说啊,直到我保证说我相信他,直到我再也无力承受更多的爱抚。"①

译者在潘开京的话语后作了注解:"此处为意译,译文部分借自《诗经》"②。《诗经》中不乏吟诵爱情的诗篇,译者最终也回归到了中国的传统文化,符合潘开京这一知识分子的角色所能说出的话。

笔者认为文学作品中每一个故事背后都有其特定的历史和文化背景,离开了特定环境束缚,故事也就失去了其本身的意义。因此,译者在翻译的过程中一定要让故事回归其本真。

五、结语

通过对《接骨师之女》中都市文化汉译的分析可以看出,如何更好把华裔美国作家的作品译成汉语还有更大的研究空间。华裔美国作家的作品往往跨越中美两个国度,依托中美两种文化,涉及中英两种语言,其独特性使得汉译的处理方法不同于一般的外国文学作品汉译。大多数华裔作品本身就是根植于中华文化,在中华文化的肥沃土壤中孕育出来的,因此汉译的过程也是文化回归的过程。译者要充分运用自己深厚的文化背景知识去呈现原著中缺失的中华文化要素,但是要学会尊重作者独特的立场和角度,理解作者的创作环境。译者还要耐心揣摩汉语读者的阅读心理和审美要求,但是不能一味的迎合中国都市读者的期待而流失和更改作者的观点。译者在翻译的过程中,要站在全球化的立场上,"建构一种更加开放而又不

---

① 张坤:《接骨师之女》,上海译文出版社 2010 年版,第 248 页。
② 张坤:《接骨师之女》,上海译文出版社 2010 年版,第 248 页。

是加以本土主义的民族认同"①,即不过分盲目地向本民族文化靠拢,又不无端排斥原著中的文化认同。

参考文献:

［1］ Tan Amy. *The Bonesetter's Daughter*［M］. New York：Ballantine Books Press，2001.

［2］［美］爱德华·W.萨义德. 文化与帝国主义［M］.李琨译.北京：生活·读书·新知三联书店,2003.

［3］程爱民.论谭恩美小说中的母亲形象及母女关系的文化内涵［J］.南京师范大学学报,2001(4).

［4］谭恩美.接骨师之女［M］.张坤译.上海：上海译文出版社,2010.

［5］王宁.流散文学与文化身份认同［J］.社会科学,2006(11).

［6］紊芹、荆楚.寻梦人的心灵世界——谭恩美小说《喜福会》中的文化冲突探析［J］.北京科技大学学报,2001(4).

［7］张子清.善待别人　尊重别人的生存权——李建孙访谈录［M］.南京：译林出版社,2003.

---

① ［美］爱德华·W.萨义德：《文化与帝国主义》,生活·读书·新知三联书店 2003年版,第21—22页。

公示语翻译对都市文化的影响

——以上海地铁诗歌翻译现象为例

刘南希

摘　要：随着我国经济的不断发展，国际间的友好往来及经济合作日益增多，对外联系和国际交流也日益频繁。然而，公示语作为国际化都市、旅游目的地的语言环境和人文环境的重要组成部分，对于宣传都市文化，构建都市形象，打造城市名片，都具有重要的宣传窗口之意义。诗歌作为中华文化的瑰丽珍宝，诗歌翻译不仅使国外友人了解中华文化，利于都市文化传播，普及大众，更能带来巨大的城市投资效益和经济吸引力。因此，本文将以上海市"在地铁邂逅诗歌"活动中的诗歌公示语翻译现象为例，从公示语翻译与构建都市形象等方面进行探讨，以期达到公示语的理论应用价值，更好地研究公示语翻译在都市文化塑造等方面的经济及社会价值。

关键词：公示语　翻译　诗歌翻译　公示语应用　城市文化

在现代社会，公示语宣传随处可见。2003 年，赵小沛教授首次提出公示语[①]的概念。公示语是指具有指示、提示、限制、强制等应用功能，从而影响到人们生活的各个方面。而公示语翻译也在城市建设中占据极为重要的部分，是进行精准传播公共信息的一种既直观又快速的渠道。刘宓庆认为，翻译的实质就是语际间的意义转换，这也包括概念意义、形式意义、语境意义、形象意义、风格意义以及文化

[①] 赵小沛：《公示语翻译中的语用失误探析》，《南京理工大学学报》，2003 年第 5 期，第 3 页。

意义。① 目前,国内公示语的翻译研究也是以功能理论为主导。然而对于诗歌翻译作为公示语进行都市宣传、都市建设与塑造都市文化的现象研究较少,本文试图以上海市 2017 年"在地铁邂逅诗歌"活动中诗歌公示语翻译为研究对象,通过运用举例对比的分析手法,结合尤金奈达的功能对等理论,从公示语翻译的理论视角进行解读,对诗歌公示语翻译的效果及其带来相应的社会价值进行探讨。本文针对诗歌公示语翻译对都市文化建设和都市形象塑造的影响进行分析,以期达到公示语翻译与构建都市文化的相关联性,达到公示语翻译的实际应用目的,更好地体现都市人文情怀,更加全面地展现公示语翻译与打造都市形象的实际意义与其相应的经济价值与社会价值。

一、公示语概述

(一) 公示语的定义与特点

公示语方面的权威专家吕和发教授对公示语给出了一个较全面的定义,公示语是指"公开和面对公众,告示、指示、显示、警示、标志与其生活、生产、生命、生态、生业休戚相关的文字及图形信息。"② 由此可见,公示语是一种特殊应用文体,它的应用范围广泛,影响到人们生活的各方面。

1. 公示语的分类与实用功能

对于公示语的一般应用范围可以简单分为以下几种:指示性公示语,是为给公众提供周到的信息服务,其功能在于指示服务内容。提示性公示语是用一种温和的语气来提示公众,旨在方便公众或让公众感受到人文关怀,既没有限制的目的,又没有强制的意图。限制性公示语是指用比较委婉的语气对公众的行为提出限制和约束要求。强制性公示语,是对公众的行为具有强制要求,用直白的方式要

---

① 刘宓庆:《当代翻译理论》,中国对外翻译出版公司,2001 年,第 21 页。
② 吕和发:《公示语汉英翻译错误分析与规范》,国防工业出版社,2011 年,第 20 页。

求相关公众不得采取或必须采取某种行动。①

　　诗歌公示语②是一种特殊公示语形式，在中文公示语中广泛应用。通常包括：排比、对偶、押韵等诗歌的独特特色。根据莱斯的文本类型来分类，诗歌公示语属于"感染型文本"，即诗歌公示语诗具有"诗歌感染功能"的文本类型。因此，在翻译诗歌公示语时，情感感染因素也是译者首要考虑的因素。

　　由于诗歌公示语的特殊形式。因此，诗歌公示语汉英翻译要求以读者为本，让外籍人士能在很短的时间内就能明白公示的内容，语言要简洁明了。既要保证英译文本的可读性，让国内的外国人更易理解，还应注意避免生僻词汇或中式英语。在翻译具有中国特色的公示语时通俗易懂更显得尤为重要，由于具有中国特色的公示语较为特殊，属于中国文化的产物，没有现成的译文可参考。有些译出的公示语虽无没有词汇和语法的错误，但外籍人士仍无法理解，这是因为他们不了解其文化背景，这时译者就应站在读者的角度，考虑其文化背景，将公示语所要公示的信息准确完整地表达出来。

　　公示语的英译日趋重要。但现今在我国各大城市的公示语翻译中仍存在着各种错误。北京第二外国语学院公示语翻译研究中心对全国公示语的翻译与使用情况进行了大规模定性、定量调查评估，对于完善城市公示语和国际化语言环境建设的可行性进行了系统探讨。③ 调查发现，在公共场所的公示语错误现象主要集中在表达、拼写和胡译上。中国翻译协会会长刘习良在首届全国公示语翻译研讨会上曾指出"错译、语法不通等皆为公示语翻译的问题所在"。因此，公示语译者应充分利用源语，进行语言间的转换，充分贴切源语，避免"望文生义"，造成翻译上的错误。

---

　　① 黄朝晖：《公示语的功能及其翻译原则》，《考试周刊》，2016 年第二期，第 10 页。

　　② 陈曦：《功能决定形式——探讨港澳地区诗型公示语英译》，《上海翻译》，2014 年第二期，第 18 页。

　　③ 北京第二外国语学院公示语翻译研究中心：《全国公示语翻译现状的调查分析》，《中国翻译》，2007 年第二期，第五页。

二、诗歌英译分析与应用

(一) 诗歌文体与英文文体特点

诗歌翻译对于译者来说,一直是一个难度较高的翻译文本体裁。而诗歌翻译者也常常面临两难境地,究竟是该恪守原诗的做诗之法而一味依循原诗,还是该弃原诗的诗式于不顾,依照译入语的诗歌体式表达原诗诗意,甚至在译诗中融入译者自己的感悟体会。著名的诗歌翻译家许渊冲提出了翻译的主张和翻译原则,并以"三美"①原则来对诗歌翻译提出了更高的要求,即音美,意美,形美。诗歌翻译与创作诗歌一样,诗歌的翻译者应该要予以译文和原诗之间给予一个精确的定位。

1. 诗歌文体的语言特点

诗歌翻译的最基本原则是,诗必须译成诗的形式,不能译成散文,否则就不能称之为翻译。其次,诗歌翻译应以行为基本单位,并应尽量保留原来的标点符号,通常不能随意合并或进行拆分诗行,这对保留原诗风格和韵味很重要。另外,诗歌的翻译应尽量保留原诗中的重要意向,否则必然会破坏原诗的意境。美国的庞德②把中国诗歌译成英语时,改变了原诗中的大量意象,有人因此说他的诗与其说是中国诗歌的英译,不如说是优秀的英语诗歌,但是由于他的无心插柳,却也意外创立了英语的意象派诗歌。③ 最后,诗歌翻译还应遵循诗歌的语言要具有音韵美,应该做到译文能让读者读起来朗朗上口,通顺晓畅。但由于英汉两种语言的差异,要能译出这种语言音韵美感也较为困难。若译者过多地拘泥于译诗的文学性,忘记了翻译的音韵美,而没有译出诗歌的语言简洁与押韵,则也不能称之为好的译作。

---

① 许渊冲:《翻译的艺术》,五洲传播出版社,2006 年,第 73 页。
② [美]埃兹拉·庞德:美国诗人及文学评论家,意象派诗歌运动代表人物,提出"诗歌意象"的理论,为东西方诗歌的翻译与互相借鉴做出卓越贡献。
③ 王贵明:《埃兹拉·庞德诗歌翻译的原则和艺术性》,北京理工大学学报,2002 年第 2 期,第 48 页。

2. 诗歌汉英翻译在语用学的实际应用

美国著名的翻译理论家尤金奈达明确指出,最贴切的自然对等,主要说的是文体和意义两个方面。他提出"功能对等"理论,认为只要为了到达语言意义传达、信息及交际功能,在处理语言转换时就可以灵活处理语言,包括语义上的功能对等和文体上的功能对等。翻译时,译者应重视源语的内容和意义,在实现功能对等的情况下,再选择进行适当的形式调整,而不必太过于拘泥于片面的形式。①

从奈达的功能对等理论出发,诗歌翻译亦然适用。就形式而言,诗歌的翻译方法有四种:形式翻译(Formal translation)、阐释性翻译(Interpretive translation)、扩张性翻译(Expansive translation)、模仿性翻译(Imitation translation)。② 形式翻译通常是极端的直译。阐释性翻译是指译者对原诗适当地加以解释的翻译方法,主要针对的是广大读者,追求的是诗歌的文学价值,也是将译者的主体性发挥的较为充分的一种翻译方法。扩张性翻译,是一种极度自由的翻译方法。模仿性翻译③,这种翻译方法实际上是译者借用原诗的形式和思想,用译入语进行的再创作,因此也不是严格意义上的翻译。有时译者要尽可能地在直译的基础上,对译诗作一些必要的调整,使之符合译入语的表达习惯,尽可能地保留原诗的意象和音韵节奏的特征。然而,除了形式之外,译者还需要决定诗歌的具体翻译格式,即采用格律诗还是自由诗的形式,意境、押韵方式和译入语都有不同的特点。因此,译者需要根据其自身特点结合具体情况决定,不能一概而论。

正如奈达指出的,译者要建立跨文化意识,以使交际双方在理解过程中建立起顺畅的沟通,要遵循约定俗成的语篇或者话语组织规律进行翻译。译者应充分利用源语,在翻译时进行两种语言间的转换。

---

① 谭载喜:《新编奈达论翻译》,中国对外翻译出版公司,1999 年,第 117 页。

② 张春柏:《英汉汉英翻译教程》,高等教育出版社,2006 年,第 167 页。

③ Stefan, George. *After Babel*:*Aspects of Language and Translation*. Oxford University Press. 1998.

三、诗歌英译公示语与都市文化塑造

（一）上海市"在地铁邂逅诗歌"活动简介

2017 年"中外诗歌进地铁"暨"在地铁邂逅诗歌"①活动在上海市拉开帷幕。此次活动是由英国文化教育协会发起，上海市对外人民友好协会、上海地铁、上海市翻译家协会等单位共同举办，旨在为广大市民的出行增添更多知识。其中，徐志摩的《再别康桥》、雪莱的《爱的玫瑰》、弥尔顿的《满二十三岁》、金承志的《落霞》等四十首中外诗歌都在地铁上以公示语的形式展出，方便市民们在乘地铁出行的途中进行观看学习。

2017 年 9 月 19 日，地铁 2 号线列车缓缓驶入上海市人民广场站，车厢拉手和车壁上都精心印制了用中文和英文分别书写的诗歌。除了 2 号线文化列车以外，上海地铁其他各条线路，均有一节列车通过地铁拉手的形式在展示这 40 首中英诗歌。而在天潼路站、南京西路站、新天地站、上海游泳馆站和金沙江路站等 5 个地铁车站的诗歌墙也进行了同步的展示。这次活动还于 2017 年底前，陆续在广州、南京、成都和重庆的地铁上进行展示宣传，同时开行的"在地铁邂逅诗歌"的文化专列，也惠及更多乘客在出行的同时感受到诗歌的魅力。而之所以选择上海市作为首个诗歌地铁宣传的城市，上海市申通地铁集团党建工作部部长吴昕毅认为，希望能通过这种公共宣传的方式，让更多优秀的中外诗歌走进地铁，让更多乘客享受诗歌相伴的地铁出行方式，也是通过这种形式，对于塑造上海市城市文化，传播与传承中外优秀的诗歌文化，共同打造上海市有灵魂、有温度、有情怀的地铁公共文化空间。

这次活动是 2017 年英国政府"灵动青春"②大型活动的项目之一，也是上海市地铁公共文化艺术节的重要项目。而早在 2006 年，

---

① 孙倩雯：《上海市民今起可在上海邂逅诗歌》，《新民晚报》，2017 年 9 月 19 日。
② "灵动青春"（Spirit of Youth），由英国政府、英国文化教育协会和英国旅游局共同组织举办，旨在激励中英两国的下一代青年，促进更深入的合作和交流。

上海市就承担了中英地铁首次诗歌交流。四首英国诗人的名作以中英文双语的形式悬挂在上海市地铁内,中国诗人李白、杜甫、白居易等四首唐诗也登陆了英国的地铁车厢内。上海市对外人民友好协会和上海翻译家协会希望通过此次活动,大力宣传上海市人文情怀促进中英文之间的文化交流,通过这种公共语宣传的方式以此更好塑造上海的都市形象,打造国际化文化都市的名片。

2. 诗歌英译在公示语上的应用分析

笔者走进了上海市地铁车站,看见极为显目的公示语牌宣传。在地铁 2 号线的车厢内部印满中英文对照的公示语也随处可见,并配以极为生动的背景图片,让人读起来感受到浓厚的文化气息。同时也吸引了每位乘客在默默诵读这些诗歌,整个车厢都充满人文情怀与诗歌氛围。

其中选取的四十首中英诗歌分别是:莎士比亚 *From You Have I Been Absent in the Spring*、彭斯《佃农的星期六晚》、雪莱《爱的玫瑰》、勃朗特《我独自坐着》、华兹华斯《丁登寺旁》、勃朗宁《十四行诗》、弥尔顿《满二十三周岁》、罗塞蒂《短歌》、托马斯《羊齿山》、丁尼生《尤利西斯》、托马斯·哈代《自然界的询问》、柯尔律治《有些稚气,但很自然》、菲欧娜《酿》、贝利《妈妈的婚礼鞋》、甘布尔《童年》、萨拉《带围墙的花园》、坎普贝尔《孩子》、布卢维特《静物》、卡尤芩贡依《缤纷雅事》、米娜·摩尔《但愿我告诉了我妈这些事》、李白《行路难》、徐志摩《再别康桥》、杜甫《春夜喜雨》、秋瑾《秋风曲》、杜秋娘《金缕衣》、李清照《渔家傲》、苏轼《守岁》、王维《少年行》、《诗经》、易真真《这生活已经不是我们的了》、张伟锋《自白书》、肖水《第三宇宙》、张会勤《隐藏》、张尹《散句》、胡桑《北茶园》、丝绒陨《某种消退的炎症》、茱萸《雨夜物语》、林程娜《我一直在这里,只有你能看见》、蒋静米《散步》、金承志《落霞集》。

这些优秀诗歌不仅包括英国美国等著名诗作,也收录了中国古代及近代以来的优秀诗歌作品。其中,笔者将选取部分公示语的诗歌英译加以分析:

首先,是此次活动的标题,"在地铁邂逅诗歌",译者将其译为"POETRY ON THE METRO",简洁明白,即使是乘坐地铁出行的外国友人也能轻松理解,这种直译的方式,对于标题类的公示语翻译应用也极为普遍,能起到最快地传达信息,使读者通俗易懂的作用。

其次,笔者以唐代诗人杜甫的著名诗歌《春夜喜雨》①,选取其中最为著名的几句进行分析。中文印在公示语宣传牌上面的是:

"好雨知时节,当春乃发生。

随风潜入夜,润物细无声。"

下面给出的英文译文是:

"The favorable rain its season knows,

It drizzles down when Spring her breaths blows.

Diving and melting into night with winds,

It mutely moistens Earth with wary minds. "

这个英文译本,首先在诗歌的押韵上面处理的非常巧妙,英文译文的每个结尾词语都一一对应了中文的词尾韵脚,让人读起来不禁感到朗朗上口,十分顺畅。其次,译者对于原诗中个别词语,例如:"好雨"、"知时节"、"当春"等具有中国特定含义的词汇翻译的较为贴切,而且将春天拟人化的翻译处理手法,用"her"来进行翻译处理,更使译作生动形象,极具感染力。最后,译者将"润物细无声"一句中的"细无声"翻译为"mutely"也是极为贴切,原文描写的是及时雨仿佛是知道季节一般的,在春天里应运降临,默默无声地滋润万物,不仅写出来春雨的美,也传达了一种静谧与安宁的春天景象,整个诗歌极富画面感,渲染出一种春雨的悄然静默之感。整个诗歌翻译较为准确传神,而且符合读者朗读的易于上口押韵的要求,公示语诗歌翻译的译本。

另外,笔者还选取了秋瑾所做的《秋风曲》②里面对于秋日风景的描绘诗句:

"秋风起兮百草黄,秋风之性劲且刚。

能使群花皆缩首,助他秋菊傲秋霜。"

译文给出的对应翻译为:

---

① 《春夜喜雨》:作者为唐代诗人杜甫,作于唐肃宗上元二年(761 年)春。

② 《秋风曲》:作者秋瑾(1875—1907),近代民主革命志士,原名秋闺瑾,也称"鉴湖女侠"。

"All grasses yellow at the autumn breeze's song.

The autumn wind by nature's vigorous and strong.

It makes all flowers drop their head with sere leaves lost,

Alone chrysanthemums can stand against the frost."

这个英文译本选自于许渊冲的翻译,其中,译者将每句句末的韵脚处理的极为准确,也使读者读之通顺晓畅。译者将原诗中的"缩首"一词译为"drop their head with sere leaves lost"就十分巧妙,把中华文化中具有的特定涵义的词汇用简洁的英文表达其意,同时译者翻译的技巧也属于直译的一种,利用直接翻译的方法简明扼要地体现出秋风的凛冽。

3. 诗歌英译公示语对城市文化塑造的影响

中国翻译协会组织的"完善城市公示语翻译"活动[1]于 2005 年展开,其中以北京为首的城市公示语翻译逐渐展开,对于城市公示语翻译的参考标准于由相关主管机构制定并实施。以北京第二外国语翻译研究中心汇总的数据为例,大众普遍认为,针对一些公共场所比如公共汽车站和火车站内的翻译现状情况较为落后,亟待改善的信息服务系统也需要更多的城市建设工作者不断完善。公示语是国际化都市、国际旅游目的地信息服务系统的重要组成部分,对于构造都市形象,塑造都市文化名片具有深远影响。以上海为例,有数十万的常住外籍人口,近百万以旅游为主的流动外籍人口。[2] 因此,城市不仅仅需要各种旅游标识牌,还更需要一些对外宣传都市文化的城市窗口。各类公共场所,更能反映出一个国际化大都市的文化底蕴与文化内涵与其特有的都市形象。

四、结语

经济全球化所带来的多元文化交流,使跨文化交际变成一种传

---

① 北京第二外国语学院公示语翻译研究中心:《全国公示语翻译现状的调查分析》,《中国翻译》,2007 年第二期,第 5 页。

② 上海市语言文字工作委员会办公室和上海市公共场所名称英译专家委员会秘书处:《公共场所英语标识语错译解析与规范》,2010 年,第 53 页。

播方式。公示语对打造都市形象起着重要的窗口作用。通过公示语的翻译,使外籍友人更直观地感受到一种中华文化的"人文宣传"。在公示语翻译日益普及的今天,作为译者,不仅要完成从"信息发出者"到"信息服务者"的身份转换,更应逐步以读者的视角去进行翻译工作,不仅要传达信息,更要关注读者的生理情感需要、尊重的需要、自我实现的需要和文化的需要,来更好地实现当今社会高速发展的社会需求,为其提供更高质量、高精确度的信息。

　　通过公示语的翻译与宣传,使更多的普通市民甚至外国友人感受到都市文化。透过公示语宣传这个城市窗口,将上海的都市风采与都市面貌更加直观,生动地展现在每一位公众的面前,也正是通过这样随处可见的公示语,将都市文化与都市民众的距离拉得更近,联系更紧密。上海市通过承办"在地铁邂逅诗歌"这类宣传都市文化的活动,将中华文化宝库中的诗歌译为英文,以此来更好的宣传都市文化。本文通过对上海市地铁诗歌公示语翻译现象的分析,可以看出公示语在城市宣传建设的环节中扮演着极其重要的角色。诗歌翻译对于弘扬中华文化的精髓,传播国学文化,也具有非常长远的影响。通过人们日常生活中随处可见的公示语,进行都市文化的普及和宣传,诗歌公示语翻译也发挥着自身独特的影响作用。值得指出的是,在公示语翻译的翻译技巧、翻译理论及术语使用等许多方面现在还未建立共识,公示语的翻译策略、错误类别划分等问题仍有待于进一步深入研究探讨。对于公示语宣传与塑造都市文化,我们仍有很长的路要继续摸索,不断前行。

参考文献:

[1] Stefan, George. *After Babel : Aspects of Language and Translation*[M]. Oxford University Press. 1998.

[2] 赵小沛. 公示语翻译中的语用失误探析[J]. 南京理工大学学报,2003. 15(5).

[3] 刘宓庆. 当代翻译理论[M]. 北京:中国对外翻译出版公司,2001.

[4] 吕合发. 公示语汉英翻译错误分析与规范[M]. 北京:国防工业出版社,2011.

[5] 黄朝晖. 公示语的功能及其翻译原则[J]. 考试周刊,2016. 10(2).

［6］陈曦.功能决定形式——探讨港澳地区诗型公示语英译［J］.上海翻译，2014.2(18)

［7］王宁.从语符翻译到跨文化图像翻译［M］.北京：清华大学出版社，2008.

［8］刘宓庆.当代翻译理论［M］.北京：中国对外翻译出版公司，2001.

［9］北京第二外国语学院公示语翻译研究中心.全国公示语翻译现状的调查分析［J］.中国翻译，2007.2(5).

［10］许渊冲.翻译的艺术［M］.北京：五洲传播出版社，2006.

［11］王贵明.埃兹拉庞德诗歌翻译的原则和艺术性［J］.北京理工大学学报，2002.4(2).

［12］张春柏.英汉汉英翻译教程［M］.北京：高等教育出版社，2006.

［13］谭载喜.新编奈达论翻译［M］.北京：对外翻译出版公司，1999.

［14］孙倩雯.上海市民今起可在上海地铁邂逅诗歌.［N］.新民晚报.2017-09-19(10).

［15］上海市语言文字工作委员会办公室和上海市公共场所名称英译专家委员会秘书处.公共场所英语标识语错译解析与规范［M］.上海：上海外语教育出版社，2010.

《舌尖上的中国Ⅰ》菜名翻译策略探究

陆佳莹

摘　要：《舌尖上的中国Ⅰ》是一部大型的中国饮食文化纪录片,传承了一个时代、一个民族的记忆。对它的翻译不仅能够展现我国丰富多彩而又历史悠久的饮食文化,还承担起了作为外宣翻译作品弘扬我国传统饮食文化的使命。现如今菜名的翻译没有固定的标准,极具随意性,《舌尖上的中国Ⅰ》对于规范菜名的翻译有着积极影响。针对《舌尖上的中国Ⅰ》所采用的翻译策略与方法,就其中所有菜名进行系统地梳理归类,总结中国菜肴采用翻译方法的规律,计算归化、异化策略在《舌尖上的中国Ⅰ》的翻译中所占比重,并分析异化翻译策略占九成的原因。通过探究发现在外宣翻译中,异化策略在居多翻译方式在一定程度上有助于抵消西方的霸权主义文化,也证明了中国文化软实力的崛起。

关键词:《舌尖上的中国Ⅰ》　菜名翻译　翻译策略

The study on the translation strategies of the Chinese food in *A Bite of China*

Abstract：*A Bite of China* is a documentary about Chinese food culture. It is the heritage of the Chinese history and national memory. The translation of it can not only show how our rich and colorful the Chinese food culture is，but also takes up the mission to carry forward the traditional Chinese food culture. There are no unified standards for translating the Chinese food at present. *A Bite of China* has a positive effect on unifying the standards. After classifying all the food by the standard of translation strategies and methods，I found out that foreignization accounted for the largest proportion. To a certain extent, it can offset the hegemony of western culture. It also proved out that China's cultural soft power was rising fast.

Keywords: *A Bite of China*; Translation of Chinese food; Translation Strategies

一、绪论

随着全球化进程日益加深,中国的发展速度与节奏越来越快,与外界的沟通更加频繁,与其他国家的合作更加紧密。中国越来越重视对外宣传工作。中国现在还处于社会主义初级阶段,是一个发展中的大国,还不是一个强国,从大国到强国还有很漫长的道路要走,其中不可逾越的一段路程就包括提升国家形象和文化软实力。要想树立良好的国家形象、提高国家软实力,使中国屹立于世界之林,对外宣传、弘扬传统中华民族文化在这一过程中起到至关重要的作用。

中国文化博大精深,饮食文化是其一个分支,传承千年,积淀了悠久的历史。中国人深知中国饮食文化的绝妙所在,然而如何让西方观众了解中国饮食,如何从对中国饮食文化的翻译中得到基本信息,一方面让中国人自己首先重视起了属于我们的饮食文化传统,另一方面也给中华文化"走出去"提供了契机。《舌尖上的中国Ⅰ》中包含了大量的中国特色传统饮食,它分为《自然的馈赠》、《主食的故事》、《转化的灵感》、《时间的味道》、《厨房的秘密》、《五味的调和》以及《我们的田野》总共七集。每集约有四十至五十分钟,在不到七小时的时间里,纪录片从多方面展现食物在中国人心目中的神圣地位以及食物给中国人所带来的情感,这些情感远远超过了菜肴本身,其中所包含的文化因素也是极其值得被传承与弘扬的。

前人关于中国菜名的翻译问题的研究不少,研究的角度也各有不同,有就中餐菜名翻译方法与策略进行研究的,有的就中国某一地区的饮食或某一菜系的翻译做研究的,有的从跨文化传播视域下进行对中国菜名翻译研究的。但是针对《舌尖上的中国Ⅰ》的翻译的研究并不是特别多。

　　例如，沙丽在宁波教育学院学报上发表的《舌尖上的中国Ⅰ——异化策略解读》中着重针对《舌尖上的中国Ⅰ》中的节目名称、菜名以及节日风俗的翻译的异化政策进行了分析，但是关于菜名以及节日风俗的具体实例较少，不够全面。另外只针对《舌尖上的中国Ⅰ》的异化政策进行解读，无法得出更加全面、更进一步的结论。另有《从英文版舌尖上的中国Ⅰ探究中国饮食翻译》，文章未将翻译策略与翻译方法精密联系起来，因而显得较为松散，缺乏层次性。《目的论指代下的〈舌尖上的中国〉菜名的翻译》作者是从口译的角度出发谈及对于如何完成《舌尖上中国》这一翻译项目的方法。

　　《舌尖上的中国Ⅰ》于2012年5月在央视首播，至今不过四年，属于较新的题材，其中出现的菜品经过摄制组精心挑选，极具中国特色，有很大的研究价值。本文将针对《舌尖上的中国Ⅰ》英文版中出现的所有菜名进行系统地梳理，就每道菜所采用的翻译方法与策略将其归类，以此来探究异化策略和归化策略在外宣作品的翻译中各自所占的比重，并分析原因，有助于帮助选择和采取适当的翻译策略和方法，使外国观众更加清晰明确地了解中国饮食文化。

二、中国各地菜名的翻译现状

　　古人云"民以食为天"，饮食与人类生息息息相关密不可分。在华夏民族五千年的历史中，历朝历代都孕育出了不计其数的珍馐美馔，经过传承和演变，延绵至今，养育了无数炎黄子孙。饮食在任何文明中都占有极其重要的地位，尤其是在中国，饮食文化在每一个中国人心里有着极其重要的地位，是日常生活中不可或缺的一部分。中国人饮食对食材的挑选要求十分严格，再配上厨师高超的烹饪、摆盘技巧，给食客以无与伦比的感受，同时也使得国人对于饮食的要求越来越高。然而，并不是所有的中国饮食都为所有的西方人所接受，有时，外国人一听到中国饮食，在脑海里浮现的都是挖猴脑，取熊掌，以及动物内脏等等一系列恐怖的画面。造成这种局面的原因在很大一部分要归咎于不恰当的英文翻译。再者，中国饮食文化较西方饮食文化而言有较多烹饪食材、工具与技巧,另外,中国的菜肴名称以及其背后所蕴含的独特的民族审美与情感,都很难在翻译的时候完美契合地表达出来。

近年来,中国各地菜名的翻译存在诸多问题,之前网上流传过许多令人啼笑皆非的菜单翻译。许多人在翻译的时候望文生义、生搬硬套、逐字翻译,既不考虑食材也不考虑烹饪方式,更不关心菜肴背后的文化内涵,结果造成很不良的影响。

例如:"麻婆豆腐",曾被人译为"Bean curd made by a pock-marked woman",翻译过来就是长着满脸雀斑的女人制作的豆腐,着重强调满脸雀斑的女人,而非豆腐本身体。又有"夫妻肺片"居然按照字面意思被翻译成了"Husband and Wife's Lung Slices",翻译过来就是丈夫和妻子的肺切片,令人看了心惊肉跳,倘若是中国人看了这样的菜名也不会有人想要尝试,更别提外国友人了。又有"口水鸡"直接翻译为"Slobbering Chicken",即流着口水的鸡,那场面看起来很好笑。"四喜丸子"被译为"four glad meatballs",意思是四个高兴的肉球。"蚂蚁上树"被译为"a pile of ants climbing trees",即一群爬树的蚂蚁。"驴打滚儿"被译为"rolling donkey",即翻滚的驴。更有甚者将"童子鸡"译为"Chicken Without Sexual Life",让食客摸不着头脑,不但外国人听不懂,中国人也是一头雾水,再比如"红烧狮子头"被翻译为"Red Burned Lion Head",外国人知道以前中国人吃过熊掌,现在怎么改吃狮子的头了? 这样的翻译非但没有达到传承与弘扬中华民族传统特色饮食的目的,更加加深了西方食客对于中国饮食文化的误解,甚至会对中华传统文化产生隔阂,如此翻译产生的后果比不翻译更加严重。

三、作为外宣翻译作品所起到的积极影响与规范作用

黄友义曾指出,外宣是国家对外交流水平和人文环境建设的具体体现。①

---

① 张琳:《外宣翻译的特点及要求》[J].榆林学院学报,2011年第5期,第107—109页。

外宣翻译不属于文学翻译,不以表达强烈情感与美学功用为目的。它属于应用翻译,以传递信息为主要目的、更注重传递效果。另外其最大的特点就是实用性与对外形,外宣翻译作品为的是把属于中国独有的、具有中国特色的、具有正能量的内容与品质带出国门,介绍给西方观众。《舌尖上的中国Ⅰ》这样一部作品所呈现的是中华传统饮食文化的绚烂。对于《舌尖上的中国Ⅰ》的饮食文化负载词的翻译,有助于西方受众全方位的了解中国饮食的历史背景、选用原料、制作方式、烹饪器皿等一系列的文化层面的内容。本文篇幅有限,再次仅针对其中出现的菜名的翻译进行初步研究。

对于菜名的翻译现在尚未出台统一的标准,形成完整的体系。具有很大的随意性,同样一道菜可能有着多种不同的翻译版本。饮食翻译重点在于烹饪方法和菜品名称的翻译。在翻译的时候既要考虑到西方人的直观感受,又要表达出饮食背后文化性的内容,因而更是难上加难。正因为如此,作为外宣作品的《舌尖上的中国Ⅰ》的出现对于规范饮食翻译乱象,弘扬中国传统饮食文化起到了非常重要的影响。

《舌尖上的中国Ⅰ》翻译质量颇高,通过对于菜品食材来源以及食材背后辛勤劳作的介绍,并辅之以菜肴的制作过程与文化内涵分析,配上具有中国民族特色的音乐,能够吸引西方观众的目光,引起他们对于中国饮食的兴趣,可以消除外国观众对于中国文化的隔阂,更加能激发他们对于中国传统饮食文化的认同感。英文版《舌尖上的中国Ⅰ》在翻译的用词方面进行了深入的推敲,具体准翔实,语言简练精准。其采用的碎片式的叙事结构具有跳跃感,最后化零为整,直击人心。作为一部高质量的外宣翻译作品,它将中国饮食文化像一张画卷般铺陈开来,其精良的翻译对于中国菜名的翻译有着极其重要的指导与规范作用。

四、《舌尖上的中国Ⅰ》翻译策略探究

归化策略和异化策略是由美国学者韦努蒂提出的翻译术语。它是受到德国早期思想家施莱尔马赫的影响而被提出的。施莱尔马赫曾提出两种翻译方法：一是尽可能地不扰乱原作者的安宁，让读者接近作者；另一是尽可能不扰乱读者的安宁，让作者去接近读者。①韦努蒂从中得到启示，将归化与异化的翻译策略植入社会文化、政治、意识形态、历史等大背景中。

当译者在面对源语与目的语之间所存在的语言文化差异时，归化与异化是基于对翻译目的、文本类型、作者意图以及读者对等各种因素的综合分析，而采取的翻译策略。《舌尖上的中国Ⅰ》中文化负载词的翻译策略是异化与归化兼而有之，二者相辅相成，异化为主，辅之以归化的翻译策略，共同完成了对翻译的任务，也帮助实现了弘扬中国民族饮食文化的目的。

(一) 归化翻译策略在《舌尖上的中国Ⅰ》中的应用

在对《舌尖上的中国Ⅰ》进行翻译时，归化策略的使用是一大亮点。归化要求以目标语言文化当前所盛行的主流价值观为指导，采用使目的语读者易懂的并且能够接受的方式，在语法上尽可能的贴近目的语，减少异国因素，使其迎合本土口味，尽可能地削弱并消除原文的对于目标语受众所产生的陌生感，使源语所表达的内容更加容易被目标语受众所认同，由此实现中西方"文化对等"。达到对中国饮食翻译是为了让外国观众能够清楚地了解中国的饮食实质的目的，并由此向西方世界打开中国饮食文化的大门。

针对《舌尖上的中国Ⅰ》菜名的翻译在归化策略指导下的翻译方法主要有意译、文化替换等。

1. 意译法

意译只是忠于原文的内容，而不拘泥于原文的形式。它把忠于原文的内容放在第一位，把译文的通顺流畅放在第二位，不受原文形式(如句法手段、修辞特点、习语选择等)的约束，一般来说，如果不能以与原文相同的形式来再现原文的内容，就应该采用意译的方法。②

---

① 杜文：《对韦努蒂异化翻译理论的思考》，忻州师范学院学报，2008 年第 1 期，第1671—1491 页。

② 孟庆升、张希春：《英汉互译教程》，外语教学与研究出版社 2014 年版。

　　许多中国菜肴的命名非常有特色,单从名字上无法判断其主要食材、烹饪方式等,而是具有丰富的联想的意味,如果采用直译的方法,按照原有菜肴名称的内容与形式来翻译,那么势必会导致外国人无法理解,例如之前提到过的狮子头如果被译为 Lion Head,那么必定引起外国观众的恐慌与厌恶,更不用提让他们去感受菜肴中所包含的中国特色文化内涵了。采用意译的方法,还原菜肴的制作材料、烹饪方法,传递实质内容信息,才能更好地被外国观众所理解和接受,从而更有效的来弘扬中国传统饮食文化特色。

　　例如,刀板香被译为 Sliced Salted Pork、大烫干丝被译为 Boiled Bean Curd Shreds、赛螃蟹被译为 Crab Flavor Fish、垮炖杂鱼被译为 Stewed Fishes Seasoned with a Special Sauce from the Northeast。

　　2. 文化替换法

　　有时候汉语中的某个词汇与其他语言中某个词汇所表达的意义相同或十分相近,但所用比喻形象不同,这时可以套用该语言的表达方式,用目标语受众所熟悉的文化意象替换源语中的文化意象。

　　如"酸奶油"被翻译为"Butter","面食"一词,在《牛津汉英词典(简体)》中被翻译为"Wheaten Food",而在纪录片中则翻译为"Bread and Pasta",中国人的面食显然并非指面包和意大利面食,又如"藕夹"在纪录片中被翻译为"Fried Lotus Root Sandwich",让从未见过和吃过该食物的外国食客产生直观的概念,"sandwich"既传神地再现了该食物的形式,也让外国食客能够快速定位该食品。①

(二) 异化策略在《舌尖上的中国Ⅰ》中的应用

　　归化的翻译策略一般以目的语所在国家的主流意识为主导,贴近目的语受众的生活,虽然在一定的程度上可以有效地帮助目标语受众了解中国饮食,然而采用归化的策略也会在某种程度上抹杀源语作品背后的文化内涵,不利于源语文化的传播。因此,为了更有效

---

　　① 李翔、刘春亮:《从英文版〈舌尖上的中国〉探究中国饮食翻译》[J]. 成都师范学院学报,2014 年第 6 期, 第 115—118 页。

地推广中国传统饮食文化,对《舌尖上的中国Ⅰ》的翻译必须加大异化策略的使用。

异化策略就是在译文中保留源文本里的文化内涵,或按字面直译,目的是使译文保持源语文本社会的文化内涵,将源语文化推广至目的语国家,丰富目的语及其文化。采用异化的翻译策略能够直接将源语文化传播到目的语国家中去,将中国饮食的命名及其背景故事和文化内涵表达出来,使西方观众更加深入了解中国的饮食文化。合理地运用异化策略并且配合适当的阐释,能使西方观众逐渐熟悉中国饮食文化,接受中国饮食文化并且愿意向其国人传播中国饮食文化。

《舌尖上的中国Ⅰ》的翻译采用了异化的策略,达到了非常好的效果。首先就纪录片名称《舌尖上的中国Ⅰ》而言,翻译组没有采用归化的翻译策略译为 Chinese Cuisine 或者 Food of China 这样更贴切外国观众或者更能使外国观众一目了然的翻译,而是被翻译为了 A Bite of China,这样的翻译对于西方观众而言显然是非常新奇的,是对中国饮食与文化的一次探索之旅,因而吸引了众多西方观众停留驻足观看,对节目名称的翻译采用异化的翻译策略,不仅仅保留了其在源语言中的生动特色,也能够在一定程度上抵制西方的文化霸权主义,将中华民族的特色文化以耳目一新的方式打入西方文明,体现出了我国文化软实力的增强,民族的不断崛起,在某种意义上推动了文化的多元发展。而如果对于题目采用归化的策略进行翻译,则无法产生巨大的吸引力,达到传播文化的良好效果。

再如《舌尖上的中国Ⅰ》菜名的翻译,许多菜名为了保持异国情调也就是中国特色,在译文中通常会舍弃一些原有词汇,而采用一些非常用的词汇。例如饺子,在《舌尖上的中国Ⅰ》中直接音译为jiaozi,虽然英文中已经有 dumpling 或者 ravioli。通常在英文课本中,饺子也直接被译为了 dumpling。然而这些词与中国的饺子始终是有出入的。Dumpling 通常被定义为 small balls or strips of boiled or steamed dough 或者是 baked dessert of fruit wrapped in dough。而 Ravioli 指的是一种传统的意大利面食,以面皮做成袋状,然后将肉类或蔬菜简单地包起来,然后再放到水中煮熟。虽然做法上面与中国的饺子有些相似。然而当提到 ravioli 的时候西方食客首先想到的是意大利的饺子，而并非中国饺子。因而，将其音译为"jiaozi"，再配以相应的解释，采用先异化再归化的形式，即体现了中西方饮食文化的差异，也能反映出我国的传统饮食文化在逐渐地被西方饮食文化所接受。这样的翻译策略主要适用于较为简短并且极具中国特色的食物，比如泡馍(paomo)、团子(tuanzi)、馕(Naan)等。又或者"长寿面"译为"Longevity Noodles"，如果按照表面意思来理解，那么则是"长寿的面条"，然而世界上并没真正吃了能长寿的面条，而之所以称之为长寿面，是由于面条又长又瘦，谐音长寿，中国人在过生日的时候吃上一碗长寿面寓意能够健康快乐，寿比南山。这与西方国家过生日时吃蛋糕插蜡烛的庆祝方式不同，它是中国文化中所独有的庆祝方式，通过运用异化翻译策略直译，能够将一些具有中国特色的传统饮食文化习俗展现于外国观众面前，增添他们对于中国传统文化的深入理解。因而，异化策略的大量使用不仅在一定程度上抵抗了西方国家的文化霸权，也体现出了中国特色文化正在强有力地融入到西方文明中去。

针对《舌尖上的中国Ⅰ》的翻译在异化策略指导下的翻译方法主要有：直译、音译等。

1. 直译法

直译不是死译、硬译，而是在尽量保持原文语言形式不变的基础上，用地道的译入语准确再现原文的内容与风格，既忠于原文内容又忠于原文的形式，把忠于原文内容放在第一位，忠于原文的形式放在第二位，把译文的通顺流畅放在第三位。[①] 一般来说，如果译文能够以与原文相同的形式再现原文的内容，就应该采用直译的翻译方法。中国饮食中的菜肴较大多数具有"写实性"，即都是以菜肴的原料和烹饪方法命名，反映出饮食的实质性内容。翻译时一般采取"直译"法，直接译出该菜肴的原料、烹调方法及菜肴的形态。使用直译的翻译方法，再辅之以视频，能够使得外国观众一目了然，即刻就能明白这是怎样的一道菜。例如，莲藕炖排骨译为 Stewed

---

① 孟庆生、张希春：《英汉互译教程》，外语教学与研究出版社 2014 年版。

Ribs and Lotus Root；黄馍馍译为：Golden yellow steamed buns；肉夹馍译为：Marinated Meat in Baked Bun；米粉被译为 rice flour noodle 等。

2. 音译法

一般，我们在对一些专有名词的翻译时会采用音译法，例如人名、地名等。在中国饮食翻译中，许多菜名中包含了人名、地名，那么音译便成了一种不可或缺的手段。另外一种需要采用音译方法的词汇是一些特定文化词的翻译，即属于中国特有文化的词汇，具有非常浓厚的民族特色，使用音译的方法能够直接凸显中国特色。一些菜肴通过音译无法体现做法及主配料，使得外国人感到迷惑时，则可以采用音译加注释的翻译方法进行翻译。音译又可以分为完全音译、音译＋直译，音译＋注释。

（1）完全音译

例如，馕：被译为 Nang、泡馍被译为 Paomo、饺子被译为 Jiaozi。

（2）音译＋直译

例如，诺邓火腿被译为 Nuodeng ham、兰州牛肉面被译为 Lanzhou Beef Noodles、南安腊鸭被译为 Nanan Cured Duck、鱼香肉丝被译为 Yuxiang Shredded Pork。

（3）音译＋注释

例如，粽子被译为 Zongzi（A Traditional Chinese Food Made of Glutinous Rice with Different Stuffings）、黄酒被译为 Huangjiu（Yellow Wine Brewed from Rice）、酒曲被译为 Jiuqu（Fermentation Starter）、琵琶肉被译为 Pipa Pork（Pipa is a Traditional Chinese String Instrument）、包子被译为 Baozi（a Kind of Dumpling Stuffed with Various Ingredients）。

使用音译的方法来对《舌尖上中国》中部分文化负载词进行翻译，能够保留非常浓厚的异域色彩，增添食物的神秘性，从而引发外国观众的好奇与兴趣。也能起到填空补缺的作用，毕竟英语和汉语是两种不同的语言，有着很大的差异性，通过音译的方法，能够从一定程度上减少差异。最重要的一点，还是能够充分体现民族特色，弘扬中华民族的饮食文化。

五、《舌尖上的中国Ⅰ》菜名翻译策略使用情况分析

经统计（见附录），在《舌尖上的中国Ⅰ》七集纪录片中，共介绍菜肴88道。采用归化策略所翻译的菜肴总共有9道，占总数的10.2%。其中，采用意译法翻译的菜肴共6道，占总数6.8%，采用文化替换法翻译的菜肴共3道，占总数的3.4%左右。采用异化策略翻译的菜肴共有79道，占总数的89.8%。其中，采用直译法翻译的菜肴共54道，占总数的61.4%，采用音译法翻译的菜肴共25道，占总数的28.4%。

由此可见，在《舌尖上的中国Ⅰ》中接近于九成的中国特色饮食的翻译采用的是异化的翻译策略，其中以直译法居多，音译法次之。而归化翻译策略指导下的意译法和文化替换法在《舌尖上的中国Ⅰ》中体现的较少只占一成。

追究其原因还是由于中国菜名的中文命名所导致的，我们之前提到过，中国饮食中的菜肴较大多数具有"写实性"。在《舌尖上的中国Ⅰ》中大多数菜肴都是以制作方法（刀法或烹饪方法）＋主要食材命名，例如：碳烤松茸、烤羊背、红焖虾等；或者是以辅料＋制作方法＋主料的形式命名，例如：火腿炒饭、葱烧海参、莴笋炒火腿等。因而，直接将制作方法、主料以及辅料翻译出来，可以直接体现菜肴的实质内容，源语与目的语基本对等，因而使用直译法翻译菜肴更能传递有效的信息。

许多中国的菜名中包含了人名、地名，因而在翻译的过程中不得不采用音译的方法。另外，现如今中国正在加大对外宣传的力度，也取得了不少成就。许多具有中国特色的食物已经为外国人所熟知并接受，有些食物甚至已经被英语词典所收录，例如：豆腐Tofu、馄饨Wonton等，因而本着推广汉语以及中国饮食文化的原则，使用音译的方法来翻译更为妥当。一些简单的食物采用音译的方法，但是无法将其实质体现出来的时候，通常会为其曾加注释。在《舌尖上的中国Ⅰ》中，一些详细说明展示了制作方法与制作过程的菜肴不再加注，而一些没有大篇幅展示的菜肴则为其加了注释，方便西方受众

理解。

从宏观角度来看,归化策略遵守的是以目的语的文化为主流价值观,虽然其译文流畅、易懂,但它会使得具有中国特色的文化在翻译过程逐渐被削弱乃至消失,逐渐缩小了中西之间的文化差异,并且抹杀中国文化的独特性。这样,自然也就没法实现将中国文化传播到西方去的目的。

异化策略则是以源语文化为导向,虽然会使得西方受众感到陌生,但它能保留属于中国特有的"异域风情",使其身临其境,徜徉在中华民族绚烂的文化中,这样才能从真正意义上实现中西方文化的相互交流。只有民族的才是世界的,保持民族的本色,采取异化取向为主导的翻译策略,才能使中国文化更好地走向世界。①

因而,在《舌尖上的中国Ⅰ》这样一部外宣翻译作品中,为更好地弘扬与传播中华传统饮食文化,归化策略的使用是必不可少的过程,但更应加大异化策略的使用。

六、结语

《舌尖上的中国Ⅰ》作为外宣翻译的产物,它是一种传播文化的载体,一种特殊的传播媒介,用以揭示中国饮食文化对人们生活、思想、观念的重要影响。《舌尖上的中国Ⅰ》所讲述的平凡、真实的故事,制作的是家常的美味,但这不仅挑动了舌尖的味蕾,更扣动了不仅是国内观众,也是国外观众内心的情感认同,它带给人们善良、敦厚、勤劳、朴素的感觉。看到盘中朴实而又厚重的佳肴,总能勾起人们对于亲人和家乡的深深思念和眷恋之情。译者通过适当的翻译方法和翻译策略吸引西方观众的关注,引起观众的共鸣。纪录片先用美食抓住了人们的胃,然后用浓厚的感情和文化认同打动了万千观众的心。它把中国的传统文化用"软途径"传播出去,对中国国家形象的塑造具有十分重要的现实意义。

---

① 徐兴胜:《外宣翻译中中国特色词汇对待:异化归化——基于国内经典英译和国外媒体英译的思考》[J].重庆广播电视大学学报,2011年第2期,第60—62页。

　　通过对于《舌尖上的中国 I 》中的菜肴翻译的统计、梳理，明白了不同的中式菜肴因其本身命名和接受度的不同因此会采用不同的翻译方法，并总结出了其中的规律：以制作方法、食材命名的菜肴通常采用直译法翻译；以人名、地名命名，或是被西方食客所熟知并接受的菜肴可以采用音译法；具有地方特色、联想意义、历史典故，并无法从菜肴名称中得到实质内容的大多使用意译法；在西方饮食文化中有相似食物的中国菜肴则可以采用文化替换法。最后通过研究得出外宣翻译中应加强异化策略的使用以起到弘扬与传播中华传统文化的结论。

　　通过对于《舌尖上的中国 I 》翻译策略的研究，有助于为其他外宣作品做翻译时，采取更加合理的翻译策略与方法，有效传递中国文化的历史内涵与深厚底蕴，加强中国文化软实力的建设，为中国文化和西方文化的交流融合起到推波助澜的作用。

参考文献：

［1］《舌尖上的中国第一季》中央电视台，2012 年 4 月 10 日.

［2］《舌尖上的中国第一季》英文版中央电视台，2012 年 4 月 10 日.

［3］孟庆生、张希春. 英汉互译教程［M］. 北京：外语教学与研究出版社，2014 年版.

［4］郭著章、李庆生. 英汉互译使用教程［M］. 武汉：武汉大学出版社，2008 年第三版第十次印刷.

［5］沙丽.《舌尖上的中国》异化策略解读［J］. 宁波教育学院学报，2014，04：92—94＋116.

［6］秦贻. 专有名词的翻译原则和技巧［J］. 湖北工学院学报，2004，06：60—63.

［7］王瑛瑛、张瑜. 异化与归化策略在中国菜名翻译中的应用［J］. 商洛学院学报，2009，03：54—58.

［8］李翔、刘春亮. 从英文版《舌尖上的中国》探究中国饮食翻译［J］. 成都师范学院学报，2014，06：115—118.

［9］徐兴胜. 外宣翻译中中国特色词汇对待：异化归化——基于国内经典英译和国外媒体英译的思考［J］. 重庆广播电视大学学报，2011，02：60—62.

［10］梁丽娜. 目的论指导下的《舌尖上的中国》中菜名的翻译［D］. 苏州大学，2013.

附录：

一、《舌尖上的中国 I 》菜名翻译策略与方法梳理

（一）归化策略

1. 意译

Stewed Fishes Seasoned with a Special Sauce from the Northeast 垮炖杂鱼（第一集《自然的馈赠》）

Soy sauce 酱油（第三集《转化的灵感》）

Sliced Salted Pork 刀板香（第四集《时间的味道》）

Boiled Bean Curd Shreds 大烫干丝（第五集《厨房的秘密》）

Head Cheese 淆肉（第六集《五味的调和》）

Crab Flavor Fish 赛螃蟹（第七集《我们的田野》）

2. 文化替换

Fried Lotus Root Sandwich 藕夹（第一集《自然的馈赠》）

Rice Cake 年糕（第二集《主食的故事》）

Butter Tea 酥油茶（第七集《我们的田野》）

（二）异化策略

1. 直译

（1）制作手段 ed＋食材名

Roasted matsutake 碳烤松茸（第一集《自然的馈赠》）

Yellow steamed bun 黄馍馍（第二集《主食的故事》）

Roast lamb back 烤羊背（第四集《时间的味道》）

Cured meat 腊肉（第四集《时间的味道》）

Pickled cabbage 酸菜（第四集《时间的味道》）

Cured yellow croaker 黄鱼鲞（第四集《时间的味道》）

Stawed shrimp 红焖虾（第四集《时间的味道》）

Deep-fried butterfish 煎鲳鱼（第四集《时间的味道》）

Stewed spring bamboo shoots 油焖春笋（第四集《时间的味道》）

Roast mullet roe 香烤乌鱼籽（第四集《时间的味道》）

Salted duck egg 咸鸭蛋（第五集《厨房的秘密》）

Smoked duck 熏鸭（第六集《五味的调和》）

Dried tangerine peel duck 陈皮鸭（第六集《五味的调和》）

（2）主料＋with/in＋辅料

Stir-fried ham with asparagus lettuces 莴笋炒火腿（第一集《自然的馈赠》）

Fried rice with ham 火腿炒饭（第一集《自然的馈赠》）

Bread soaked in fish head soup 鱼头泡饼(第一集《自然的馈赠》)

Braised Yellow Croaker with soybean and Sour Bamboo Shoot 黄豆酸笋小黄鱼(第一集《自然的馈赠》)

Stewed ribs with lotus root 莲藕炖排骨(第一集《自然的馈赠》)

Stir-fried rice noodle with beef 干炒牛河(第二集《主食的故事》)

Marinated meat in baked bun 肉夹馍(第二集《主食的故事》)

Braised duck with soy sauce 酱鸭(第四集《时间的味道》)

Braised ham in honey sauce 蜜汁火方(第四集《时间的味道》)

Braised ribs with sauce 酱汁肉(第四集《时间的味道》)

Pork steamed with arrow root 粉葛蒸肉(第五集《厨房的秘密》)

Stewed sea cucumber with welsh onion 葱烧海参(第五集《厨房的秘密》)

Steamed grass carp in vinegar gravy 西湖醋鱼(第五集《厨房的秘密》)

Pork ribs in soy sauce 酱排骨(第六集《五味的调和》)

Fish fillet with green peppercorns 藤椒鱼(第六集《五味的调和》)

Fish balls with laver in casserole 鱼丸紫菜煲(第二集《主食的故事》)

Steamed dumplings stuffed with crab roe in Jingjiang 靖江蟹黄汤包(第七集《我们的田野》)

Local flavored tofu stuffed with crab roe 蟹黄汪豆腐(第七集《我们的田野》)

Taro with stewed pork in brown sauce 芋头红烧肉(第七集《我们的田野》)

(3) 按字面翻译

Sause fish 腌鱼(第四集《时间的味道》)

Pickled Tuk Fresh 腌笃鲜(第一集《自然的馈赠》)

Snail rice-flour noodles 螺蛳粉(第一集《自然的馈赠》)

Blood sausage 血肠(第一集《自然的馈赠》)

Longevity noodle 长寿面(第二集《主食的故事》)

Brick tea 砖茶(第四集《时间的味道》)

Milk curd 奶豆腐(第四集《时间的味道》)

Hairy tofu 毛豆腐(第四集《时间的味道》)

Rice wine 米酒(第四集《时间的味道》)

Clay pot rice 煲仔饭(第四集《时间的味道》)

Rice flower carp 禾花鱼(第四集《时间的味道》)

Smelly Chinese perch 臭鳜鱼(第四集《时间的味道》)

Smelly tofu 臭豆腐(第四集《时间的味道》)

Drunken crabs 醉蟹(第四集《时间的味道》)

Shrimp paste 虾糕(第四集《时间的味道》)

Shrimp sauce 虾酱(第四集《时间的味道》)

Sunflower chopped pork 葵花大斩肉(第五集《厨房的秘密》)

Sweet onion pancake 糖葱薄饼(第六集《五味的调和》)

Broad bean chili paste 豆瓣酱(第六集《五味的调和》)

White cut chicken 白切鸡(第六集《五味的调和》)

Sour fish soup 酸鱼汤(第七集《我们的田野》)

Hairy crab 大闸蟹(第七集《我们的田野》)

2. 音译:

(1) 完全音译:

Naan(第二集《主食的故事》)

Paomo 泡馍(第二集《主食的故事》)

Jiaozi 饺子(第二集《主食的故事》)

Wensi tofu 文丝豆腐(第五集《厨房的秘密》)

Tsamba 糌粑(第七集《我们的田野》)

(2) 音译＋直译:

柳州酸笋 Liuzhou sour bamboo shoots(第一集《自然的馈赠》)

Nuodeng ham 诺邓火腿(第一集《自然的馈赠》)

Lanzhou beef noodle 兰州牛肉面(第二集《主食的故事》)

Wonton noodle 云吞面(第二集《主食的故事》)

Qishan saozi noodle 岐山臊子面(第二集《主食的故事》)

Jinhua ham 金华火腿(第四集《时间的味道》)

Nan'an cured duck pot 荔芋腊鸭煲(第四集《时间的味道》)

Jun'an steamed pork 均安蒸猪(第五集《厨房的秘密》)

Yangzhou style braised meat ball 扬州狮子头(第五集《厨房的秘密》)

Monk Jianzhen's soy 'duck' 鉴真素鸭(第五集《厨房的秘密》)

Chongqing hot pot 重庆火锅(第六集《五味的调和》)

(3) 音译＋注释

Zongzi, made of glutinous rice with different stuffing 粽子(第二集《主食的故事》)

Rushan, made from milk 乳扇(第三集《转化的灵感》)

Huangjiu, yellow wine brewed from rice 黄酒(第三集《转化的灵感》)

Jiuqu 酒曲(Fermentation Starter)(第三集《转化的灵感》)

腊八豆腐 Laba tufu （tofu that sun-curing on December 8th of lunar year）

（第四集《时间的味道》）

Pipa (Pipa is a Chinese traditional string instrument) Pork 琵琶肉（第五集《厨房的秘密》）

Baozi (it's a kind of dumpling stuffed with various ingredients)包子（第五集《厨房的秘密》）

Yuxiang (fish flavor) shredded pork 鱼香肉丝（第六集《五味的调和》）

Weijiu (a kind of liquor made using local sticky rice)（第七集《我们的田野》）

二、《舌尖上的中国 I》翻译方法与策略所占比重：

《舌尖上的中国I》各翻译方法所占比重

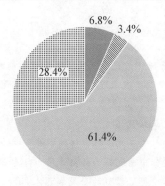

图 2.1

《舌尖上的中国I》翻译策略所占比重

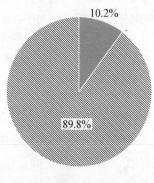

都市文明发展进程中的中国文化
失语症现状与对策
——以文化术语翻译错误造成的
跨文化交际障碍为例

吕　晗

摘　要：随着经济全球化的发展以及 4 次工业革命的爆发，世界范围内国际交流也随之水涨船高。在此过程中，中国的都市化进程也向着全球化的都市文明发展趋势靠拢。正是因为都市文明与中国文化的都市化进程紧密相连，中国文化也正经受着由于文化多样性而带来的博融性要求的考验。一方面，科学和人文在此过程中得到了进一步的发展和完善。另一方面，参考语言在此过程中所发挥的必要作用。自英语传入中国以来到改革开放后，尽管随着国内英语教育的普及和深入，国人对英语国家文化的了解在横向发展的同时，也逐渐实现了纵向发展，我们也无法忽略由于全社会对英语过度重视，在跨文化交际中，国人时常表现出文化失语现象。考虑到英语专业学生在课程学习过程中掌握了一定的文化翻译技巧，本文将专注于非英语专业学生在面临文化翻译模块时所表现出的迷茫和困窘，通过列举中国学生在翻译中国传统文化术语中出现文化失语现象，进一步分析其所造成的跨文化交际障碍，并提出一些针对性的建议。

关键词：都市文明发展　中国文化失语症　翻译

一、引言

城市乃至都市的出现都是人类文明日趋成熟和完善的标志，人类文明的出现也必须依托城市区域而存在。随着人类文明的不断繁荣，都市文明已成为各区域城市发展的主要状态或是追求的目标。受全球化的影响，都市文明在推动政治、经济和科技所取得的进步与发展的同时,已不再是独立存在,而是各区域文化在经历碰撞、交流、融合或者排斥等一系列过程的产物。而这一过程便是跨文化交际最直接的体现。跨文化交际是母语文化与目的语文化双向交流的过程,这一过程在文化主题互动交流和吸收的同时,也在传播本国文化。作为中国文化的传播者和外来文化的吸收者,青年学生在塑造本区域都市文明的过程中肩负着神圣的使命。作为一种文化交流进而推动各区域都市文化发展的助力,翻译也逐渐成为全球舞台上的主角之一。自多媒体公众平台开放以来,社会大众惊奇地发现在每年 6 月和 12 月的大学英语四六级考试结束后,关于翻译的热议总能登上各大门户网站以及网络平台的榜单,而这一风潮的出现恰恰反映了高校学生在跨文化交际过程中无法正确使用英语翻译和传达中国传统文化的问题。本文将列举非英语专业学生在翻译中国传统文化术语中出现的文化失语现象,进一步分析导致其无法运用自身语言文化,从而造成跨文化交际障碍的原因。在这之前,对其中所涉及的主题展开深入的研究显得尤为重要。

(一) 都市文明

　　都市文明与中国文化现代性进程息息相关,都属于"西学东渐"影响下中国社会意识形态的新产物。在科学思潮的主导下,都市文明为中国文化的现代性进程提供了发展的空间,促使日常生活呈现出审美化的特质。说到都市文明,大家脑海中必然会浮现出类似于城市化、都市化和城镇化这三个相似但却存在具体差异的名词,而正是这一反应造成了大众对于这三个概念的混淆。笔者在查阅了地理资料后,将三者的定义总结如下:城市化包括人口城市化、空间模式的城市化、非农业区域的扩大化以及居民城市观念意识的提升。都市化即城市化升级版,主要以人力、经济和文化资本向个别城市快速流通和集中后,所出现的所谓国际化大都市和世界级都市群为特征,在此过程中传统流通人口流动和资源模式都会被打破。而城镇化则是指农村人口变为城镇人口的过程。而 2010 年《外交政策》所公布的数据显示,北京和上海已成为国际化大都市。既然有幸在国内唯二的上海攻读硕士学位,研究一下上海都市文明发展过程中的进步与不足之处的确十分有必要。整体而言，都市文明是人文交融和科学发展的结果。科学方面，现代化的生产设备，智能的人机交互环境，移动办公为人类生活所带来的便利早已融入我们的生活。人文方面，交通运输产业发展不仅将世界联系得更加紧密，也让各区域所代表的文化在不断的碰撞中绽放不同的光芒。近年来，上海在都市文明方面的发展，无论是科学领域还是人文领域都有巨大的飞跃，但我们不应忽视在此过程中，"低头族"正是通讯科技事业的发展所带来的不良产物，而过度借鉴国外文明而导致的中国传统文化向外推广进程缓慢甚至倒退的现象无疑也是人文失衡发展的结果。

（二）文化失语症

失语症是指由于与语言功能有关的脑组织发生病变，而造成的对患者进行交际符号系统的理解和表达能力的损害，以及语言认知过程的减退和功能的损害，具体表现为自发谈话、听理解、复述、命名、阅读和书写六个基本方面能力残缺或丧失。而文化失语症则主要体现在说话者由于对母语文化的无知，而无法顺利用目的语将母语文化的内涵表达出来。南京大学的从丛教授在指导非英语专业博士生英语学习的过程中发现"中国文化失语"这一现象已广泛存在于中国社会，甚至是中国高知阶层中。她认为对语言所承载的文化意蕴和多层面背景的充分了解是成功习得语言并运用其进行文化交际的必要条件。交流都是双向的，跨文化交际绝不能仅局限于对交际对象的理解方面，而且还存在于与交际对象的"文化共享"和"文化影响"方面。许多有相当英文程度的中国青年学者，在与西方人的交往过程中，始终显示不出来自古文化大国的学者所应具有的深厚文化素养和独立的文化人格。由此看来，笔者认为"中国文化失语症"是在以汉语为母语者在与国外友人的日常交际中，所表现出的对于中国文化底蕴的无知，以及源语言和目的语转换过程中的无能。

（三）跨文化交际与翻译

跨文化交际是指具备不同文化背景的人设法通过双方都能理解的方式进行交流。跨文化交际既包含本族语者与非本族语者之间的交际,比如汉语语者和英语语者之间的交流,又包含任何在语言和文化背景方面有差异的人们之间的交际,主要体现在同一国家不同地域人由于地理环境不同进而发展起来的文化和方言不同所出现的听说障碍,比如我国持东北方言的人群基本无法听懂广东、广西以及福建地区的方言。语言和文化差异是造成交际障碍的主要原因之一。当然,在现实生活中,人们所进行的日常交际还要受到诸如心理以及历史因素导致的偏见的影响,从而导致交际的失败。比如东北地区群众大多给人以豪爽的印象,而南方群众则普遍温婉,因此两地群众在初次打交道的过程中会因为一些先入为主的观念而导致交流的失败。因此,增加相互了解和认识成为了跨文化交际成功的关键,交际双方是否具有跨文化意识,是否愿意克服地域差异所导致的文化、语言、性格等一系列差异,将会对交际活动的成败产生决定性的影响。

关于翻译究竟为何物,国内外学者至今尚未给出统一的答案。奈达将翻译定义为:"翻译是首先在意义上,其次在风格上用接收语再现与源语信息最接近的自然的对应(或相当)信息。"前苏联学者巴尔胡达罗夫指出:"翻译是把一种语言的言语产物在保持其意义不变的情况下改变为另一种语言的言语产物的过程。"国内的翻译大家中,老舍认为翻译不是结结巴巴的学舌,而是漂漂亮亮的再创造。傅雷认为翻译如临画,如伯乐相马,"重神似,不重形似",得其精而忘其粗,再其内而忘其外。郭沫若认为创作是处女,翻译是媒婆。归纳可知,翻译的目的就是在某一特定的社会环境内交流的过程中,将某一种语言活动的言语产物转换到另一种语言中去,而这一过程的核心就在于如何将源语的意思在译入语中表达出来。综合以上两点,翻译活动可以总结为一种特殊的跨文化交际过程,而这一交际过程的双方可分为原作者和译者以及译者和目的语读者。就翻译的发展史而言,在中国,大概早在远古时期,就有了传译之事。但是考虑到特定时代背景对当时的文化导向产生重要影响,比如西学中用的背景下中国封建社会广泛学习西方科学技术提升国力,中国共产党成立之初借鉴苏联共产主义思想,并将其与中国社会现状相结合,形成符合中国特色的指导思想等,这一切都建立在引进并翻译外国先进思想的基础之上。从这个角度看,中国翻译史或许更应该命名为中国汉译史。文化翻译的本质就是文化间的交流活动。既然翻译的目的是推动信息和文化的交流，使得国家和世界朝着更高的文明发展，那这也就这符合跨文化交际的目的。

二、中国学生文化术语翻译实例分析

改革开放政策实施以来，中国与世界的交流日益增多，全球范围内的都市文明在国内得以不断延伸，在此过程中，翻译介绍国外的都市文化研究成果，成为国内都市文化研究的重要任务，对于拓展都市文化研究视阈、建设都市文化理论，具有开拓性的意义。为了满足人才多方位发展的需求，普及英语特别是提高高层次人才的英语读写和交流能力成为了社会发展和科技进步的必然需求。教育部《大学英语课程教学要求》指出："大学英语是以外语教学理论为指导，以英语语言知识与应用技能、跨文化交际和学习策略为主要内容，并集多种教学模式和教学手段为一体的教学体系。"这一文件要求大学生不仅具备扎实的语言知识和应用技能，更应具备了解多元文化从而实现跨文化交际的能力。为了更好地实现这一目标，国内组织的各类英语考试经历了多次改革，在最近一次全国大学英语四、六级委员会对四级题型做出重大改革中，翻译题型的难度增加最为明显，由句子部分翻译调整为段落翻译，内容涉及中国的文化、历史、经济以及社会发展等话题。由此可见，当前社会背景下，在正确使用英语语言将中国的文化传播到世界，从而肩负起传承和弘扬中华民族优秀文化方面，大学生的确被赋予了极高的期望。专业知识对于翻译的重要性不言而喻。吕叔湘曾说过一个好的译者应该是个"杂家"，也就是要"杂学"。而这一要求即便是对英语专业的学生甚至是教师而言都很难做到。因此，大学英语四六级考纲仅仅只对中国文化、历史、经济和社会发展的常识内容提出要求。然而，近几次四级考试结束后，关注各大网络平台上考生的反应，我们可以发现即便如此，"中国文化失语症"已成为大学生的常态。

下面将以往年大学英语四级考试翻译题为例，剖析当代大学生普遍存在的中国文化失语现象。粗看题目，笔者发现，虽然题干中都不乏"中国文化"或者"中国传统文化"此类字眼,但是拼凑成题目的文字本身稍显通俗,实在不能将之用于体现出题者中国文化的内涵,更谈不上测试大学生是否具备使用英语传播和弘扬中国文化的能力的工具,不过细看后还是能发现其中包含的传统文化概念和中国特色文化概念词汇。具体题目如下:

(一) 案例一

　　在中国文化中,红色通常象征着好运、长寿和幸福,在春节和其他喜庆场合,红色到处可见。人们把现金作为礼物送给家人或亲密朋友时,通常放在红信封里。红色在中国流行的另一个原因是人们把它与中国革命和共产党相联系。然而,红色并不总是代表好运与快乐。因为从前死者的名字常用红色书写,用红墨水写中国人名被看成是一种冒犯行为。

　　这里的画线处为体现中国文化的词汇。由第一句可得,此段主题为"红色"。在中国古代,红色象征喜庆吉祥,逢凶化吉,"朱门"和"朱衣"等已成为当时人民追求美好事物的象征;传统占卜文化中,五行中的火所对应的颜色就是红色,八卦中的离卦也象征红色;在儒学伦理上,红色通常用于形容勇士或有侠肝义胆之人;在文人骚客中,红色也颇受欢迎。朱熹写过"等闲识得东风面,万紫千红总是春",杜牧写过"停车坐爱枫林晚,霜叶红于二月花";在政治生活中,红色经常用来象征革命以及左派,共产主义国家则将其用来表示共产主义。正如题中所说,红色与中国革命和中国共产党相关。首先,"好运",这一词汇听起来略显书面化,实际上,中国人通常会选择"运气"来代替它,比如,学生时代,同学之间通常会说"××,你运气真好!"表面看来,这一词汇并不值得深究,但根据哲学中所提到的"扬弃"概念,这一词汇至今依然活跃在人们的日常生活中,必定存在其特殊之处。查阅资料后,笔者发现"运气"一词可以充分体现中国古代儒家、佛家、阴阳学的思想真谛。一则,儒家提倡积极进取、奋发有为的人生,向内修身养性,推崇仁、义、礼、智、信;向外要齐家、治国、平天下,求取功名,行中庸之道等,并认为只有这样的人生才是运气的人生。二来,佛家则鼓吹"世道轮回"和"因果报应",认为运气是自己所造作的,不运气也是自己所造作的,要摆脱生老病死所带来的痛苦,获得"涅槃",只有消灭"贪嗔痴",修行念佛。阴阳学家则认为运气是行善心,做好事后一段时间对生活所造成的改变。总的说来,这三家思想对于运气的理解还是比较统一的,即运气在很大程度上都是人自身的行为举止决定的。由此看来,现今社会,将好运简单说成"good luck"并不足以体现这一词汇所反映出的中国传统文化中对于鼓励世人做好事以求福报,过上幸福生活的内涵。因此,倒不如将其译为"live a happy life"或者"happiness in your life"来体现好运的真实写照。其次就是"春节"(Spring Festival)一词,考虑到传统节日在中国老百姓生活的重要意义,这一词汇早在学生初中甚至小学阶段就已教授,因此不存在较大问题。但需要重点指出的是端午节一词,包括笔者在内的读者或许会惊讶,为何,简简单单一个"Dragon Boat Festival"不就结束了吗?然而经过老师的指点并查阅了最常见的牛津高阶英汉双解词典中 dragon 的意思后,笔者也觉得自己之前的想法实在惭愧。词典中这样记载:(in stories) a large aggressive animal with wings and a long tail, that can breathe out fire;2. A woman who behaves in an aggressive and frightening way。看到"aggressive"这一字眼,觉得实在是对中国文化的侮辱,想到国人竟然对此表示默认的态度,更是大为光火。联想到 2008 年联合国教科文组织将韩国从中国引入的"江陵端午祭"认定为人类口头和非物质文化遗产,而国内学者竟然还有表示支持的,实在无语。左思右想认为可以参照重阳节的说法将其译为"Double Fifth Festival"亦可直接音译为"Duanwu Festival"。最后一个则是中国革命和共产党(Chinese revolution and Communist Party of China),考生给出的答案不乏 GCD(共产党三个字拼音首字母),zhong guo gong chan dang(中国共产党五个字的拼音),Mao Zedong and his team(毛泽东和他的团队)和 China biggest boss/the boss of China(中国最高领导)等低级回答,正好验证了学生中存在的中国文化失语症的现象。

（二）案例二

在中国文化中,黄颜色是一种很重要的颜色,因为它具有独特的象征意义。在<u>封建(feudal)</u>社会中,它象征统治者的权力和权威。那时,黄色是专为<u>皇帝</u>使用的颜色,<u>皇家宫殿</u>全都漆成黄色,<u>皇袍</u>总是黄色的,而普通老百姓是禁止穿黄色衣服的。在中国,黄色也是收获的象征。秋天庄稼成熟时,田野变得一片金黄。人们兴高采烈,庆祝丰收。

此段主题为"黄色"。在中国历史上,黄色向来都是皇室尊贵的象征。这段中出现了大量中国历史文化类词汇。首先是封建社会(feudal society),由于题目中已经给出提示,所以无需考生多加思考。第二个,皇帝(emperor),这里的错误就比较多了,包括Chinese's god(中国人的上帝),China Boss(中国的最高领导者)甚至还出现了 yellow god(黄颜色的上帝)。这里体现的不仅是考生词汇的贫乏,更反映出了学生在学习过程中过多接触西方文化,导致对god 产生误解,认为其与中国的皇帝类似,而从另一面来说,这也就是中国文化失语症的最佳体现。首先笔者将"皇家宫殿"(royal palace)和"皇袍"(imperial gowns)归为一类并将其暂时命名为皇家起居内容类词汇。在皇家宫殿方面,写出诸如 king's home/house 尚能理解,但是将黄袍翻译成 the (yellow) clothes of king 就有失偏颇。自宋太祖赵匡胤"黄袍加身"陈桥兵变这一历史事件后,黄袍已不再与皇帝的其他服装同力,而是升级为皇权的象征。到了宋仁宗赵祯时,还规定一般人士衣着不许以黄袍为底或配制花样。自此,不仅黄袍为皇帝所独有,黄色亦为皇帝专用,成为中国古代高贵的颜色之一。此外,《易经》中提到"天玄地黄",《千字文》中第一句便是"天地玄黄,宇宙洪荒"。中国文化中,人们常常将"黄土地","金灿灿的麦田"这类的俗语挂在嘴边,可见"地黄"的概念已深入中国人的思想中。大地素来扮演哺育和滋养万物的角色,正如水一般,可谓上善。因此将皇袍(黄袍)简单理解为帝王(黄颜色)的衣服实在是对中国文化无知的表现。

三、原因分析与建议

鉴于都市文明的迅猛发展,以及上述现象对中国学生顺利进行跨文化交际所产生的负面影响,合理分析造成中国大学生普遍存在中国文化失语症的症状的原因,并提出相对应的建议以求逐步改善这一症状迫在眉睫。

(一) 主要原因分析

首先,必须明确造成这种"中国文化失语症"症状并由此造成跨文化交际障碍的原因并不是单一的。随着都市文明在全球范围内的推广、变化、完善,大到整个国际动态、社会要求,小到学校教学目标和学生自身的文化素养甚至是学习能力都或多或少在导致这一病态现象的过程中发挥了消极的作用。

1. 学生自身对于跨文化交际的片面理解

上文提到,跨文化交际是一种双向行为,即在接纳目的语文化的同时,还要输出本国文化。换言之,只"吸收"不"传播"的单向交际并不是真正意义上的跨文化交际。因此,成功的跨文化交际,首先要建立在双方交际平等的基础上。在大力宣扬都市文明的今天,民族的文化天平整体向外来文化偏移,久而久之,学生乃至全社会势必会想当然地认为想要进一步发展都市文明,就要不断汲取跨文化交际过程中外来文化的优势,虽然这的确有利于中国文化与国外先进文化的融合,但也会导致学生在潜意识中忽略传播本国文化的意义,继而弱化了母语交际,促使双向交际成为了西方文化"一边倒"式的交际,最终导致中国文化失语症的出现和扩散。有专家学者提出青年人学好英语的途径之一就是"摒弃母语",或许这可以在短期内帮助学生更好的构建英语思维模式,但长久看来,实则是在借宣传都市文明的机会,破坏民族母语,颠覆民族文化,误导外语学习并使得社会整体对跨文化交际产生片面的理解。其次,绝大多数非英语专业学生学习英语的目的仅仅是为了通过四六级便于毕业求职,却没有意识到在全球化的背景下,中外交流的广度和深度的不断增加,都市文明的普及和延展已进入了新的阶段,跨文化交际已成为他们今后工作、生活中无法回避的一部分。跨文化交际意识的缺失也会导致学生在中国文化对外交流中缺乏开放的态度。当今社会所需的真正成功的跨文化交际者是对包括母语文化在内的两种甚至多种文化都有深入的了解,且具备双语或多语能力的人。跨文化交际的单向化只会同学生中西方文化掌握程度难以提升的现象相互牵制,进而导致跨文化交际的失败。

2. 家庭和学校教育造成学生中国文化的缺失以及对西方文化的过度依赖

教育部改革考试题型其实被当做社会整体发展的导向。当前外语教学的目的就是让学生在向世界推广中国文化时,有话可说。学生的家长中有很多人因为吃过没文化的亏或者沾过有文化的光,都会自孩子读书起,便不断要求他们要做个"三好"少年,以保证未来有个好工作,光宗耀祖。而这"好"中,尤以读书好作为孩子提条件的前提。自英语风靡全国以来,家长更是在英语学得好和体面的工作之间画上了等号,课堂学习远远不能满足他们的需求,因此各类英语培训班如雨后春笋般涌现,无论身在中国哪座城市,英语培训机构始终占据了整个教育市场最多的份额。但奇怪的是,身在中国,普及中国文化的机构却很少见。由此,家庭教育对于中西方文化之间的较量上,明显偏向了西方。注意,这里的"好"往往只是卷面成绩优秀,口语表达仍然不尽如人意,哑巴英语也由此而来。但问题是,一个说着流利英语的中国人真的能在中国社会过上高品质的生活吗?答案显然不是这样,一个不能立足于大众文化的人,始终无法在社会立足。其次是学校课程设置方面,大学英语作为必修课的百分比已经达到100%,而大学语文以及中国传统文化类课程却停留在选修课地位。作为学生成长的两个最重要环境——家庭和学校方面对于西方文化的过多推崇直接导致了学生潜意识中对与传统文化的忽视。或许这也是为何现在社会上出现了一些高级知识分子家庭宁可放弃工作让孩子接受古时私塾式的教育方法也不愿将孩子送去学校接受教育的现象。

3. 过度热衷西方文化的社会环境导致汉语语者对于中国文化的了解匮乏

在改革开放政策实施的近 40 年中,中国范围内出现了"外语学习热潮"，除去一般专业在大学一二年级必修的大学英语课程外，2014 年武汉大学中国科学评价研究中心公布的评价报告显示，我国目前开设英语专业的高校数量最多达到了 903 所，占学校总数的80％。而英语专业也曾一度成为十大最热门专业和就业率最高的专业之一便是"外语热"最好的证明，同时这也为中国学生接触西方文化提供了人口基数。根据教育部官方统计数据显示，截至 2015 年，我国教师年龄结构不断优化，中青年教师成为中小学和高校教师的主体。这一群体大多出生于 20 世纪 70 年代后，寒窗苦读二十余年方能在各大高校甚至普通中小学谋得职位。就其中的青年英语教师而言，处于都市文明刚刚开始的阶段，他们既是改革开放政策下，中国在实现与西方世界交流合作的过程中，借鉴西方先进技术以实现中华民族伟大复兴，而大力发展和推广外语教育的受益者，同时也是中国社会在过多推崇和接触西方文化过程中诞生的牺牲品。许多教师在学生时期，自身就缺乏对于了解母语和目的语对跨文化交际的意义的认识，所接受的学校安排的课程也过多强调对西方文化的教学而弱化甚至省略了对中国文化的认知，再加上其青少年时期正处于中国加速步入世界舞台，缩短与世界各类先进文化的距离的风潮中，如果自身没有很强的学习了解中国文化的意识，极易走向单向化的跨文化交际的漩涡中。

（二）建议

　　都市文化发展的大潮显然不会在短期内停止，为了保证在这股潮流中，中国文化能不被西方文化所吞噬，永葆其活力，采取长期有效的改善策略必须尽早提上日程。在日常与身边同学的交流中发现，大部分中国学生在跨文化交际过程中的失败是对自身所掌握中国文化的知识不自信的结果。由此，了解相关知识但未积累有关词汇造成的跨文化交际失败以及相关知识掌握不牢固导致心理障碍从而怯于向外国友人宣传中国文化成为跨文化交际失败三个方面。从这三个方面各个击破，对于提升中国学生的跨文化交际能力改善中国文化失语症将产生积极意义。

1. 加深学生对中国文化的理解

李照国(2017)在其日志中假借鬼臾区的口吻提到只有学好母语，才能真正学好外语，才能真正实现合璧东西的理想。加深学生对中国文化背景知识的理解需要学生自身同家庭、学校以及整个社会的共同努力。家庭方面，建议家长放下手机中的聊天软件，多花些时间寻找有助于孩子扩展知识面，尤其是有关中国文化背景知识的平台，为孩子了解这些知识提供便利。学校则可以多多开设此类课程，将课程性质由选修改为必修，或者增加原有的课时数，保证学生有充分的时间沉浸在对于中国文化知识的学习环境中。社会层面，可以充分利用互联网技术为人们的生活提供便利，通过各类型网站、app、微信公众号和订阅邮件的同时，充分利用公交站台、公交车身及沿街大楼的广告宣传牌和传统节日氛围为学生乃至社会大众营造良好的学习氛围，创建全民学习中国文化的新热潮。

2. 提高学生中国文化英语表达能力

学生中国文化英语表达能力主要需从两个方面进行提升：①词汇量；②翻译能力。就提升学生词汇量的方面而言，光靠学生自己在课余时间背诵记忆是远远不够的，教师应充分利用课堂时间，创设各类情景帮助学生积累各类中国文化词汇，而这也要求教师不断提升自己对中国文化的了解水平的同时扩展词汇量，可以说这是一个学生—教师交互学习、互相促进的一个过程，在提升学生的学习效率以及教师的教学水平方面都发挥了重要作用。其次，非英语专业学生由于没有开设专门的翻译类课程，对翻译的基本概念和方法没有基本的了解。教师可以在教学过程中穿插对于翻译的介绍便于学生掌握基本的翻译原理，从而更好的避免跨文化交际中可能出现的"翻译腔"和"中式英语"之类的问题。

3. 培养学生的跨文化交际能力

上文提到，跨文化交际能力至少涉及跨文化意识、跨文化语言表达能力与语用能力、跨文化交际实践能力以及跨文化背景知识和对目标文化的心理适应能力。其中跨文化语言表达能力和背景知识在前两点建议中都有囊括。这里主要从意识、实践能力和对目标文化的心理适应能力展开描述。首先，意识和对目标文化的适应能力方面,学生需要树立平等和双向的跨文化交际意识,文化无贵贱之分,只需用一颗平和的心,在牢记中国文化的精华的同时,尊重目标文化中的习俗从而在跨文化交际过程中吸收对方先进文化,达到交流互通共同学习和进步的效果。其次,实践能力方面,教师可构建模拟课堂帮助学生逐渐克服跨文化交际中的心理障碍,熟练运用各项语言技能之后,通过利用外出实践活动的机会或有条件的话创建跨文化交际的基地,便于学生真正将理论付诸实践,为之后走出校园,走向社会,进一步利用跨文化交际能力达到坚实的基础。

四、结语

都市文化对城市的发展起着重要的作用。城市文化是城市经济发展快慢、城市管理优良可劣的最终决定因素。换句话说,城市经济、城市管理和城市文化是互相作用,决定城市发展的三要素;城市发展的研究序列应该依次是城市经济、城市管理、城市文化这样三个由浅入深的层次。因此要想推动城市的整体发展,经济、管理和文化三个方面同样重要。随着中国国际地位的不断提高包括 APEC 峰会、孔子学院和国外大学设立的中文学士学位等在内的一系列经济文化合作活动,机构和措施的推广,国家领导人在出席各类国际性活动或会见国外领导人友好访问时,赠送具有中国传统文化特色和意义的礼物的行为,促使西方国家对于中国文化的兴趣日益浓厚。

大学生作为向国外友人宣扬中国文化并成功实现跨文化交际的主力军,除了掌握本专业的知识并不断提高英语交流水平以外,更应在正确认识跨文化交际的意义的基础上,不断加深自身对于西方文化的了解的同时,注意对于中国文化的学习和积累,提高中国文化英语表达能力,克服跨文化交际中可能出现的心理障碍,逐步改善受都市文明影响而产生的,且目前已普遍存在的中国文化失语症现象,从而保证国人能在世界的舞台上,在跨文化交际的过程中,自信地发出属于中国,属于中国文化的声音。但是,我们还应注意到,要想推动社会整体的发展,光靠大学生是完全不够的,只有全方位的加强中国传统文化在都市文化中的积极意义,进一步加强都市文化与各区域文化相互交融的过程,不断整合多学科的研究力量,才能保证都市文明的良性发展。

参考文献:

[1] 韩晗.想象的空间:都市文明与中国文化的现代化进程——基于科学思潮的视角[J].东方论坛,2014,(6).

[2] 从丛."中国文化失语":我国英语教学的缺陷[N].光明日报,2000-10-19(C01).

[3] 李春燕.论跨文化交际的重要性[J].教育实践与研究,2005,(11).

[4] 李田心.奈达翻译定义之我见[J].外语研究,2004,(6).

[5] 廖春红.翻译中的语义分析[D].黑龙江大学,2003.

[6] 黄忠廉.翻译本质论[M].武汉:华中师范大学出版社,2000.

[7] 杨剑龙.论中国都市化进程与都市文化研究[J].上海师范大学学报(哲学社会科学版),2013,42(5).

[8] 教育部高等教育司.大学英语课程教学要求[Z].北京:高等教育出版社,2007.

[9] 王薇.大学英语四级翻译新题型之于跨文化翻译教学模式构建[J].教育教学论坛,2015,(1).

[10] 丁大刚、李照国、刘霁.MTI教学:基于对职业译者市场调研的实证研究[J].上海翻译,2012,(3).

[11] 吕叔湘.翻译工作和"杂学"[A].罗新璋、陈应年.翻译论集(修订本)[C].北京:商务印书馆,2009.

[12] 周晔昊、李尔洁.从"中国文化失语症"反思商务英语教学——也谈商务英语专业学生的中国文化意识培养[J].大学英语教学与研究,2016,(2).

[13] 吴敏.高校大学生跨文化交际中"中国文化失语症"的调查与反思[J].华北水利水电大学学报(社会科学版),2015,(04).

[14] 李照国.黄帝义经警报十五[EB/OL]. http://zhooushi.blog.163.com/blog/static/5531209201717622734254/,2017-02-07.

[15] 刘爽.近十年来(2000—2009)我国都市文化研究内容分析[J].文化艺术研究,2011,4(03).

Strategies for Chinese Culture Aphasia Existed During the Development of Urban Civilization
——Take Cross-cultural Communication Barrie from the Common Error in Chinese Cultural Term Translation as Example

Abstract: As the rapid development of economic globalization and the outbreak of four-time industrial revaluations, the worldwide international communication has been increased during which Chinese culture has also been promoted with that of the whole world. Due to the close relationship between global urban civilization and the urbanization of Chinese culture, the traditional Chinese culture has undergone the challenge of diversity and inclusion resulting from the cultural diversification. On the one side, science and humanity have been developed and perfected further. On the other hand, affected by the necessity of language in this progress, although the understanding of Chinese to the English-speaking countries' cultures has met the development not only horizontally but also vertically from the introduction to the popularization of English, however, no one could deny that the culture aphasia phenomenon has already been widely existing in Chinese. This paper would list the culture aphasia phenomenon encountered by the Chinese students when they were translating the terms with the feature or the essence of Chinese culture to analyze the reason for the obstacles caused by such phenomenon to the intercultural communication and then put forward certain targeted suggestions to pursue the long-term improvement in cultivating students' cultural translation ability as well as cultural intercommunication capacity.

Key words: Development of Urban Civilization; Chinese culture aphasia; Translation

认知语言学翻译观视域下的
公示语翻译研究
——以上海迪士尼公示语为例

石纯英

摘　要：认知语言学为翻译研究提供了一个崭新的视角。本文在系统梳理王寅认知语言学翻译观的基础上，尝试对上海迪士尼乐园公示语做出评析，旨在强调上海迪士尼公示语翻译对上海都市文化的影响，并为当前公示语翻译存在的问题提供借鉴。

关键词：认知语言学翻译观　公示语　都市文化

一、引言

随着中国与世界经济接轨，中国与世界各国的交流日益密切，英语作为一种国际化的语言，也渗透在我们日常生活的方方面面。全国各地公共场所中，汉英双语的公示语也屡见不鲜。然而国内公示语的英译存在着诸多问题并引起了国内学者的重视。公示语可以看做是一个城市甚至一个国家文化的缩影，提高公示语的翻译质量对于全面提升一个地区的国际化水平以及营造良好的语言文字环境具有非常重要的促进意义。上海迪士尼乐园于 2016 年 6 月 16 日开园后，就成为上海的地标型景区，也是上海都市文化的一个重要组成部分。本文旨在以上海迪士尼乐园公示语为研究对象，以王寅提出的认知语言学的翻译观为基础，分析探讨上海迪士尼公示语翻译中的不足之处和可鉴之处，以及对上海迪士尼文化的影响，为公示语的后续翻译提供借鉴。

二、理论框架

认知语言学自 20 世纪 80 年代兴起以来,不管在国外还是国内,一直蓬勃发展。中国学者将认知语言学应用到翻译、文学、诗学等各个领域并取得了丰富的成果。在认知翻译研究中,王寅的研究是较为系统和权威的。王寅(2005:15—20)提出了认知语言学的翻译观,指出"翻译是以对现实世界体验为背景的认知主体所参与的多重互动性为认知基础,译者在透彻理解源语言语篇所表达出的各类意义的基础上,尽量将其在目标语中映射转述出来,在译文中应着力勾画出原作者所欲描写的现实世界和认知世界,须兼顾作者,文本,读者三个要素,倡导和谐翻译。"三个主流哲学流派——经验论,唯理论,解释派哲学理论分别孤立地强调作者、文本以及读者,过于偏重某一环节。而 Lakeoff 和 Johnson 所提出的体验哲学(the embodied philosophy)认为解释语言需要从体验的角度,研究语言需要基于人类的一般认知,弥补了上述理论的不足。王寅在体验哲学的基础上提出了认知翻译观,模式如下图(图 1),并具体阐述为以下六个观点。

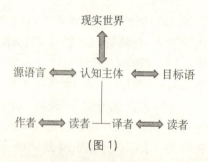

(图 1)

第一,翻译具有体验性,也就是说,作者的认知以及理解是建立在对现实世界的体验性活动的基础上的。同样的,对于译者和读者来说,他们的认知也来源于对现实世界的体验,只有通过对文本作体验性理解才能知晓原作者的意图所在。

第二,翻译具有互动性。从上图中可以看出,互动是多重的。认知主体,也就是作者、译者、读者和现实世界之间有互动。认知主体和目标语以及读者和原作者、译者和读者之间都存在互动。只有把这些互动调解好了,才能实现和谐翻译的目的。

第三,翻译具有一定的创造性。源语和目的语之间必然存在着差异性,因而导致了语言中可译和不可译两种情况。翻译不可能是完全再现文本,译者在翻译的过程中不可避免地会留下自己的声音。人类认知的主观性也使得不同译者的译文存在或多或少的差异性。

第四,翻译的语篇性。王寅(2005:15—20)指出翻译应该以语篇为基本单位,"语句中的各类意义受约于语篇的整体意义,而且对源语篇的理解和翻译离不开语篇的功能和认知分析,必须深入思考语篇中语句、段落、章节所反映出的各类意义"。

第五,翻译的和谐性。翻译的和谐性指译者在翻译的过程中应兼顾到作者,文本以及读者三个因素,倡导和谐翻译。

第六,翻译的"两个世界"。翻译应该尽量译出原作者和原作品对于现实世界和认知世界的认知和描写。

三、典例研究

基于学界对"认知翻译学"的理论价值以及巨大潜力较为广泛的认识,翻译研究已经基本确立向认知转向。王寅通过认知语言学的哲学基础来探讨新的翻译观,为翻译研究提供了一个崭新的视角。基于上述认知语言学翻译观的理论框架,笔者旨在结合上海迪士尼乐园公示语的具体典例进行研究,为公示语翻译的进一步完善提供借鉴。

例 1:"请时刻照看好同行的儿童。7 岁以下儿童必须由 16 岁或以上人士陪同"。

英译文:"Supervise children at all times. Children under age 7 years must be accompanied by a person age 16 years or older."(如图 2)

首先,在中文的公示语中,有一个"请"字,尊崇了公示语翻译中委婉礼貌的原则,从而不会引起外国游客的不快。而在英译文中,"请"并没有翻译成英文中的对等语"please",原文中所蕴含的委婉礼

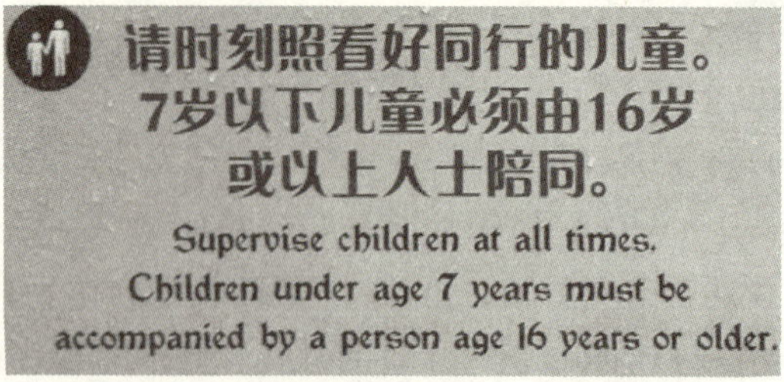

图2

貌语气也随之消失,反而语气生硬,缺乏人情味儿。另外,在处理"照看"一词的翻译中,译者采用了"supervise"一词,笔者试讨论这一词的准确性。"照看"在中文里,是"照顾"和"看护"两个意思的结合,语义上接近于英文中的"take care of"和"look after"。在英语中,"supervise"在陆谷孙主编的《英汉大字典》中译为"监督;管理;指导",在维基百科中解释为"to oversee or direct a task or organization"。而《朗文当代高级英语词典》中给出的解释是"to be in charge of a group of workers or students and be responsible for making sure that they do their work properly"。在原文中,原作者的认知世界里,游客不仅仅需要照顾好自己的小孩,还需要防止小孩在游玩的过程中发生意外或者受到伤害。而对于读者来说,"supervise"所形成的认知世界明显有不同,游客需要的是监管小孩,没有将"照顾"这一层意思表现出来。另外,原文中"同行的儿童"也容易造成意义上的模糊不清。"同行的儿童"可以理解为仅仅是游客自己照顾好自己的小孩。同时,也可以理解为游客在特定情况下也需要照顾好其他游客的小孩,比如在排队等候过程中,由于调皮跑出人群的小孩子。公示语旨在为一般公众或是特殊的群体提供警示抑或是提示等作用,因而一般言简意赅,简洁明了。认知语言学的翻译观认为译者在翻译过程中应该兼顾作者、文本以及读者三个因素,倡导和谐翻译。因此在处理"同行的儿童"的翻译中,为了使意义更加明确并且兼顾到三个因素,可以加上"your"来修饰"children"。再看第二句的翻译。首先要指出其中的一个语法错误。第二个"age"应改为"aged",从而"aged 16 years or older"就作为后置定语来修饰先行词"person"。另外,该句中对于年龄的英译也不符合英语的表达习惯。在英语中,常用的年龄表示方法有下列几种:①基数词,例如"Her daughter is eighteen";②基数词＋years old,例如"Her daughter is eighteen years old";③at the age of＋基数词,例如"Her daughter is at the age of eighteen";④of＋基数词,例如"Her daughter is now a pretty girl of eighteen"。在这里,"七岁以下"被翻译为"Children under age 7 years",并没有"old"出现在"years"后面。与英文年龄的惯用表达方式不同。认知语言学的翻译观认为,翻译是体验性的,是基于现实世界的认知和理解。从上述分析中可以看出,译者对于现实英语中年龄的英译缺乏正确的认知。另外,在英语中,有一个非常地道的表达"on the right of",表示未满多少岁的人。师琳(2011:109—112)在其文"从认知语言学角度看强势文化对翻译的影响"中指出,由于英语处于强势文化地位,对于译者来说,常常采取归化的策略,对作品认知上的差异之处做出改动,从而满足强势文化的认知需求。鉴于此,"7岁以下"可以译为 on the right of seven。最后,在处理"16岁及以上"的翻译时,译者用到了一个非常敏感的词汇"old"。在英语文化中,年龄被视为一个隐私问题,老年人不愿意被看作老而无用,中年妇女不愿承认自己青春不再。因此,"给老人让座"常被翻译为"please give seats to the seniors",用"the seniors"来代替"the old people"。从语义上来说,"16岁及以上"翻译成"aged 16 or older"没有什么问题。认知语言学的翻译观认为,译者须在与译文读者以及原作者的互动中,较好理解语言间的差异性。在这里,考虑到中文中的"老"与英语中"old"的语用文化差异,可以将"older"改为"above"。笔者基于上述分析,将此例试译为:Please take care of your children at all times. Children on the right of 7 must be accompanied by a person aged 16 or above.

例2:"乘客必须神智清醒且身体状况健康良好。"

英译文:"You should be sober and in good health to ride."(如图3)

公示语是公开和面对公众的告示、指示、提示、显示、警示、标示,解释与其生活、生产、生命、生态、生业休戚相关的文字及图形信息

乘客必须神智清醒且身体状况健康良好。
You should be sober and in good health to ride.

图3

（吕和发，2013：15）。此项公示语明显起到警示和提示作用。原文中"必须"一词翻译为"should"，语气不够强烈。邢嘉锋（2015：35）将should定位为道德情态（Deontic），表达盖然性（probability）。而must则属于动力情态（dynamic），程度上属于必然性（necessity）。不言而喻，原公示语中"必须"表达必然性，应换为"must"。另外，原文中"神智清醒"和"sober"之间是否完全对等值得探索。在中文中有"神智"和"神志"之分。前者语义重心落在"智"上，在《当代汉语词典》和《汉语倒排词典》中，解释为"精神智慧"。在《红楼梦语言词典》中解释为"知觉和理智"。此外饶少平（2002：114—119）在"古诗中的神智体"一文的首句中也给出了"神智"的解释——"神智，指人的聪明才智，也指人的精神智慧"。而"神志"在《汉语倒排词典》中的解释为"人的知觉和意识"。在《红楼梦语言词典》以及《当代汉语词典》中的解释均为"知觉和理智"。《红楼梦语言词典》给出的例句为"只可喜此时宝玉见了父亲，神志略敛些，片时清楚"。此外，"神志"一词与医学关系密切，中医学上的"神志"包括人的精神意识、思维、情感、知觉及意识行为活动。基于此，"神志"在语义上可以和"consciousness"对应，而"神智"则对应于"wit；wisdom"。因此，在充分理解原语的基础上，原文的"神智"应替换为"神志"。当然需要指出的是，中文中的成语"神志不清"也常常被认为可以写成"神智不清"，但是意义上的细微差别不容小觑。再看"sober"一词。看到"sober"一词，英语国家常把它和酒联系在一起。在陆谷孙主编的《英汉大字典》中，给出的第一个意思是"未醉的，未过量饮酒的"。口语中"I am sober for ten years"就表示"I have refrained from drinking alcohol for ten years"，即"我不沾酒已经十年了"而不是"我清醒了十年了"。在原作者的认知世界中，"神智清醒"意味着玩此项目的游客不能处于醉酒状态，但也不排除由于其他疾病导致意识不清楚的游客,可能在游玩中神志不清,处于危险的境地。翻译成"you should be sober"后,在读者的认知世界里,它表明游客不能在醉酒的状况下游玩此项目。原文作者与译者以及读者的认知世界存在差异。笔者注意到,在另一游玩项目,飞跃地平线的公示语翻译中,译者的处理方式可以借鉴,因为它具体到了细节,从而语义上更加清晰明确,请看图4。

图4

最后,笔者认为,此公示语在意义表达上也存在一定的重复。"身体状况良好"所包含的内容非常广泛,严格意义上来说,"神志清醒"也是"身体状况良好的一部分"。所以原公示语存在信息赘余和语义不清的问题。这就要求译者在基于现实世界的基础上,充分理解原文和原作者所反映的认知世界,在一定程度上发挥主观能动性,较好的再现原公示语的客观世界和主观世界。基于上述讨论,笔者将上述公示语试译为"Passengers must be in good health to ride"。

例三:童车停泊处(见图5)

笔者针对这一公示语的翻译,咨询了一位加拿大籍友人。他指出,三个句子的顺序完全颠倒过来了。他认为对于需要童车的游客,首先是需要知道哪里可以租用童车,然后再是如何认领童车,最后才是使用童车的注意事项。因此,最后一句应置于首位,第一句置于最末。笔者认为在一定程度上赞成他的意见,但是鉴于此标志是表示暂放童车的地方,针对于已经租用童车,然后暂时需要寄放的游客来说,这个提示顺序可以不做改变。但是针对需要租童车的游客来说,顺序可以稍作调整。在原文最后一句的英译中,同样有一个语法错误,缺少谓语动词"are"。并且"are"的位置也比较灵活。可以是下列

图 5

两种情况：

　　Strollers **are** available for rent near the Main Entrance；

　　Strollers available for rent **are** near the Main Entrance.

第二句中"available for rent"做"Strollers"的后置定语。除此之外，在"Please collect your own stroller"中，"own"和"collect"两个词值得商榷。在《大学生实用英语词典》上，"own"解释为"自己的，属于自己的"。显然在这里翻译为"your own car"在语义上稍欠妥当。童车是租赁的，只能在游园这一特定的时间内使用，并不是游客的私有物品。因此"own"一词可见译者和读者以及原作者在认知世界上的差异性。再看"collect"一词。在《大学生实用英语词典》上，"collect"一词解释为"收集，收藏，召集"。再来看《朗文当代高级英语词典》中对于"collect"一词的 8 种解释：（1）bring together 弄到一起；

(2) keep objects 保存物品;(3) money 钱,collect money for something 为某事筹款;(4) increase in amount 增加;(5) crowd 群;(6) dust/dirt 尘/土:All the furniture had collected a fine layer of dust(所有的家具都积了一层薄薄的灰);(7) take somebody/something from a place 从某处带走某人,并且需要注意的是后面的注释"especially British English, to come to a particular place in order to take someone or something away",表明这个意思英国英语中广泛使用;(8) collect yourself/collect your thoughts 使自己镇静;集中思想等。从词义上来看,译文中的"collect"表示上述中的第 7 种意思,尽管语义上对应,但是译者忽略了它的试用条件是英式英语。然而,上海迪士尼乐园作为中国第二个,中国大陆第一个,亚洲第三个,世界第六个以迪士尼为主题的乐园,无疑会迎来世界各国的游客。所以针对不同的游客,对"collect"这一词就可能会形成不一样的认知。王寅(2012:17—23)在其文"认知翻译研究"中指出翻译首先是个"理解"问题,但是理解并不是按照原样解码符号所传递的信息。对于同一语句,不同的人也会有不同的理解。因此,对于英国游客来说,理解"collect"的意思并不存在困惑,而对于美国或者其他国家的游客来说,这一词就可能造成困惑。从认知翻译观的角度看,翻译活动是认知主体基于现实体验的基础上,进行与读者、译者、作者多重互动的认知活动。并且在互动的过程中,译者需要对原文所表达的各种意义有一个非常深刻的了解,然后再用目标语尽量再现原作者和原作品对两个世界——现实世界和认知世界的认知和描写。"领取时请认准您的童车"到底表达一个什么样的意思呢? 对于中国游客来说,很容易理解,就是租童车的游客需要确保自己领取的童车正是自己租的那辆,不会误领了其他游客的童车。基于上述分析,笔者试译为"Please make sure that the stroller is the one you rented"。

例 4:"轮椅乘客无需换乘";"轮椅乘客必须换乘"

英译文:"Wheelchair access";"Must transfer"(见图 6)

尽管上述两个公示语中都伴有图标,但是我们需要知道,并不是所有的图标都是国际统一的,每个国家表达相同意思的图标可能不尽相同。如果没有与之对应且意义明确的公示语的提示,也可能造

图6

成游客的困惑。吕和发（2012：16）指出"图形标志作为一种载体间接表现时事物。这就是为什么图形标志的指代可能会非常模糊，甚至会导致歧义解释"。在图7中的与轮椅有关的图形标志中，仅看图片，很难理解所要表达的意思。

图7

戴显宗（2005：38—42）指出"在伦敦多数公共场所公示语常常与醒目的图形标志共同使用，图形标志作为文字内容的补充、确认、说明,效果相得益彰"。上述两条公示语的翻译都只有两个单词,非常简洁,但是所传达出来的意思却不是很"明了"。两条公示语的主语都是"轮椅乘客",但是并没有明确地翻译出来。译者是否基于对轮椅乘客的尊重,考虑到轮椅乘客在看到公示语时的内心感受,这一点不得而知。凸显性原则(Principle of Prominice)是人类认知活动的三原则之一,表明根据说话者的特定意图凸显某些特定的概念。在翻译过程中,为了凸显受众对象,尽量使得公示语的翻译能让外国游客看得懂,第一句中的"access"可以将首字母大写,从而使得意义更加明确,且起到进一步强调的作用。第二句中,作为主语的"轮椅乘客"完全省略,加之图标的非国际化,很容易造成外国游客在理解上的困惑。王寅(2012:17—23)指出在将原语翻译成目的语的过程中,译者一方面需要考虑到原语背后的认知机制以及现实社会等因素,同时还需要兼顾到目的语的认知机制以及现实社会等其他因素。此例中译者考虑到了公示语翻译的简洁性,并且将图标和文字内容相结合,但是并没有考虑到目的语读者的认知差异以及图标的非国际化。鉴于此,笔者试译为"For wheelchair passengers, please transfer"。

例5:recycle please, waste please(见图8)

图8

　　笔者在拍摄迪士尼公示语图片的过程中,发现所有迪士尼垃圾桶上都有一个"please"。由此可见译者的别有用心。刘建达(1993:38—41)从语用分析的角度指出,在英文中"please"一词通常用来表达请求,但是它并不表明说话者的社会地位低于听话者的社会地位。相反,"please"常被说话者用来表达对听话者的一种尊重。回到此项公示语的翻译中来,对于上海迪士尼的公示语来说,听者也就是受众,是广大来自各个国家各个地区的游客,说话者可以说是上海迪士尼,或者上海,并不确切到撰写公示语的某个个人或者团体,当然也不能说是译者。公示语可以被视为了解一个社会文明程度的窗口,反映着社会群体的文化素质和精神面貌。从上海迪士尼公示语的翻译中,也可管窥上海迪士尼文化,上海文化。一个寻常的垃圾桶的翻译,在译者充分发挥主观能动性的情况下,赋予了一种温和的色彩。在英语中,垃圾桶可以翻译为 garbage can, trash can, garbage bin, dustbin, dumpster 等等。近年来,由于生态环境的破坏,人们越来越重视保护环境,强调垃圾的分类和回收。相应的,垃圾桶上出现了"可回收(recyclable)"和"不可回收(non-recyclable)"的标志并伴有图标(icon),这也是社会文明进步的一种体现。笔者也留心了一下上海其他地方垃圾桶的翻译,并没有发现加上"please"这种情况。译者的翻译可谓不落俗套。认知语言学的翻译观认为,翻译在一定程度上具有创造性。王寅(2012:17—23)认为,客观因素和主观因素都体现在翻译过程中。因而译者不仅仅需要模仿,还需要创造。一方面要准确地传达原作者的信息,还需要在译文中烙上自己的立场和观点。此项翻译中,译者创而有度,并没有脱离原作者需要表达的信息,一方面起到了督促广大游客爱护迪士尼环境,争做文明游客的良好效果,另一方面,如吕和发(2012:26)在书中所述,"公示语不仅承担着重要的应用功能,更直接影响旅游者在异国他乡心理安适度"。因而,加上"please"一词标志在闻之不大雅观的垃圾桶上,也体现了上海迪士尼尊重每一位游客的态度,让游客心理更加安适。

例6:"此游乐项目的安全限制可能使个别体型的游客无法乘坐。"

英译文:"The seating and restraints on this attraction may prohibit persons of certain body shapes or sizes from riding."(见图9)

此项公示语,根据吕和发(2012:24)的分类,属于限制类,旨在

图 9

"对相关公众的行为提出限制，约束要求，语言应用直截了当，但不会使人感到强硬、粗暴、无礼"。在此公示语的翻译中，译者忽略了"可能"所传达出来的委婉语气，在译文中用到了"prohibit"这一词，语气非常生硬，可以说译者翻译成了强制类公示语。罗建生（2014：166—171）在其合著文章"西部地区旅游景点公示语英译问题的调查"中提到，在英语公示语中，"prohibit"、"forbid"、"stop"等语气凌厉的字眼是很少见的，常常用语气更加温婉的句型或词语代替。另外束慧娟（2010：39—42）也同样指出"prohibit"给人一种居高临下的感觉，不符合英语语言文化中强调民主的特点，因而，在翻译禁止类公示语中通常不用。在这里"prohibit"的使用必然使得体型不适合此项目的游客受到心灵上的伤害。认知语言学的翻译观强调在翻译的过程中应当同时兼顾到作者、读者、文本三个因素，倡导和谐翻译。在原作者的认知中，此项公示语旨在善意提醒特殊体型的游客，他们可能不适合此项目。而译文在被游客所解读后，所形成的认知世界就完全不同了。特殊体型的游客会认为自己被禁止游玩此项目。另外，"安全限制"翻译成"seating and restraints"意义并不是很明确。"安全限制"是什么限制呢？可以理解为是喷气背包飞行器座位大小的限制，那么后面一个"restraints"指的又是什么呢？笔者认为，指出seating已经足够表达原作者的意图，无需赘加"restraints"。因此，在翻译过程中，译者既要考虑到作者，又要考虑到作品本身，同时还要兼顾到读者。在翻译的过程中，将这三个要素紧密地结合起来，尽量译出原作欲表达的两个世界。笔者试译为："For safety, seats on this attraction may not suitable for passengers of certain body shapes and sizes"。

四、结语

基于上述几个典例研究,不难发现,在上海迪士尼公示语的翻译中,存在以下几个问题:

第一,语言形式的不规范性,主要体现在三个方面:(一)选词不当,例如"prohibit","sober","collect"等;(二)语法错误,例如系动词"are"的缺失,后置定语的表达错误;(三)排版格式错误,例如"access"应首字母大写。

第二,语义信息的不对等。主要体现在:(一)信息赘余,例如上述例2中的语义重复;(二)表意不清:如例4、例6。

第三,对目标语文化因素的忽视。例如"collect"一词的英式用法,以及对"prohibit"一词语气生硬的忽视。

基于认知语言学的翻译观,究其原因,我们认为,首先,译者忽略了认知的体验性。译者应该将公示语的翻译基于对现实世界中英语公示语的准确理解和把握之中,例如译者应该加强英语国家地道公示语的广泛调查,加强公示语翻译理论以及翻译方法研究;其次,译者忽视了翻译的互动性。译者应该与公示语作者、公示语文本以及阅读公示语英译文读者展开多重互动,深入了解其认知世界;最后,译者忽视了翻译的和谐性以及"两个世界"。译者应该在翻译的过程中,同时兼顾到作者、文本、读者三个因素,尽量再现公示语作者以及中文公示语对现实世界以及认知世界的认识和描写。

本文以王寅认知语言学翻译观为理论基础,指出了上海迪士尼公示语翻译中存在的一些问题以及可借鉴之处,并给出了笔者自己的译文以及对策。上海迪士尼乐园的公示语英译,并没有因为上海是个国际化的大都市而完美无缺,不可挑剔。上海迪士尼作为上海都市文化的一个重要组成部分,是上海国际化程度和文化内涵的一个缩影。因此,精准确切的公示语对于提升上海的都市形象具有重要的意义。

参考文献：

［1］王寅.认知语言学的翻译观［J］.中国翻译,2005,26(5)：15—20.

［2］陆谷孙.英汉大字典［Z］.上海：上海译文出版社,1991.

［3］杨镇明.朗文当代高级英语词典［Z］.北京：外语教学与研究出版社,2001.

［4］师琳.从认知语言学角度看强势文化对翻译的影响［J］.外语教学,2011,32
(6)：109—112.

［5］吕和发、蒋璐.公示语翻译教程(学生用书)［M］.北京：清华大学出版
社,2013.

［6］邢嘉锋、王晓静.情态动词词义关系与汉英翻译策略［J］.上海翻译,2015
(4)：34—39.

［7］莫衡等.当代汉语词典［Z］.上海：上海辞书出版社,2009.

［8］周定一.红楼梦语言词典［Z］.北京：商务印书馆,1995.

［9］郝迟等.汉语倒排词典［Z］.哈尔滨：黑龙江人民出版社,1987.

［10］饶少平.古诗中的神智体［J］.中国典籍与文化,2002(4)：114—119.

［11］蔡龙权.大学生实用英语词典［Z］.上海：上海辞书出版社,2011.

［12］王寅.认知翻译研究［J］.中国翻译,2012(4)：17—22.

［13］戴显宗、吕和发.公示语汉英翻译研究——以2012年奥运会主办城市伦敦
为例［J］.中国翻译,2005,26(6)：38—42.

［14］刘建达.话语中 Please 的语用分析［J］.外国语,1993(2)：38—41.

［15］罗建生等.西部地区旅游景点公示语英译问题的调查［J］.中南民族大学学
报(人文社会科学版),2014,34(3)：166—171.

［16］束慧娟.生态翻译学视角下的公示语翻译——以上海世博会主题标语为例
［J］.上海翻译,2010(2)：39—42.

从《雪国》译本看艺伎文化的翻译

王　野

摘　要：跨语际的文化交流通常要借助翻译的作用。在翻译过程中，怎样处理文化问题是每个译者都无法回避的问题。本文采用实例分析的方法，通过比较叶渭渠和高慧勤《雪国》译本中表现艺伎文化的词汇的翻译并参照英译本的翻译，探讨其文化的翻译策略。

关键词：《雪国》　艺伎文化　词汇翻译

摘　要：Translation plays an important role in cultural communication across interlanguages. During the process of translation, how to deal with cultural issues is unavoidable for a translator. Adopting the method of example analisis, this paper campares the translations of cultural vocabulary in *Snow Country* of Ye's and Gao's and refers to the English translation version to discuss translation strategies to express culture better.

关键词：*Snow Country* culture of geisha translation of vocabulary

序章

　　语言和文化密不可分，语言是文化的载体，承载着丰富的文化内涵，这种文化内涵根植于一个国家的政治经济状况、风俗习惯、宗教信仰等各个领域。因而，翻译活动不仅仅是语言的转换活动，作为异文化交流的手段，随着全球化的推进，还肩负着文化交流和文化信息传递的使命。对译者而言，相较于语言结构的差异，文化差异所引起的问题更加难以处理。

　　《雪国》是日本第一位同时也是亚洲第二位获得诺贝尔文学奖的日本作家川端康成的代表作之一,写于 1935 年,最初分章独立发表在《改造》《文艺春秋》等杂志上,几经改削,于战后 1947 年才最终定稿,前后赓续十二年,是川端康成倾注心力最多的一部作品。小说主要讲述了坐吃祖产无所事事的主人公岛村三次前往北陆雪国,与当地艺伎驹子由邂逅到发生情爱,同时又对萍水相逢的叶子怀有倾慕之情的故事。集宗教、自然、神话、社会性与艺术性话题等于一身,被评认为川端康成文学的一大分水岭。研究《雪国》的汉译本对于研究川端康成及其作品都有着重要的意义。

　　《雪国》的英译本由著名的日本文学研究家 Edward G. Seidensticker 在实地考察和与川端康成本人交流沟通基础上翻译,于 1957 年在美国出版发行,美国文学研究家武田胜彦高度评价道"不可能有超过 Seidensticker1 教授的名译"。而在我国,1981 年由叶渭渠翻译,山东人民出版社发行的《雪国》,截至 2013 年前后印刷 29 次。1985 年由高慧勤翻译,漓江出版社发行的《雪国》,截至 2013 年前后印刷 11 次。二人译本的《雪国》在读者群中享有极高人气,也是我国研究川端康成文学的主要依据。关于《雪国》汉译本的研究重点集中在以下三方面。

　　A. 通过译本分析,研究汉日语言差异。这类研究注重语言的功能应用,将译本本身作为语言研究的手段,主要目的在于通过对译本的分析来研究语言的实际应用。

　　B. 通过译本分析,研究翻译理论对于文学翻译的指导作用。从翻译理论的角度出发,考察理论对文学翻译的指导作用。

　　C. 汉译本的比较研究。主要侧重于译本分析,或从翻译方法、选词、比喻句、文化因素的翻译等角度对翻译技巧进行研究。

　　《雪国》中存在大量日本北陆地区特有的文化现象,构成了小说审美价值的重要组成部分。在描写艺伎驹子的形象时,使用了大量与艺伎文化相关的词汇。本文同样着眼于《雪国》译本的分析研究,通过对叶渭渠和高慧勤的译本中表现艺伎文化词汇的翻译对比、分析,探讨如何更好地传递文本中文化现象。同时将英译本作为参考加入比较分析中。

一、翻译原则与策略

为了促进文化交流,尽最大可能传递原文信息,也为满足读者需要并为译入语的发展提供素材。杨晓荣认为,译者有责任介绍原语文化,丰富译语文化,在读者可接受限度内尽全力保留原语文化特征,重塑原语文化氛围。① 这就要求译者在文学翻译中遇到与文化色彩有关的问题时应遵循两个基本原则:文化对等原则和可接受原则。

文化对等原则要求译者积极介绍原语文化,努力传达原作文化特色,尽可能忠实地再现原作的整体文化氛围。可接受原则要求再现原语文化特色必须以译语读者的心理承受能力为界限。在每一具体情况下,保留原语文化特色与读者接受能力之间的平衡点即为文化对等的"度"。如果在文化上和语言上读者接受并无困难,而译者没有将这种特点忠实地转译出来可称为文化欠额翻译或文化翻译不足。相反,如果译文因直译而引起文化上的费解,误解或反感,或引起语义超载造成行文阻滞,就会走向另一个极端即文化超额翻译或文化翻译过度。

翻译策略是指在翻译过程中对产生的问题所采用的方法,这个概念适用于整个翻译过程。总体来说,主要有两种:一种是指为达到翻译目的而采用的整个行为体系。另一种则是指在翻译过程中处理个别事项时所采用的方法。② 本文采取第二种概念,关于其翻译策略的研究,文化翻译中为达到文化对等目的,邱懋如提出七种翻译策略即:①直译,翻译其表面意思,保留原语文化特色。②移译③音译④音译＋词类,如将 jeep 译为吉普＋车。⑤使用对象语中相对应的文化用语⑥说明⑦意译等。③ Aixela 在《文艺翻译中异文化要素的翻译策略》中总结的策略有:复写、文章外补偿、文章内补偿、限定一般化、归化、删除、创造等。Davies 在《哈利波特和贤者的石头中的异文化要素》中总结出来的策略有:借用、语义翻译或直译、明示、置换、

---

① 杨晓荣:《小说翻译中的异域文化特色问题》,中国出版集团 2013 年版,第 70 页。
② [日]篠原有子:《关于电影〈入殓师〉英文字幕的异文化要素翻译策略的考察》,《翻译研究招待》,2013 年第 4 期,第 82 页。
③ 邱懋如:文化及其翻译[R]. http://ja. wikipedia. org/wiki/芸妓/旦那。

转移、语义创造、补偿、省略、追加等。

翻译策略的概念决定翻译策略并没有一成不变的方法,译者应采取因地制宜的态度灵活地翻译原语文化。

二、《雪国》中艺伎文化的翻译

川端康成的另一部小说《伊豆の踊り子》在中国被译为《伊豆的舞女》,"舞女"一词在汉语中带有一种负面的印象,仅从标题就有可能造成读者对川端文学的误读,进而产生对日本艺伎文化的误解。同样,在《雪国》中"艺伎"这一职业称呼里"妓"容易使中国读者联想到性交易方面的内容,从而对艺伎文化产生误解甚至排斥。因此,本节在进行具体实证分析前首先简单介绍一下日本艺伎文化的基本情况。

（1）艺伎文化

如表1所示,想要成为艺伎必须接受教育与训练,经历实习期后才能成为艺伎。二战前,女孩子十岁左右就要开始学习各种才艺,经过一至三年后才能工作,在成为正式的艺伎前,每个阶段都有其特定的称呼。称开始接受训练的少女为"仕込みさん",学习礼仪、规则阶段称其为"見習い",之后正式出道工作阶段分为舞伎与艺伎阶段。舞伎不会单独参加宴会,而是在艺伎带领下方可出席。艺伎负责统筹宴会全局,安排什么时候斟酒,什么时候歌舞,什么时候做游戏,舞伎接受艺伎的安排,进行歌舞表演并从艺伎的安排周转中学习经验为自己将来独立做准备。由舞伎向艺伎转变的过程中,需要举行换衣仪式,即将舞伎红领的衣服换成白领的衣服。过去这一仪式通常和所谓的男性体验仪式一起举行,后来这一仪式被废除,艺伎的主要工作在于为宴会助兴。

艺伎的培养过程①（表1）

教育训练阶段（仕込み）	舞伎になろうと面接を受けて置屋に住み込んだ少女たちは「仕込みさん」と呼ばれて、舞伎になるための修業を始める。想要成为舞伎的少女接受面试后住进置屋中接受成为舞伎相关教育与训练,这个阶段少女被称为"仕込みさん"

① ［日］相原恭子:《京都舞伎与艺伎的奥座敷》,文春新书2001年版。

（续表）

见习生 （見習い）	仕込みの後、お店出しの前にお茶屋でお座敷での行儀作法やしきたりを実地に学ぶ段階を指す。 接受教育与训练后在初次登台前在茶屋或宴会学习礼仪与规则的阶段，少女被称为"見習い"
出道 （お店出し）	お店だしとは、舞伎のデビューのこと。 舞伎出道
舞伎	お店出しから芸妓になるまでの少女のこと。 从出道到称为艺伎前的阶段
芸妓	舞伎として大体4〜5年が過ぎると、年齢も20歳ぐらいになる。すると衿かえという儀式を通して芸妓になる。自前になる。 作为舞伎工作4至5年后，在20岁左右通过换衣仪式成为艺伎独立

（2）艺伎文化的翻译

① 島村が聞き返すと、三味線と踊の師匠の家にいる娘は芸者というわけではないが、大きい宴会などには時頼まれていくこともある、半玉がなく、立って踊りたがらない年増が多いから、娘は重宝がられている、宿屋の客の座敷へなど滅多に一人で出ないけれども、全くの素人とも言えない、ざっとこんな風な女中の説明だった。

叶译：岛村再仔细地问了问，女佣作了这样简短的说明：三弦琴，舞蹈师傅家里的那位姑娘虽不是艺伎，可有时也应召参加一些大型宴会什么的。这里没有年轻的，中年的倒很多，却不愿跳舞。这么一来，姑娘就更显得可贵了。虽然她不常一个人去客栈旅客的房间，但也不能说是个无瑕的良家闺女了。

高译：岛村便又打听姑娘的事。女佣说，那姑娘住在教三弦和舞蹈的师傅家里，虽然不是艺伎，逢到大的宴会等场合，偶尔也应邀去帮忙。此地没有雏妓，多是些不愿起来跳舞的半老徐娘，所以那姑娘就给当成了宝贝。她难得一个人来旅馆应酬客人，但也不完全是本分人家的姑娘。

在介绍驹子身世的这段话中，表现艺伎文化的词汇半玉、座敷其翻译如表 2 所示。

表 2

	半玉	座敷
叶译	年轻的	房间
高译	雏妓	
英译	Young apprentice	Inn

日本大辞典《スーパー大辞林》中有关半玉的解释：艺伎见习阶段少女的称呼，这个阶段少女收取的"玉代"即费用，只有正式艺伎的一半，故称半玉。如表 1 所示，9—10 岁的少女住进了置屋成为"仕込みさん"接受教育与训练，主要做一些杂活，学习一些游乐技艺。几年后作为半玉可以出席座敷。半玉阶段，少女身穿红色领襟友禅绸和服且和服下摆不拖在地上，在座敷表演舞蹈和太鼓。三人采取直译策略，驹子与主人公刚见面时"打扮虽然有点艺伎的风致，但和服下摆毕竟没有拖在地上，柔和的单衣穿得整整齐齐。"①可见驹子大概处于半玉阶段。高译为"雏妓"，英译本译为 Young apprentice，即年轻的学徒，都比较符合此时驹子的身份。叶译为"年轻的"容易招致误解，"没有年轻的，中年的倒很多"，补全宾语便成了"这里没有年轻的艺伎，中年艺伎倒是很多"，也就是说驹子被当作了一名正式艺伎，很明显属于误译。

在日本艺伎文化中，"座敷"是个重要文化名词，上文提到的正式艺伎与半玉都是在"座敷"中按时收费为客人表演助兴。高采取省略策略，叶采取一般化策略译为"房间"，虽方便读者理解，但却没有传达出"座敷"的文化要素。英译为"inn"，（乡村）小旅馆、小酒店、客栈，概指整个建筑物，无法准确传达其中的文化特色。笔者认为该处采取文章内补偿策略，比如有艺伎助兴的专门房间，以区别该房间与普通房间的不同是否能更好地传达其文化特色呢？

②「女はやはり生まれはこの雪国、東京ではお酌をしている

---

① ［日］川端康成：《雪国》，新潮社 2000 年版，第 17 页。

うちに受け出され、ゆくすえ日本踊の師匠として身を立てさせ
てもらうつもりでいたころ、一年ばかりで旦那が死んだ」と
いう。

叶译：自己也是成长在这个雪国。在东京的酒馆当女侍时被人
赎身出来，本打算将来做个日本舞蹈师傅用以维持生计，可是刚刚过
了一年半，他的恩主就与世长辞了。

高译：她原生在这个雪国。在东京当女侍陪酒的时候被人赎出
身来。本想日后当个日本舞蹈的师傅借以立身处世，不承想，那位孤
老一年半之后便过世了。

表 3

	お酌	旦那
叶译	女侍	恩主
高译	女侍	孤老
英译	She had been put under contract as a geisha	patron

大日本百科事典中，关于"お酌"的解释：少女在艺伎见习阶段
的俗称，江户时代在吉原被称为酌人，京都大阪地区称为"舞子"。该
阶段少女收取的费用是正式艺伎的一半也被称作"半玉"。由此定义
可知，"お酌"＝"半玉"。"酌"即"酌酒"的意思，引申为"酌酒的人"。
高叶二人都采取归化策略将其译为"女侍"，同样方便了读者理解，但
却失去了该词的文化特色，英译本采取文章内补偿策略解释"お酌"
的含义，却把"お酌"等同于艺伎，没有翻出这个词在文化上与艺伎的
区别。

现代日语中"旦那"通常指女子丈夫。スーパー大辞林中"旦那"
的解释：与女性持有一种特殊关系，照顾女子生活的男性的称呼。
也即赞助者。这种特殊关系应该是指债券与债务的关系。驹子在东
京做"お酌"时被师傅赎身，并住进了师傅家中。叶采取直译策略译
为"恩主"，即对人有恩德的领主、财主、施主等，准确地表现了驹子与
师傅之间的关系。高和英译本采取直译策略译为"孤老"，即（艺伎、
歌姬等）支持者，赞助者；patron，（艺术家的）赞助者，同样表达了这

一词汇蕴含的文化特色,但从小说文脉来看,师傅还有一个生病的儿子尚在人世,从这点看"孤老"就不如"恩主"更准确表达原文内涵了。

③「お師匠さんが死んでね? もうあのお蚕さんの部屋にはいないんだね。今度のうち本当の置屋かい?」

叶译:"你是说师傅死了? 已经不住在那间房里,这回你的家成了真正的下处了。"

高译:"师傅死了,是么? 你已经不住在那间蚕房了吧? 现在的屋子该是名副其实的住处喽?"

表4

	置屋
叶译	下处
高译	住处
英译	A real geisha house

有关"置屋"的翻译,スーパー大辞林中置屋的解释:拥有一些艺伎,根据要求向茶屋料亭派遣服务为业的店铺。经营这样店铺的老板娘被称为"お母さん(妈妈)",承担置屋中志愿成为艺伎的少女的一切教育及训练费用,这些少女也要通过出席"座敷"偿还其教育、训练费用。原则上置屋仅供正式艺伎与非正式艺伎居住,并不在此接客表演。陶振孝在《翻译过程中文化词语的选择——以〈雪国〉的译本为例》一文中已作出分析,从语义语境角度陶振孝认为叶译的"艺伎下处"比较适合。高采取一般化策略译为住处,方便读者理解。从表1也可以看出,想要成为舞伎的少女接受面试后要住进置屋中接受成为舞伎的相关教育与训练。简单译为"下处"(即《辞海》释义:歇息处、监狱)或"住处"并不足以表达其文化特色。英译本译为"A real geisha house",一处真正艺伎的房子也就是说这处房子里只生活着艺伎而不包括志愿成为艺伎的非正式艺伎,很显然属于误译。笔者倾向于采取直译+注释的方法,如译为"提供艺伎助兴服务的置屋"不仅充分表现这一词汇蕴含的文化特色还引进"置屋"一词,丰富我国描述日本艺伎文化的词汇量。

三、总结

日本艺伎文化具有鲜明的日本特色,这些特色都是通过特定的语言词汇表达出来的。本文仅选取了《雪国》中表现艺伎文化的人物、建筑名称,诸如服饰、生活用具等特色名称已有大量先行研究做出探讨,本文不做讨论。这些特色十足的名称在中国文化中找不到其对应表达,文化不对等便处于"空白"状态。本文选取的三种译本中对"半玉"、"座敷"、"お酌"、"旦那"、"置屋"等表现艺伎文化特色的词汇采取以下翻译策略。

表5

译本 翻译策略	半玉	座敷	お酌	旦那	置屋
叶译	直译	一般化	归化	直译	归化
高译	直译	(省略)	归化	直译	归化
英译	直译	一般化	误译	直译	误译

由表5可知,面对表现异文化的词汇,译者多采取直译、归化、一般化的翻译策略,这样的翻译方法方便读者理解。但是,读者从一部翻译小说中,希望得到的两种收益,①获取关于异国文化的知识,增进对异国文化的了解;②满足好奇感,欣赏由陌生的外国场景、人物和事件构成的异国氛围,从中获得愉悦。① 是否被满足了呢?很显然,这三种策略使代表艺伎文化特色的词汇变得耳熟能详,失去了原本的韵味。因此,笔者虽认为采取文章内补偿策略或者直译+注释的方法更能充分转换其文化特色,还能补充我国在描述这方面文化时的词汇量,但是文章内补偿策略或注释太长,会影响行文流畅度干扰读者阅读。这种情况下,笔者认为在翻译一部文学作品时,应在译本前加入一些文化背景介绍让读者具备一定的文化知识储备,提高

---

① 杨晓荣:《小说翻译中的异域文化特色问题》,中国出版集团2013年版,第41页。

读者接受能力从而更好的阅读文学作品,从作品中感受、理解异国文化。尤其在当今时代,各国文学作品互通有无,文学作品是文化对外传播重要手段,如何正确解读对方文化,传播本国文化成为重要课题,小说翻译也应站在文化转换角度上重新思考、定位。

参考文献:

[1] 杨晓荣. 小说翻译中的异域文化特色问题[M]. 北京:中国出版集团,2013.

[2] 篠原有子. 关于电影〈入殓师〉英文字幕的异文化要素翻译策略的考察[J]. 翻译研究招待,2013,4.

[3] 邱懋如. 文化及其翻译[R]. http://ja. wikipedia. org/wiki/芸妓/旦那.

[4] 相原恭子. 京都舞伎与艺伎的奥座敷[M]. 文春新书,2001.

[5] 川端康成. 雪国[M]. 新潮社,2000.

[6] 川端康成. 雪国[M]. 叶渭渠译,北京:外国文学出版社,1998.

[7] 川端康成. 雪国[M]. 高慧勤译,桂林:漓江出版社,1985.

[8] Edward G. Seidensticker. *Snow Country*. Berkley Publishing Corporation, 1960.

顺应论视域下的上海电影博物馆英译文本翻译

于　璐　任潇雨

摘　要：上海电影博物馆承载了中国电影发展的缩影，是中国文化传播的重要组成部分，但是对于上海电影博物馆的英译研究却是空白。本文试图用顺应论讨论上海电影博物馆英译文本的优缺，研究发现：（1）在遇到中国特色文化如神话故事的时候，可使用加注消除译语读者的误解；（2）博物馆译本的受众是目的语参观者，所以我们要时刻考虑目的语国家的文化和句法表达习惯，以提高目的语读者对我国文化的认同感。希望这些发现对于其他博物馆的文本翻译有借鉴作用。

关键词：博物馆　翻译　顺应论　上海电影博物馆

ABSTRACT： Shanghai Film Museum carries the microcosm of the development of Chinese film and is an important part of Chinese cultural communication. However, the research on the English translation of the Shanghai Film Museum is still blank. This paper attempts to discuss the advantages and disadvantages of the English version of the Shanghai Museum of History from the perspective of Adaptation Theory. The findings are as follows：（1）When confronted with Chinese characteristics such as mythology, in order to improve target readership of our cultural identity, we should always consider the target-language visitors' countries, cultural and syntactical expression habits. I hope these findings will serve as a reference for the translation of texts in other museums.

KEY WORDS：Museum，Translation，Adaptation Theory，Shanghai Film Museum

一、引语

中国电影对于中国文化走向世界有重要作用,中国电影始于上海,上海电影博物馆可以说承载了中国电影发展的缩影。近年来,随着上海电影博物馆的建设不断完善,来上海电影博物馆参观的外国友人数量逐年增多,但是对于上海电影博物馆的英译研究却是空白,这些英译文是否较好地发挥了文化传播的功能呢? 本文应用比利时著名语言家维特根斯坦的顺应论来研究这些译文。

二、顺应论与博物馆文本翻译

顺应论是比利时著名语言家维特根斯坦在《语言学新解》提出的,他认为语用学是"联系语言现象在诸种活动形式中的使用,从认知、社会和文化入手对语言现象的综合性参照。语言的使用就是一个选择的过程,选择过程中是基于语言内和语言外的因素,首先语言的选择从语音层面到话语层面。其次交流的双方既选择语音语言形式又选择语用策略。在很多时候,语用策略的选择取决于众多的语言结构。再次并非所有的选择都是交流的双方有意识做出的,所以说,语言交流的过程就是交际者,为了达到交际过程而做出的语言选择与顺应的过程,为此他提出语言具有变异性商讨性和顺应性。变异性是指语言的运用不是一成不变的,他会在不同的情况下做出不同的选择且具有很广的选择性。商讨性是指语言在选择的过程中交际者会对语言的选择进行协商,而顺应性是指交际者灵活地对语言选择做出决定语言。这三种特性相辅相成,顺应性是最根本的特征(VERSEHUEREN, 1999：55)。

顺应论在博物馆文本的翻译研究始于 2010 年在西北大学学报(哲学社会科学版)发表的《顺应论视角下陕西博物馆文本的汉英翻

译》。作者从顺应论的三性分析陕西历史博物馆的文本得出译者要顺应于源于文化和目的语文化双方的认知方式及其思维模式,通过添词语、引申词义、调整语句结构等手段,从而最大限度地忠实原文,这样才能产生较高品质的译本(吴敏焕,2010:175)。而后在 2011年在商业文化(下半月)发表的《关联顺应视角下的博物馆解说词汉英翻译过程研究》提出在语篇释意过程中译者应本着最佳关联原则,对源语语篇做出正确的释意,并尽可能多的传达源语信息,在语篇产出过程中译者应考虑译语认识语境,动态适应译语读者,确保其认知和谐性(康妍妍,2011:189),后面还有学者分别研究了山西博物馆的文本翻译,英国博物馆的文献翻译,信阳博物馆的公示语翻译也分别得出了译者应灵活采用多种翻译策略来处理不同文化信息,达到传播历史交流文化的目的、翻译就如语言是一个动态的选择过程,译文应顺应语言语境和交际语境,以实现语用对等(孙杭,2013:178)。处理文化因素时,要以中国文化为基准,以译文读者为导向的结论(杨婧,徐慧晶,2012:217)。前人把研究的重点都放在了综合类博物馆并且研究都集中在北方区域的博物馆,学者对上海这个国际都市在博物馆标语翻译的研究也比较缺失,而顺应论在上海区域博物馆的翻译更是空白。

三、顺应论与上海博物馆英译文市

上海电影博物馆是一个历史与科技并存的现代博物馆,Steiner曾说:无论是在一种语言之内或者是在不同语言之间,人们的交际就等于翻译。我们也可以反过来说,翻译等于交际,博物馆的翻译就是译者代替文物和历史与参观者对话。接下来,我们将从顺应性、变异性、商讨性来讨论上海电影博物馆英译翻译的优与缺。

(一) 顺应性

顺应在《新华字典》里的解释是当环境发生变化时或当生物迁入新环境时,生物对现有环境条件的生理适应过程,维特根斯坦把这一概念引入了翻译里面。在他看来,源语言对译语读者来说就像是新环境,而译者就是两种语言和文化之间的桥梁,译者对不同语言环境做出灵活地选择,就能帮助译语读者消除新环境中的不适感,交际目的就能更易达成(VERSEHUEREN,2000:59)。

> 例(1):金城大戏院:位于北京东路 780 号。1934 年元旦开幕,有座位 1780 个。
>
> Lyric Theatre
>
> Located at NO. 780,East Beijing Road,Lyric Theatre opened on the New Year's Day of 1934 with a seating capacity of 1780.

这里的翻译顺应了目的语读者语言习惯,在英语语言里惯用的顺序是从小范围到大范围介绍地理位置,而中文的习惯则是从大范围介绍到小范围,译者在此注意到了这种文化差异,处理很到位。

> 例(2):本展区为您揭示电影生产创造的神奇奥秘,开启制造梦幻的技术之窗,参观者可在此观摩影视作品的生产创作流程,感受电影作为梦工厂的动人艺术魅力。
>
> This exhibition area explores the mystery of filmmaking and opens a window to the world of cinematic dream. Visitors can witness the creative process of filmic works and experience the enthralling allure of cinema as a dream making medium.

此处译者有语句理解错误,对"开启制造梦幻的技术之窗"翻译成"opens a window to the world of cinematic dream",译者的理解侧重点在电影梦,然而根据原句的意思及并从中文的表达习惯可知,这里的标示语是为了介绍电影的制作技术流程,"制造梦幻"是用来修饰技术之窗的,所以侧重点在电影技术,而不是译者误解的电影梦,由此可见在翻译的时候,译者要做的第一步就应该是顺应源语言的表达习惯和方式,否则容易造成对语句的误解,对源语言都不能准确的理解,那么又何谈目的语语言呢。

例(3): 1994 年制造的 STEENBECK 4-PLATE 声画剪辑机,用于 35 毫米影片剪辑,可进行声画效果检视。曾用于《海上旧梦》、《人约黄昏》等影片剪辑。

STEENBECK 4-PLATE sound and picture editing machine made in 1944, used to inspect the sound and film image effects in the editing of 35mm films. It was used in the editing of such films like *Old Dream of Shanghai* and *Evening Liaisons*.

　　这里"海上旧梦"翻译成"Old Dream of Shanghai"体现了文化的顺应性。这部电影背景设于上海,而整部电影弥漫着虚无缥缈的美,让人有种神游旧上海的感觉,是真正的诗化电影。中文很注重语言美,而海上总是笼罩着朦胧雾感,而"海上"一词很易激起中读者的无限想象,但对目的语读者来说,他们所接触到的如同"The Bridge of Madison Country"、"Forrest Gum",一系列电影名称都是直接就把地点和人名写上去的,这种直白的电影取名方式其实代表了他们的思维方式。而这部影片讲述的是大上海的往事回忆,名字上却并不是那么一回事,这和目的语读者的思维方式恰好是相悖的,所以对于没观赏过这部电影的人会有误导。从目的语者的文化语境来看,他们会认为,这部电影讲述的是海上的梦境。考虑到文化差异,也为了更好地展示中国的电影文化,翻译者没有死板地直译,把"海上"译成了"Shanghai"。

　　但是例(3)中语言的不顺应性也很明显,在中文里我们很少用被字句,但是在英语中被动与主动的概念分割十分清楚。译者显然是受了中文的影响,把"used to"和"be used to"的概念混淆了。从英语语法来说,这里的"STEENBECK 4-PLATE sound and picture editing machine"与"used to"的搭配是错误的,因为"used to"的用法是人过去常常做某事,而根据原文"STEENBECK 4-PLATE 声画剪辑机是用作剪辑和审视",在英语语境里,声画剪辑机是不能自发来操作的,所以翻译时应该用 be used to 来表示被动。这里的错误就是因为源语与目的语语言习惯的不同,在翻译成目的语文本时,我们应该遵守目的语语言习惯,否则就会给目的语者带来理解上的不便。

从上面这三个例子可以知道,博物馆翻译中电影名的翻译还是要很谨慎地顺应目的语读者的语言和文化。特别是在语言结构上,译者一旦不注意就会被中文影响而陷入翻译的误区。

(二) 商讨性

维特根斯坦提出语言的选择不是机械地或严格按照形式做出的,而是在具有高度灵活性的原则和策略的基础上完成的。翻译不是字对字的死译,因为中文和英文之间存在词语上的不对等和文化上的不对等,所以在必要时可以做适当的删减、增添甚至语义重组后的再翻译(吴敏焕,2010:175)。

> 例(3)黄绍芬摄影的《白蛇传》剧本、剧照及使用的看光景(黄宗炜捐赠)。
>
> Screenplay of *The White Snake* with Huang Shaofen a photographer, stills of the film and light mete. (donated by Huang Zongwei)

这里把"白蛇传"简单处理为"The White Snake"略显不妥,因为《白蛇传》在中国文化里代表了一段美好的人妖恋,而这里的翻译会让不了解中国文化的译语者错误地认为这部影片是介绍自然界的白蛇,神话意象和爱情意味荡然无存,文化的差异和认知的不同就要求译者在翻译时做出商讨。而从中文名入手,白娘子与许仙的人妖绝恋用英文又很难准确地表达出来,所以在选择翻译手段时直译也好意译也罢都不适用,可是文化内涵不应、也不容缺失。《红楼梦》里也常常出现这种情况,文里好多名词都无法翻译,杨宪益和戴乃迭为了让译语读者也能深刻感受到中国小说的魅力,就对中国特有的文化元素在文末做了大量加注。这里白蛇传翻译上碰到的窘境和《红楼梦》的翻译是相似的,所以也可以用加注法,翻译时在"The White

Snake"后加括号,备注上《白蛇传》的梗概,就会帮助消减文化上的误解。

> 例(4)金城大戏院:位于北京东路 780 号。1934 年元旦开幕,有座位 1780 个。1935 年,影片《风云儿女》在此首映。1957 年由周恩来总理题字改名为"黄埔剧场"。
>
> Lyric Theatre
>
> Located at NO. 780, East Beijing Road, Lyric Theatre opened on the New Year's Day of 1934 with a seating capacity of 1780. Ln 1935, Children of Troubled Time was premiered at Lyric. In 1957, its name as changed to "Huangpu Theater" inscribed by the Premier Zhou Enlai.

Lyric Theatre 的名字翻译就是译者在重新理解的基础上翻译的,因为直接翻译"Jin Cheng Theatre"会给目的语读者带去疑惑——什么是金城,金城在这里的含义是什么。而且在中国兰州也有一个金城大剧院,这很容易给目的语读者造成混淆,译者为了消除这样的误解选择进行重组再翻译,Lyric 在英译词典里的意思是:1. song words, 2. short personal poem。不管哪个解释都表达了 Lyric 是和诗情画意及乐感联系在一起的,因为在金城大戏院建成之初,中国的电影如《渔光曲》都是只有音乐没有对白的,《风云儿女》也有主题曲贯穿始终,甚至现在优秀的电影都会有属于电影自己的歌曲旋律,而且就电影本身来说本来就是抒发导演演员情感并把情感传达给观众的一种方式,所以 Lyric 的翻译让译语者能直观得到的信息就是这个地方是来表达电影制作者情感的地方。

这两个例子就告诉我们,语义文化背景的不对等要求译者在翻译时要有意识地把文化差异性考虑进去,尤其在遇到有中国神话背景、中国特有的文化象征时,译者就要有传达这层文化背景的概念,有时适当的加注是有锦上添花的效果的。

（三）变异性

维特根斯坦认为使用语言的过程就是选择语言的过程，而语言的选择可以发生在任何层面上，它包括语言形式和交际策略的选择。语言使用过程中的选择必须顺应交际对象和环境，从而使交际能顺利进行，任何语言在使用中都要做出动态顺应，动态性和语言密切相连。在上海电影博物馆中，很多中国电影片名很具有中国语言表达特色，随意选词会容易造成歧义和误解，所以翻译选词尤为重要（杨婧，徐慧晶，2012：217）。

原文：It was used in the editing of such films like Old Dream of Shanghai and Evening Liaisons.

译文：这曾用于《海上旧梦》、《人约黄昏》等影片剪辑。

《人约黄昏》的翻译 Evening Liaisons 就很好地体现了语言的商讨性，大家都知道英语语言的特点之一就是一意对应多词，而人约黄昏重点在一个约和一个黄昏。先来看看黄昏，英语意思为黄昏的就有 dusk, gloam, twilight, evening。译者在这里选择了 evening，因为中文意思都是黄昏，所以我们从英文意思来解释这里译者是怎样经过语言顺应来决定译词的，

dusk 的英译解释有两种：the period of the day after the sun has gone below the horizon but before the sky has become dark; parial or almost complete darkness;

gloam 的英译有一种：the time of day immediately following sunset;

twilight 的意思有 3 个：time after sunset or before dawn; the faint diffuse light that occurs at twilight; the time when something is declining or approaching its end, especially in a gentle or peaceful way;

evening 的解释有 4 个：the party of the day between afternoon and night, as daylight begins to fade; the part of day between sunset or the last main meal of the day and bedtime; a social gathering, meeting or entertainment held in the evening;

the final part of a period of time。

从上文可知 dusk 和 gloam 在外语解释中只有自然界中的天文含义,不带有任何情感意义在里面,而电影《人约黄昏》这部电影剧情是人鬼恋,牵扯到恋爱的总有一段旖旎的情缘,所以冷冰冰不带情感且只有自然向的 dusk 和 gloam 放在这里就显得不合适了。Twilight 和 evening 的解释里就多了一份"人味儿",但是 twilight 更加强调一个人、一段事的末期,不免有份淡淡的忧伤与迟暮感,但是恋爱的味道和忧伤迟暮略不匹配。再来看看 evening,evening 的解释有黄昏约会娱乐的意思,黄昏的朦胧感和约定的暧昧感让 evening 在这里更加合适,这样的爱情正是原电影想要展示的。

再看约会,英文中约会的词有 appointment,engagement,date 还有 liaisons。如同分析黄昏一样,他们的区别及译者的导向得从英译体现。

Appointment 有 3 个意思:1. an arrangement to have a meeting or be somewhere at special time;2. the selection of somebody for a position, office or job;3. a position, office or a job to which somebody is appointed。

Engagement 有 4 个意思:1. an agreement to get married announce our engagement;2. commitment to attend:an arrangement to be present at an event, especially a business or social appointment;3. short job:a job that lasts for a short period of time, especially one for an entertainer in a club or theater a week-long engagement in Las Vegas;4. battle:a hostile encounter involving military forces。

Date 有 3 个意思 1. the specified day of the month a particular day;2. specified as the time something happens;3. the date of the election is set by law。

Liaison 有 5 个意思 1. coordination：the exchange of information or the planning of joint efforts by two or more people or groups，often of military personnel；2. coordinator：somebody who coordinates communication between two or more people or groups；3. unmarried love affair：a romantic and sexual relationship between people who are not married to each other，especially when secret；4. pronounced consonant linking two words：in spoken French，the pronunciation of the usually silent final consonant of a word when it is followed by another word beginning with a vowel；5. something used to thicken liquid：a thickening agent used in soups and sauces，e. g. egg yolks or flour。

从上文的解释我们不难看出 appointment 在这里侧重于特定的时间地点没有约见的情感性，这里的约见通常是商务谈判，朋友聚餐，预约专家看病；engagement 则侧重契约性，它的解释订婚虽然有了情感导向，但是原电影更侧重爱情的心相印，长相忆，从原片来看男女主角并没有一个"happy ending"，engagement 在这里就不免会引起歧义；而 date 在英译词典里更强调官方性，所以它带有的男女之间的约会大多也都是指已经确定了男女朋友关系的约会，但是原电影中人与鬼之间是一段邂逅下的奇缘，和确定了男女关系的还是很不一样的，所以 date 尽管接近了原电影的意思却还是不够准确；为了顺应电影的原意并传达给目的语读者，译者选择了 liaison，liaison 源自于法语词汇，提到法国，浪漫一词不由出现。而 liaison 第三条解释明确提出这词的意思是未婚的人双方发生美妙浪漫的关系，这个解释就很明确的表明了这是形容两方互有好感虽不是男女朋友的双方那种情意绵绵状态，用时髦的话就是友情至上，恋人美满。

与汉语的单词单义不同，英语的一义对多词现象很是普遍，这是英语学习者的难点同样也是翻译研究者的重点与难点，译者对文本必须持有负责态度,上海电影博物馆文本译者对词的选择就很仔细,最后呈现出来的译本自然就更加有血有肉,传达的信息也更加完整有效。

四、结语

本文通过上海电影博物馆的标语文本用顺应论来分析标语翻译,分析了可取之处和需要改进的地方,研究发现:对于电影名的翻译还是有顺应文化的意识,但是在一些语言结构、中外表达习惯上则还需要进一步改进。为了让译语读者更易接受本国独特的历史、文化,译者可以适当加注翻译,或者对原文理解重组后再翻译。但是,本文虽然讨论了上海电影博物馆文本翻译的优劣,但是在那些不足之处,却没有给出确定的翻译方案,希望接下来,我们进一步吃透这些原文和译文,提出解决方案,呈给上海电影博物馆,解决实际问题。

参考文献:

[1] VERSEHUEREN J. Understanding Pragmatics. [M]. Londonand: Edward Amold Publishers, 1999: 55 - 56.

[2] VERSEHUEREN J. Understanding Pragmatics. [M]. Londonand: Edward Amold Publishers, 2000: 59 - 61.

[3] 吴敏焕.顺应论视角下陕西博物馆文本的汉英翻译[J].西北大学学报(哲学社会科学版),2010,40(05):175—176.

[4] 康妍妍.关联顺应视角下的博物馆解说词汉英翻译过程研究[J].商业文化(下半月),2011,(09):189—190.

[5] 杨婧、徐慧晶.浅谈博物馆文本翻译的特征与失误——以山西博物院为例[J].大众文艺,2012,(15):217—218.

[6] 孙杭.语境顺应论视角下的博物馆文献英汉翻译探析——以英国博物馆认证制度文本为例[J].长沙铁道学院学报(社会科学版),2013,14(02):178—179.

[7] 马晓辉.从关联理论视角看信阳博物馆公示语的英译[J].潍坊工程职业学院学报,2015,(09):76—79.

中国无声电影中字幕翻译与都市文本的互动
——以《神女》为例

张璐璐

摘　要：随着全球化的加强，电影这一传播工具成为文化交流的重要手段和工具，中国早期无声电影便成为外国影坛了解中国电影的一种重要手段和方式。30年代的中国无声电影单靠演员的表演与画面的转切进行叙事，而电影的传播主要通过中英文字幕翻译完成。本文将分析1934年中国无声电影《神女》中中英文字幕的翻译，分析早期无声电影中字幕翻译的多种特征与功用，认为中英文字幕翻译对当时上海这一都市的文化背景起到了补充与说明的作用，在其成为都市文本的阐释场域的同时，也完成了跨文化传播的使命。

关键词：都市文化　无声电影　字幕翻译　文化传播

　　1934年，中国联华影业公司出品的无声故事片《神女》，被认为是无声片的巅峰之作与阮玲玉表演艺术的巅峰之作。该片曾在2003年在美国以DVD的方式上映，美国版经过认真的数字化修复，DVD画质较VHS画质有了脱胎换骨的变化，此外由作曲家配上了适合剧情的音乐以适应现代观众的口味。2011年，第六届巴黎中国电影节上，"法国作曲家还为中国已逝默片影后，被外国人誉为'东方玛丽莲·梦露'的阮玲玉主演的老电影《神女》谱曲，并现场配乐。"①从这可以看出，1934年上海无声电影的经典作品《神女》在国内外影坛上都具有一定的影响力。

---

　　① 吴亚雄：巴黎中国电影节将开幕，成就中国电影进欧洲旗舰[EB/OL]. http：// ent. people. com. cn/GB/81372/15649380. html.

不少学者将 30 年代的上海强调为"摩登",即来自于英文单词"Modern"。之所以说上海具有摩登色彩,原因在于:首先,各种具有消费观念的元素涌入,从商业广告到电影行销,与当下的消费观念如出一辙;其次,对身体的消费,尤其是女明星的身体消费突出,女明星身上所具有的摩登特征使得上海都市的现代性体征愈发明显。著名学者李欧梵就曾指出:"女性身体的'地貌',现实了一幅非常特殊的'景观',其中积聚着大量的'力比多能量'。里面的每一个'景点'都得到精细的刻画,以激人观赏和诠释。"①也就是说,女性的身体可以成为一种文化景观得以呈现。尤其是在 20 世纪 30 年代的都市上海,女性身体的现代性特质配合上海独特的都市图景,完成了丰富多样的文化书写。正如米莲姆·布拉图·汉森所说,"如同其他国家的无声电影一样(俄国、斯堪的那维亚、德国、法国),现代性的矛盾透过女性的形象得到演绎,并常常具体体现在这些女性的身体上。她试图在这些矛盾中过活,却往往失败,在电影终结时沦为一具尸首。如同 19 世纪的西方文学传统那样,妇女既是都市现代性的寓言,也是它的转喻(metonymies)。"②

一、从字幕到形象:人物形象的都市化书写

对于不了解中国历史与文化内涵的广大国外观众来说,无声电影单靠演员的表演与蒙太奇效果的转切是很难在内心世界达到共鸣与启发的。就算是作为一个中国观众而言,如若没有字幕的解释说明,也会在观影中产生一定的障碍。因而,30 年代的上海无声电影中,字幕就成为诸多影片主要使用的电影表达手段。无声的影像通过字幕的运用,使得影片焕发出另一番味道。字幕更像是电影剧本的直观视觉呈现。当剧本这一文本方式被搬上荧幕,成为字幕,其对影片故事的内容的说明补充、传达影片信息以及增加信息量来弥补

---

① 李欧梵:《上海摩登:一种新都市文化在中国(1930—1945)》,人民文学出版社 2010 年版,第 218 页。

② [美]米莲姆·布拉图·汉森:《堕落女性,冉升明星,新的视野:试论作为白话现代主义的上海无声电影》,包卫红译,《当代电影》,2004 年第 1 期,第 48 页。

无声电影表现力的作用便显露出来。与此同时,字幕亦对人物形象的塑造起到了说明与强化的作用。

(一)字幕对人物形象的文本建构

作为 30 年代上海无声电影的代表之作《神女》,观众不仅可以从这部独具异彩的影片中了解 30 年代妇女的不幸遭遇,而且可以发现字幕的神奇功用。影片一开始,一段字幕直接说明了影片的主要故事,为后来的故事发展奠定了基础:

神女——挣扎在生活的旋涡里。在夜之街头,她是一个低贱的神女。当她怀抱起她的孩子,她是一个圣洁的母亲。在两重生活里,她显示了伟大的人格。

与之将对应的英文:

The Goddess... struggling in life's turmoil... on the street, she's just a lowly prostitute... but when she picks up her son in her arms, she becomes a loving mother. In the midst of her two lives, she shows her great humanity.

我们能发现其中"struggling"在英文中译为"搏斗、奋斗",这一单词将中文的"挣扎"表达出来,而这一单词包含的意义多样,打破了中文词汇"形象化"的局限,虽然中文中有关"挣扎"的词语也很多,但当"struggle"有了"-ing"的变形之后,那种"挣扎"的动态表征便生活起来;"prostitute"不同于中文翻译的"神女",但其实又有着相同之处:一方面,英文翻译中可被译为"妓女、卖淫者、出卖贞操的人",很显然,英文显得相当直白,而"神女"更加适应中国人的文化理解;另一方面,影片的片名取自晚唐李商隐诗"神女生涯原是梦",此"神女"即暗指妓女,"与西方的女神是类似的,女神原初的含义不是说对女人多么敬仰,而是对女人用心不专、乱投男人怀的总结,但并不是所有的女人都用女神来形容,只有那些从事妓女职业的女人有这个共同的特征。"[1]朱丽娅·克里斯蒂娃在《符号学》一书中提出:"任何作品的本文都像许多行文的镶嵌品那样构成的,任何本文都是其他本

---

[1]　摘自百度百科 http://baike.baidu.com/view/21389.htm。

文的吸收和转化。"①笔者在这里提出的"反互文性"的观念基于此认识,既然任何作品的文本都是其他文本的吸收和转化,那么在中英文的转化过程中,丧失了"吸收和转化"之后的文本呈现出的便是一种"反"互文性的状态。"loving"是具有"反互文性"意义的词汇,"loving"译为"可爱的,亲爱的",妓女本身作为社会底层的最被人贬低的群体,实际上无法与"圣洁"沾边,与之后文本中母亲形象的"伟大的人格"相去甚远,中文翻译中的"圣洁"一词与"loving"这一单词原本的解释"可爱的,亲爱的"有所区别,这种"反"互文性表现凸显。通过中英文词语的互文性与反互文性的表现中,这一女性形象的矛盾特质被表现凸出,一方面是作为母亲,一方面又是作为妓女。另外,一个英文单词可以涵盖多重的内涵,中文的局限性就比较明显,英文词汇涉及的时态变化也让单词本身的形象感增强,这是中文词汇难以达到的,中文的"正在"一词便不会像"-ing"这样的后缀变化来得鲜明。不同的是,中国人深受传统文化影响,对于"神女"实则是"妓女"的内涵理解难度不大,英文的"prostitute"的直白表达便显得有些生硬,"神女"则更为诗意。这也是中外观众不同的文化接受语境所引起。随后,"水瓶已经灌好了,请你当心他醒来的时候"、"想不到她还有那么一个孩子"这些中英文字幕已然让观众了解阮玲玉饰演的这一女性的双重身份与其生活的时代背景。

这一双重身份的女性个体形象,以及中英文翻译体现出的"反互文性",似乎也与现实社会的女性个体,尤其是 30 年代的女明星的多重身份形成呼应,因为不少女性在步入影坛前,其社会关系复杂而多变。"对大多数中国人而言,在这个时期,男女公开社交还是部分人士的'专利',出入社交场的人都是时髦人士,有漂亮的交际花、有富人家出身的阔太太、名媛、生意场上的大老板、公子哥、还有风尘女子。当摄影机成为时髦人士的新鲜玩意儿后,不久电影明星也成了众人仰望的偶像,爱出风头的社交名媛们纷纷进入影视圈,社交场成

---

① ［法］朱丽娅·克里斯蒂娃:《符号学:意义分析研究》[A].朱立元:现代西方美学史[C].上海:上海文艺出版社 1993 年版,第 947 页。

了进入影视界的捷径,他们中很多人后来成了明星"。① 这些女明星身份的多样,逐渐演变成大众媒体中不断被作为"戏谑"的对象,比如女演员行踪、婚嫁之事,或与某社会高层暧昧不明的关系等,都成为当时媒体的兴趣所在,其中尤以《北洋画报》对戏剧界女演员的私生活报导最为频繁。另外,1932 年 6 月创刊的《银幕与摩登》发了多篇文章批判电影明星的不良作风;《银画》周刊描写电影明星的婚恋生活,注重内容上的"艳趣";所谓"和各大明星俱有往来"的编者发表于《影星生活集》上所撰写的介绍明星的文字;甚至还有相关杂志邀请明星本人写稿。从这些报纸杂志能够看出,社会舆论在某种程度上说,对女演员的总体印象产生了深刻的影响。这其实也成为都市文化图景中,最为独特的表现形式。综上所述,从娼妓到母亲,通过中英文字幕的互文与反互文书写,影片《神女》完成了具有时代特质的都市文本的建构,也从侧面反映出 30 年代都市上海的文化特征。

(二) 字幕对角色心理的文本呈现

电影为了剧情发展使用字幕,还会通过字幕的提示来揭示人物的心理活动。上海无声电影中,这些演员虽然在表演中进行了说话,但是观众是听不到的,只能通过肢体、脸部表情以及上下片段来进行揣测,然而,这也无法完整领会其真正的内容与主旨。

《神女》中的阮玲玉扮演的是一个有着双重身份的底层女性,在家里,她是一个母亲,在社会上,她是一个妓女——这一复杂的社会身份有着复杂的心理。除了最后阮玲玉饰演的妓女将霸占她的流氓用酒瓶打死这一具有暴力视觉冲击的画面,并没有太多冲击力的画面语言,心理的描画没有了有声旁白的加入,不仅对演员的演技提出了挑战,而且对观众理解导演的创作意图提出了要求。于是,主人公复杂的内心世界便通过镜头中切换入字幕得以呈现。例如,在中文字幕中提到:她的孩子被人骂贱种,刺痛了她的心,使她感到有使孩子受教育的必要。然而,在英文翻译中,并没有提及"刺痛了她的

---

① 闫凯蕾:《明星和他的时代:民国电影史新探》,北京大学出版社 2010 年版,第 3 页。

心",原文如下:

Because her child was scorned by the other kids, she resolved that he would get an education.

可以看出中文到英文翻译的不同,英文相对言简意赅,而中文则较为详尽。但是,倘若阮玲玉没有通过精湛的演技将她内心世界的痛苦表现出来,那么这一段英文翻译则很难让国外观众感同身受。不论是中文的详尽,抑或英文的简练,字幕的提示确实能让观众真切地看到兼具"无私母亲"与"卑贱妓女"双重身份的女主人公的崇高形象。通过文本来描画心理,直观地表现出女主角的心路历程。

当女主角与自己的儿子想要逃跑却又被抓回后,吴永刚导演用了一个意象镜头——让摄影师洪伟烈从流氓的胯下拍女主角恐惧、悲愤的表情,这一独特的艺术手法可以说是中国电影中的第一次,将流氓的横行霸道和旧社会的暗无天日凸显出来,在这段之后的字幕不仅是画面的补充说明,而且刻画出女主人公内心世界的复杂:

她只得重新跳进老大的掌心,一天,一天,孩子渐渐长大了,更增加了做母亲的忧虑。

She has no choice but to fall again into the boss' clutches. Meanwhile, her boy grows older day by day—her only consolation as a mother.

英文并没有强调出"做母亲的忧虑"这句中文字幕,而是强调"consolation"(慰藉,安慰)。但是,"忧虑"与"慰藉"其实都属于心理的描写。在这里,英文的翻译多了些许主观成分,应该是翻译的人本身的一种情绪带动:作为一个母亲,对于自己孩子的长大,更多的是一种心理上的满足——慰藉、安慰。原版的中文字幕则更加带动剧情的发展需要,为其后女主角将钱偷偷藏匿于墙砖内与对自己的孩子遭遇歧视做好铺垫。影片中,有几个镜头强烈地表现出女主角对旧社会不公正现象的愤恨与不满——当校长来到母子俩的住所,说出实情后,女主角纠结地说出了真相:

"不错,我的确是像他们所说的,我为了要吃饭,我不要脸的活着,都为的是这孩子,我爱他,他就是我的命……虽然是个下贱女人,不过我作了这孩子的母亲,难道我要他学好都不许吗?"女主角沉痛地疾呼:"我把卖身体来的钱给他读书,为的是要使他做一个好人,我的孩子为什么不配读书?"

通过字幕,观众不仅对故事本身有了进一步了解,而且对女主人公的内心世界的变化产生了强烈的共鸣,同时,影片也将这一社会底层妇女内心最为悲愤的怒喊淋漓尽致地表现了出来,这不仅是作为母亲为了自己的孩子争取权利的呼唤,也是身为妓女不堪忍辱负重的求救。于是便有了以下的英文翻译,如若翻译有问题,便会影响国外观众的理解:

Yes, you are right, but I did this to make a living to support my son. I know this is shameful! I love him, he is my life... even though I am a degenerate woman, don't I have the right as a mother to raise him as a good boy? I used the money I earned selling my body to support him in school. I want him to become a good person. Why do you deny my child the opportunity to get a good education?

单从英文角度来说,这一段确实清楚地表达出中文的表达意思。然而,相比较中文,英文显得相当的正式:"have the right"译为"有权利","deny"译为"否认"。如若将这段英文对白翻译为中文,则为"即使我是一个下贱的女人,但是难道我没有权利作为一个母亲去将他扶养成一个好的孩子?""为什么你要否认我的孩子有机会去接受一个好的教育?"相对于原版的中文对白,这就显得生硬许多,失去了口语的特点。从中可以看出,英文字幕的一些弊端,这也与中国人的翻译思维习惯有一定的关联,但是这些英文词汇,诸如"权利"(right)、"否认"(deny)等不像是一个没有文化的底层妓女能够说出的词汇。

于是,在原版中文字幕中,大多用比较生活化的语言——第一人称"我"开头的对白更加符合人的说话方式,极尽生活化与口语化。人物的言语(这里指字幕)要与人物的特定的身份统一起来,才能使得人物形象更加符合实际。

再回到当时社会语境中,知识分子、舆论机构与政治才足够有其

"权利"的阐释空间①,而作为社会底层的职业——娼妓,是完全无法得到"公正"的社会对待。也就是说,启蒙运动之后,社会阶层的"权利"书写依旧充满了悲剧色彩。《神女》中母亲深知"知识可改变命运"这一道理,为了能让孩子得到教育,不惜最后牺牲自我。其实,自五四运动以来,"启蒙"思想一直被电影这一媒介不断表现,通过具体的人物形象,深刻探讨"启蒙运动"带给当时社会以及个人的改变。知识与都市文化语境的结合完成了影片所要传达的终极议题:尽管"神女"是一个处于社会底层职业的都市女性,但是其思想的超前性才是影片所要宣扬的终极内核。

二、从传统到现代:字幕音律化、谚语
化与造型微变的都市化表达

不同于有声片,无声片中对于演唱的桥段也只有靠字幕提醒。虽然在《神女》中,我们能通过口型看出,小儿子所演唱的其中一首就是《卖报歌》②。在字幕提醒之下,观众看到的是:黎明叫,黄昏叫,黄昏叫的号外时报,大晚夜报。街头叫,巷口叫,街头叫卖力渐少,巷口叫来口更噪,家中父母老,终日无一饱。

可以看出,中文的歌曲(儿歌)为了达到良好的律动性,大多采取押韵、对仗等修辞手法:押韵的字几乎都在"ao"音上,另一首"年纪小轻轻,嗓子亮盈盈,早晨催破晓,晚上催月升"则采用了对仗修辞。押韵和对仗都是歌曲歌词常用的手法,不仅朗朗上口,而且更为符合歌曲演唱。当中文歌词被翻译为英文,大段的"-ing"后缀的使用,其实也是一种"押韵"方式:

---

①　这一空间在新记时期的《大公报》中最为明显:1926年,吴鼎昌、胡政之、张季鸾三人组成新记公司,接办大公报,《大公报》成为知识分子、舆论机构与政治权力合作的典范。媒体成为知识分子安身立命的重要空间,为他们提供了自我表达的平台;知识精英的加盟和参与,使媒体得以提高自己的公信力与权威性;政府当局则通过前两者获得了国策建议和某种程度上的合法性认同。转自乔傲龙:《媒体、权力、知识的合作——"新记"时期〈大公报〉的舆论生态与话语方式》,《新闻采编》2005年第2期,第19页。

②　1933年聂耳在上海联华影片公司工作时,结识了一位名叫"小毛头"的卖报女孩,"卖报童"的原型便是她。

The dawn is calling/The dusk is calling/The dusk is calling for a special edition/called the night is falling. The streets are ringing/the alleys are singing/the fishmongers' yells are fading/but the raucous is growing. /All I know is that my mom and dad are so old. /They work all day but still hold an empty rice bowl.

另外，"年纪小轻轻，嗓子亮盈盈，早晨催破晓，晚上催月升"这一句翻译成英文后，并没有中文对仗的那么优美，英文则缺失了美感：

At a tender young age/the voice is full and bright/the remains of the morning/crumble away the moonlight.

不过，"crumble away"这个词组的使用为英文增色不少，上文也有论述过，英文中带有明显动态的词组与时态也是中文所难以达到的地方。可以肯定的是，中文与英文字幕仍对影片起到了很好的叙事作用，为了在无声片中"歌唱"，字幕的音律化并不可少，甚至起到了关键的作用。放置到都市文化中，音律化的表现更加能够凸显具有日常都市特质的文化层面：通过《卖报歌》的无声演绎，建构了具有时代特征的文化社会的书写，更是一种特定都市文化背景的隐形写照，深刻地描述了旧社会中几乎所有身处底层的儿童的苦难生活及对光明的渴望。

除了音律化的表现，中国古谚语在影片中的运用也十分之巧妙。谚语，作为一种凝练的语言，广泛流传于各国的文字和日常交流中。在中国，博大精深的文化和悠久丰富的历史，更是孕育了大量的谚语。正如英国哲学家弗兰西斯·培根所说："谚语是一个民族'天才、机智和精神'的体现。"要把中国的文化介绍给世界，少了谚语则是难以弥补的缺憾。

在中英文的谚语翻译中，一般存在几种不同的方法：等值译法、直译法、意译法、直意结合法、加减译法。这些译法其实与不同的文化习惯、地域差异、宗教信仰等有直接的关系，如汉谚中"不到长城非好汉"，可以看出汉谚中用到了某些特定地域的事物；"狗"在中外文化传统中的价值观念不同，在中国的"狗嘴里吐不出象牙"带有贬义，而在外国"Love me, love my dog"（爱屋及乌）则是褒义；又如，汉谚中有"酒肉穿肠过，佛祖心中留"、"不看僧面看佛面"等都是佛教中特有的事物,在英语谚语中则会出现"Man proposes, God dispose"(谋事在人,成事在天)、"God helps those who help themselves"(上帝帮助自助之人),这些与宗教信仰问题有关。

在影片《神女》中,也有"谚语"的出现,如:

孙猴子的斛斗云,跳不出如来佛的掌心。

No matter how quickly the monkey flips, it can never break free from the huge monk's grip. (Old proverb)

这一句谚语则很好地体现了宗教信仰对中国谚语的影响,笔者也在前面论述过,中国谚语中有大多与佛教有关的谚语。而佛教起源于印度,汉唐期间传入中国至今已有一千多年的历史。"如来佛"与"孙猴子"的故事则取材于中国的四大名著《西游记》,这句谚语也将其中的相关情节进行了缩写,不理解中国文化与宗教的国外观众则很难理解。当这句谚语到了英文的翻译后,则发生了微妙的变化,外国人并不知道"如来佛"的概念,深受基督教影响的西方人对"God"(上帝)的概念十分明确,到英文中则出现了"monk"(僧侣,僧)。其实,这句谚语在英语谚语中是不存在的,为了加以区分,就在其后明确表明"Old proverb"(老谚语)。"谚语是民族语言的核心和精华,是语言中最富有民族文化特色的部分。英汉两语属不同语系,其谚语受各种文化的影响,存在着各方面的差异,各自的表达方式也不同"。[①] 而这一句谚语却将女主角生活的痛苦状况形象化,她确实难逃厄运的魔爪。借助具有中国传统特色的音律与谚语的表达,不仅体现出女性所受到的传统压迫的时代困境,也能够将上海这一座城市所具有的传统与现代的复杂特质表现得淋漓尽致。

在音律化与谚语化的表现同时,字幕的造型微变更是成为一种独特的都市文本的表现方式。《神女》中,字幕并不是采用同样的字体与大小,其构图、出现速度也是有变化的。视觉的效果不同,观感的情绪也会受其影响,这样一来,"能够达到叙事功能和美学意蕴的

---

① 朱乐红、陈可培:《英汉谚语文化差异与翻译策略》,《外语教学》,2000 年第 7 期,第 68 页。

高度融合"①,同时,也有助于烘托影片场景氛围,表达人物复杂的内心的世界。在茅盾的著名小说《子夜》的开头,就曾强调过视觉效果的突变造成的影响:"向西望,叫人猛一惊的,是高高地装在一所洋房顶上而且异常庞大的 NEON 电管广告,射出火一样的赤光和青磷似的绿焰:LIGHT,HEAT,POWER!"②所以,英文字母的造型的微变造成的视觉冲击力尤其明显,更是在具有都市现代性的上海(这个小说的背景城市)中达到极致。

在影片《神女》中,当女主角的情绪激动点到来之时,字幕的穿插与人物的表演紧密结合,语言较短的片段停留的时间缩短,字幕较多时,则稍微放缓,却也不会太慢,使得影片的节奏感加强,逼迫感加强,其中以女主角向校长据理力争为留孩子在学校继续上学那段字幕最为明显。同时,当人物情绪达到顶点时,字幕也会相应占据整个屏幕,以使在观众的视觉上造成压抑,情绪上也会产生波动。字幕可以成为视觉效果的一种方式,不论是它的大小、字体、构图或者其出现的速率等都会对观众的视觉产生功用。而这一造型的微变正迎合了 1930 年代上海这一国际都市摩登的文化写照,具有快速的、转瞬即逝的、耀眼的,甚至是扭曲的影像文本的表现,伴随着现代性的视觉体验,影片中的人物个体与字幕文本均极大地契合了其独特的都市文化。

遗憾的是,我们现如今看到的《神女》的大部分字幕是后期进行修复完成的,相应的会少了当时原版影片用字幕所要表达的情绪与用意。换言之,当中文被翻译为英文之后,几乎所有的英文字体都是同等大小,原来字幕美术师在制作字幕时的用意丧失了。不过,通过以上的分析,还是可以看出,字幕的微变对影片的节奏、观众的心理以及叙事影响巨大,也能够建构出一种独特的中国都市文化的文本想象。

---

① 杨渊:《浅谈字幕在民国电影中的功能——以〈神女〉为例》,《文学界》,2012 年第 8 期,第 251 页。

② 茅盾:《子夜》,香港南国出版社 1973 年版,第 1 页。

三、中英文字幕的跨文化传播

（一）中英文字幕翻译的重要性

　　字幕对无声电影具有叙事承接功能，对影片剧情的结构构建起到至关重要的作用。《神女》中，字幕贯穿于整个影片，影片中按先后顺序出现的字幕："从此以后，她被老大视为占有品"，"她只得重新跳进老大的掌心"，"一天，一天，孩子渐渐长大了，更增加了做母亲的忧虑"等等，这些字幕排序起来也会便于观众的理解，对于没看过《神女》的人来说，这些字幕成为了解影片来龙去脉的关键。根据这些简短句子之间的语义内在联系，想象出一个大致与《神女》剧情发展类似的故事。在英文中，这一叙事承接的功能同样适用。

　　随着全球化进程的不断深化，电影作品作为一种重要的文化传媒手段，在跨文化传播和文化交流中的作用不断突显。笔者在上文已将《神女》中有关的中英文字幕进行了比照与分析，谈及了中英文字幕的主要功用以及对中外观众观影的影响，同样也适用于其他无声电影。

　　字幕的中英文翻译可视为一种跨文化交际活动，"不仅仅是不同语言符号之间的转化，而且是对外来文化的阐释和移植过程。"①虽然有人评论说：《神女》这部影片"把镜头和蒙太奇的表现功能、抒情功能融合于再现功能、叙事功能之中，在镜头的调度、镜头的分切与组合上，以准确地再现人物动作和心理为原则，不追求具有强烈表现色彩的造型效果和蒙太奇效果，可以说是这部影片镜头和蒙太奇构成的特点"②，但是，对于默片来说，字幕的功用却显得特别明显，甚至可以作为影片的关键元素。因为没有字幕，无声电影想要表达的多重内涵则很难被体现。也就是说，《神女》缺失了字幕，单靠镜头和蒙太奇很难达到作品内容的高度统一。

　　这就对翻译提出了严格的要求，著名翻译家奈达曾指出：翻译

---

① 覃薇：《英文电影字幕翻译的跨文化审视》，《芒种》，2012年第17期，第158页。
② 中华读书报：《神女：默片的现实主义佳作》，2005年9月28日第5版。

是两种文化之间的交流。由于中西文化差异的存在,英文电影字幕必须从跨文化的角度进行审视。对于中外观众而言,字幕在默片中的意义非同一般,这就需要翻译人员跨越语言和文化的双重障碍。

(二) 理解默片的点睛之笔

作为大众传播的重要方式,电影已然成为跨文化传播的重要桥梁,成为一个国家的文化软实力。中英文字幕的成功转换是中国电影走向世界得以顺利传达的工具与手段。在字幕中,尤其对于中国无声电影来说,观众可以看出导演的创作意图与表达的想法,因此,在对字幕进行中英文翻译时要结合影片的特征,不论是汉翻英,抑或英翻汉,需要考虑多方面、多角度的文化差异,以有效传达影片的主要信息与提高电影的观赏性。

当中国电影走向世界,尤其是中国的无声电影,中英文字幕的表达(侧重于英文)对中国电影中的文化意义发生至关重要的影响。字幕作为文本,当被带到国外后,翻译成的英文都会被国外翻译者的语言符号、风俗习惯、生活方式到深层的审美取向、价值观念、情感定式、思维方式所影响。"这些基本内容的不同,形成了色彩各异的不同文化类型或文本表述方式。"①可以肯定,默片的无声镜头与字幕文本的结合构成了影片重要的视听元素,决定着观众的观影效果以及电影本身传达的内容与主题,并且能够更好地了解当时都市文化的时代特质以产生共鸣。

影片《神女》是中国默片的巅峰之作,影片中"救救孩子"式的呼声始终贯穿于全片,虽无声,却震耳欲聋。不仅是因为整部影片有优秀的画面、摄影与演员的演技等这些电影镜头语言,而且与字幕的准确表达有着密不可分的关联,这正是理解默片的点睛之笔。

参考文献:

[1] 吴亚雄.巴黎中国电影节将开幕,成就中国电影进欧洲旗舰[EB/OL],

---

① 赖彦、蔡荣寿:《跨文化传播中文本意义的文化阐释》,《江西社会科学》,2008 年第 3 期,第 236 页。

http：//ent. people. com. cn/GB/81372/15649380. html.

［2］朱乐红、陈可培. 英汉谚语文化差异与翻译策略[J]. 外语教学，2000(7).

［3］杨渊. 浅谈字幕在民国电影中的功能——以《神女》为例[J]. 文学界，2012
(8).

［4］覃薇. 英文电影字幕翻译的跨文化审视[J]. 芒种，2012(17).

［5］赖彦、蔡荣寿. 跨文化传播中文本意义的文化阐释[J]. 江西社会科学，2008
(3).

［6］[美]米莲姆·布拉图·汉森. 堕落女性，冉升明星，新的视野：试论作为白
话现代主义的上海无声电影[J]. 包卫红译，当代电影，2004(1).

［7］孙绍谊. 想象的城市：文学、电影和视觉上海(1927—1937)[M]. 上海：复
旦大学出版社，2009.

［8］[美]张英进. 民国时期的上海电影与城市文化[M]. 苏涛译，北京：北京大
学出版社，2011.

［9］李欧梵. 上海摩登：一种新都市文化在中国(1930—1945)[M]，北京：人民
文学出版社，2010.

上海地铁公示语翻译与都市形象建构

张言琰

摘　要：随着上海与国际接轨的步伐加快，公示语翻译越来越受到重视。上海地铁作为上海都市形象的一个重要窗口，其公示语翻译的准确性、有效性不言而喻。本文将对上海地铁公示语翻译现状进行评析，探讨其对都市外观形象和内在精神的建构，并提出相关建议，力求为上海完善国际大都市建设做出一份贡献。

关键词：公示语翻译　上海地铁　都市形象

Abstract：With the accelerating pace of international integration in Shanghai, the translations of public signs have increasingly gained high regards. As an important window of Shanghai city image, the translations of public signs in Shanghai Metro emphasize accuracy and effectiveness. The paper analyzes the current situation of the translations of public signs in Shanghai Metro, discusses the constructions on outside appearance and inside spirit of Shanghai and proposes some suggestions in order to make contributions to improving the development of Shanghai International Metropolis.

Key words：the translations of public signs; Shanghai Metro; city image

一、引言

地铁作为上海这座国际大都市中载客量最大的交通工具之一，

为乘客的出行带来了便利,其中地铁公示语的作用不容小觑,而公示语翻译更是至关重要。前人曾对以往上海地铁公示语翻译的情况进行分析,指出其不足。随着时代背景的不同,上海地铁公示语翻译面临新问题、新考验,也对上海都市形象产生了深远的影响。笔者通过对上海地铁公示语翻译现状进行实地调查并分析总结,提出建议,同时结合实际,剖析其对上海都市形象的建构。

二、地铁公示语概况

(一) 地铁公示语分类

地铁公示语是一种较为常见的公示语,对乘客的出行起着重要的作用,其目的在于给乘客提供指示、警示或指令。因此,地铁公示语通常可分为指示性公示语、警示性公示语和指令性公示语。

1. 指示性公示语

指示性公示语的主要功能是传达指示、提示信息。(王芹、左伟,2013:23)地铁公示语所提示的信息包括向乘客指明现在所在的位置及前进的方向等,这些信息通常可见于地铁出入口、站台醒目位置,字体较大,颜色鲜明,给予乘客明确的指示。其英译通常采用名词或名词短语来表示名称和功能。如:

(表一)

中文公示语	英语译文
桂林公园站	Guilin Park Station
10 号线	Line 10
售票处	Tickets
服务中心	Service Center
安全检查	Security Check
无障碍电梯	Accessible Elevator
紧急出口	Emergency Exit

2. 警示性公示语

警示性公示语主要起到提醒功能,目的在于引起公众对安全、健康、财产的注意。(王芹、左伟,2013:23)地铁公示语中的警示信息通常可见于地铁玻璃门、车厢内部、自动扶梯侧边等。其英译一般以"Caution,Danger"等具有警示意义的词为开头,或采用"Do not"祈使句的结构,以及"No+动名词或名词"结构,指向性明确。在句中,一般采用实词首字母大写的方式,但有时也会通过所有字母大写进行表达,以达到强烈的警示作用。例如:

(表二)

中文公示语	英语译文
禁止吸烟	No Smoking
请勿嬉戏	No Chasing
请勿逆行	One Way — No Return
小心站台间隙	Caution:Gap
乘客止步	Staff Only
小心碰头	LOOK OUT
紧握扶手	HOLD THE HANDRAIL

3. 指令性公示语

地铁的指令性公示语所传达的指令主要为乘客提供一些重要信息或关键步骤,对乘客进行引导。给出提示时,通常采用以"Please"开头的祈使句结构,语气较委婉;阐明步骤时,通常采用一般的祈使句结构,指令清晰,为乘客提供关键、有效的操作方法。具体举例如下:

(表三)

中文公示语	英语译文
请留意您需要换乘线路的首末班车时间,以免耽误您的出行。	Please pay close attention to the interchange schedule if you want to transfer to other lines.

（续表）

中文公示语	英语译文
往浦东国际机场的乘客，请在每日 22 点前在该站换乘 4 节编组车辆。	Passengers going to Pudong International Airport may transfer to 4-carriage train at this station (Guanglan Road) before 22：00 every day.
去除保护装置。	Remove the protective device.

（二）地铁公示语特点

地铁公示语是一种特殊的应用文体，是为了方便乘客而展示的文字，其功能在于传递各种有效信息。因此，必须在有限的空间内以恰当的语气表达出应有的内容。地铁公示语主要具有以下两个特点：

1. 简洁明了

由于表达空间有限，地铁公示语的有些标志还以图形或符号为主，这就要求语言必须简洁、直接。（王芹、左伟，2013：71）同样地，为了直截了当地传递信息，公示语翻译必须切中要害，省去不必要的修饰。对于指示性公示语，通常来说，其中文为名词结构，英译时一般也采用名词结构，则一目了然，如："自动售票机 Ticket Vending Machine"、"换乘路线 Interchange Line"。对于警示性公示语，为引起乘客的注意，一般采用"No＋动名词或名词"或以"Caution＋名词"的结构，如："小心地滑 Caution：Wet Floor"以及"禁止乱扔杂物 No Littering"，无需复杂的句式结构，通过几个简短的单词，表达出了警示的含义。对于指令性公示语，尤其是传达关键步骤时，其英译一般采用简洁祈使句，避免乘客再花费大量的时间去理解某一操作步骤，而是让乘客尽快读懂，以便在最短的时间内接收到最关键的信息，进行有效的操作。如："停车后开门。Open the door after the train stops."以简洁的用词告知了乘客进行紧急开门操作的步骤，以便在危急情况下进行快速操作，减少时间的消耗。

2. 语气得当

相同的文字，在不同的语境之中，语气的表达也会有所不同，需根据实际情况进行调整。地铁公示语的目的是为了让乘客明了相关的信息、提醒乘客注意保护自身安全或警示乘客以免出现某些不恰当的行为。因此，对于警示性公示语，为引起乘客的注意，需注意加强语气，例如："小心站台间隙"及"乘客止步"等。同样地，在地铁公示语的翻译中，也要注意语气的恰当使用，如："Caution：Gap"及"Staff Only"，在这些情况下，无需使用表示委婉的词语，否则会达不到效果。而对于指令性公示语的信息告知，可表达得含蓄、委婉一些，开头加上"Please"等礼貌用语，更易使乘客接受。比如："请留意您需要换乘线路的首末班车时间，以免耽误您的出行。Please pay close attention to the interchange schedule if you want to transfer to other lines."这句话的语气更类似于"温馨提示"，拉近了与乘客之间的距离感，也及时有效地告知了乘客相关信息。

三、上海地铁公示语翻译现状简析

笔者通过对上海地铁公示语翻译现状进行实地调查，发现其译文质量总体较高，但仍然存在一些问题。译文形象较好，得到了乘客的广泛好评。具体解析如下：

(一) 译文质量

1. 质量上乘的译文

通过对上海地铁公示语翻译的实地考察，可得知其名词性短语的翻译质量较高。

第一，纵观上海所有地铁线路的指示性公示语翻译，可发现其译文较为统一。如上文(表一)所示，各条线路均采用了这样的翻译，并无异议。主要源于其中文本身，一般都是名词短语，在英语中也容易找到对应的翻译，无需采用句法结构，只需通过名词短语的方式进行翻译即可。其中，也并未涉及到复杂或是有争议的单词，不会引起歧义。例如，"紧急出口 Emergency Exit"、"服务中心 Service Center"，意思表达明确,一目了然。

第二,对于警示性公示语,涉及到名词性短语的翻译,如表二中所示,均为较好的译文。例如"No Smoking","No Chasing"等,语气强烈,简明有力,起到了很好的警示作用。这些公示语的翻译在英语中较为常见,一般采用固定的翻译方法即可,对于乘客来说,得到的警示信息也非常清晰。

2. 翻译中存在的问题

上海地铁公示语翻译中的名词性短语翻译规范易懂,但其他类型的翻译仍然存在一定的问题,最为明显的是涉及部分句式翻译时,容易受到中文语法、不同语境等因素的影响,从而出现偏差。上海地铁公示语翻译的问题主要存在于两大方面:句式误用、翻译不统一。具体分析如下:

2.1 句式误用

首先,在上海地铁公示语翻译中,"Prohibited"使用的出现频率较高,最常见的出现于地铁屏蔽门处:禁止倚靠(Leaning on the Door Prohibited),其他可见于地铁入口处的标志:禁止携带易燃易爆物品(Carrying Flammable, Explosive Materials Prohibited)、禁止携带宠物(Carrying Pet Prohibited)等。"Prohibit"在牛津高阶英汉双解词典中的解释为"to stop something from being done or used especially by law"(尤指以法令)禁止。笔者对此进行分析:以禁止倚靠(Leaning on the Door Prohibited)为例,其中"Prohibited"以分词作后置定语,但"Prohibited"修饰的部分却易引起歧义,究竟是修饰前面的全部内容还是只修饰"Door"? 这句话可能会被理解为"倚靠在这扇禁止的门上"。作为公示语,这样的翻译显然是不妥当的。从语法角度上来说,中间加上谓语"is",即"Leaning on the Door Is Prohibited"则是正确的。但是,这种用法会略显得冗长,考虑到公示语简洁性的特点,应换一种表达方法。然而,"Leaning on the Door Prohibited"这种译文并没有出现在所有的地铁线路上,部分线路(1、2、3、10、11、16号线)上此句的翻译为"No Leaning"。"No+doing"是一种较为常见的公示语翻译方式。"No+doing"中的分词形式"doing"起到的是名词的作用,这种用法常在被禁止的行为无法用确切的名词表达时使用。大多数情况下,"No＋doing"只作为名词短语出现,不需要使用任何标点符号,表达的意思同样明确,语气依然强硬。(王颖、吕和发,2007：32)这里使用"No Leaning"是较为合适的译法。另外,若已有名词,可适用以下翻译方法：No＋名词/doing＋allowed,语气上更为强烈,强调 No 后的事物是绝对禁止的(王颖、吕和发,2007：32)。据此,前面所举的例子可改译如下：

中文公示语	原英语译文	建议修改的译文
禁止倚靠	Leaning on the Door Prohibited/No leaning	统一为"No Leaning"
禁止携带易燃易爆物品	Carrying Flammable, Explosive Materials Prohibited	No Flammable or Explosive Materials Allowed
禁止携带宠物	Carrying Pet Prohibited	No Pets Allowed

其次,在各地铁车厢内部紧急制动使用说明上方可见如下翻译：DANGEROUS DO NOT TOUCH! 此处是想警示乘客请勿擅自触碰紧急制动,所有字母大写,非常醒目。但"Dangerous"一词使用不当。在英语中,通常我们将"Danger"一词置于开头,构成方式为"Danger＋Sentence",所衔接的句子多为祈使句和否定句。另一种构成方式为"Danger＋adj./Noun",突出强调了事态的严重程度。(王颖、吕和发,2007：49)此处应改为"DANGER DO NOT TOUCH!",符合英语的表达习惯,读起来自然、流畅。

2.2　翻译不统一

据观察,在上海地铁公示语翻译中,有多处出现了翻译不统一的现象。作为一个完整的公共交通体系,其各线路上同一公示语的英语翻译应统一起来,才不会给乘客造成迷惑。另外,统一的公示语翻译会显示出强烈的整体性,而不是割裂的、零散的翻译。因此,将译文统一起来才能真正地方便乘客,给乘客留下舒适的印象。

第一,上文中已经提到,关于"Leaning on the Door Prohibited"及"No leaning"的译法应统一为"No Leaning"。此句的翻译在多条

线路上出现不统一，另外在地铁 10 号线上海图书馆站某一玻璃门上同时出现了"Leaning on the Door Prohibited"及"No leaning"两种翻译，无论出于什么原因将两种翻译同时罗列于此，都是不合适的。因此，将此句的翻译统一起来非常有必要。

第二，在地铁车厢内部的本线路图示最下方通常可见此句：末班车进站前三分钟停售该末班车车票。据观察，有以下两个版本的翻译：

1. Stop Selling Tickets at 3 Minutes before the Last Train Arrives.

2. No Tickets Sold 3 Minutes before the Last Train Arrives.

指示性公示语的目的是为了让乘客知晓相关的信息和所需要做的步骤，这句话是想告知乘客末班车进站前三分钟不再售票，请早做准备，以免错过末班车。而第一种翻译是以地铁工作人员的角度出发，告诉乘客"我们在末班车进站前三分钟不售票了"。应当注意的是，对于地铁公示语而言，其受众目标是乘客，因此应从乘客的角度出发，否则会给乘客造成错觉，究竟是谁售票？而第二种翻译方法就符合此要求，清晰明了地告诉乘客"在末班车进站前三分钟买不到票了"。可以见到，大部分地铁上的翻译都采用了第二种，但仍有小部分仍然使用第一种翻译。建议统一为"No Tickets Sold 3 Minutes before the Last Train Arrives"。

第三，位于地铁屏蔽门处的"当心夹手"也可以见到两种翻译：

1. Caution, Risk of Pinching Hands

2. Mind Your Hands

首先，第一种翻译采用了"Caution＋名词"的结构，进行了逐字翻译，虽说用法没有错，但意思表达过于直白，如同冷冰冰的说明性语言。对于这样一句公示语，翻译时首先应该考虑到其交际效果，传达出其文中蕴藏的那种情感的交际效果，不应按照中文思维"忠实"地逐字翻译。（曾志辉，2010：8）第二种翻译就显得较为简洁、也较为委婉，带有一定的感情色彩，让乘客感到温馨。建议统一为"Mind Your Hands"。

(二) 译文形象

上海地铁公示语译文的展现是极其重要的,并不是简单的摆设,因为它既代表了上海地铁的形象,更代表了上海的形象。

首先,译文要让人一目了然,字体大小适中,颜色鲜明。在上海地铁公示语的译文中,基本都做到了这一点。尤其是对于指示性公示语,一般在指示牌的中文下方都有一行对应的英语,位置统一,字体合适,清晰可见;颜色鲜明但不刺眼,具有视觉美感。以及其他类型的公示语,其对应的译文也位于原句的下方,方便易寻,指向性明确,为乘客省去不少麻烦。

其次,对于译文的写法,一般采用以不同形式大写字母,显得正规严肃。在上海地铁中,最常见的是所有实词首字母大写,其余小写,如江苏路站"JiangSu Road"、正常使用"In Service"。其次,另有一部分公示语译文以采用全部字母都大写的方式呈现,给人以正式、严肃、距离感,(吕和发、蒋璐,2011:246)主要适用于一些可能会产生危险、造成严重后果的警示语,如"当心碰头 LOOK OUT"、"紧急开门操作 EMERGENCY DOOR RELEASE"。

译文形象的清晰明朗不仅给乘客带来便利,也给乘客留下了良好的印象,对这座城市的好感大大增加,为这座城市带来许多积极的影响。

四、上海地铁公示语翻译对都市形象的建构

(一) 上海都市形象简述

都市形象,从内涵上说应灌注深刻的历史底蕴与现代意义,并焕发出一定的思想境界与精神力量;从表现上说应具有容易感受的实物载体与展示方式,并在不同程度上带有感情色彩与审美价值。(陈超南、刘天华等,2008:13)

上海是一座具有历史底蕴的港口城市,具有超群的政治、经济、科技实力,也是一座有着全球性影响的国际一流都市。上海的2020年愿景是要基本实现"四个中心"的目标,并建成国际大都市。(庄德林、陈信康,2010:20)上海的都市形象体现于多个方面,不仅展示于

各个景点、建筑物、广告牌等大型的、外在的方面,也与点滴的小细节息息相关,即使是地铁里一句简短的英语,也时刻代表着上海的形象。都市形象的展现也不仅于此,更包含于都市的内涵精神。每个角落、每个时刻,上海都在展示它的形象。这是一个动态的过程,上海从不会疏忽,更不会倒退,只会不断地前行,因为上海一直都在以更好的姿态、张开双臂迎接来自世界各国的朋友。

(二)上海地铁公示语翻译对上海都市外观形象的建构

上海是一座充满机遇和挑战的新型国际大都市,每天都有无数外国学者和友人慕名而来。公示语翻译对上海来说是最为直接的"门面",代表了其形象,更凸显了其内涵。上海地铁是联系这座城市东西南北的重要交通纽带,每日承载着上千万客流。作为与上海都市形象息息相关的一个重要方面,上海地铁公示语翻译的展示至关重要。

首先,地铁上各个指示牌、公示语及其译文随处可见,为乘客提供了极大的便利。地铁公示语译文包含许多内容,各个单句看起来零散,却都属于一个不可分割的整体。公示语的展示很大程度上代表着这座城市的形象,因为公示语译文是最直接的、容易给别人留下第一印象的内容,而第一印象的好坏又是初来乍到的人们评判这座城市的关键因素,也关系着他们影响别人对这座城市产生的印象。

其次,优质的地铁公示语翻译起到了美化城市形象的作用。上海是一座国际大都市,每天来到这里的外国友人不计其数,因此双语公示语的存在展现了这座城市对外国友人的欢迎。上海地铁公示语翻译周到细致,不仅译文的质量较高,标志也清晰,字体大小适中,布局合理,美化了外在的形象,让人看得舒心、暖心、温馨。另外,好的译文会让人觉得这座城市的态度真诚、严谨,发自内心对这座城市产生好感,在心中树立起了对上海的美好印象。

前面已经提到,关于公示语翻译对外展示的形象,从其可见性角度来说,已经做到了让乘客得到清晰的指示、警示和指令,给乘客带来了便利。事实上,上海地铁公示语的翻译基本已经达到了指向性明确、清晰易寻的要求。然而，据研究发现，仍有一部分翻译并不完美。通过调查得知，外国友人认为有一部分译文并不完全妥当，但通过图标也能推测出其含义。虽然这样并不影响公示语的理解，但对于上海这样一座国际大都市来说，要注意其国际影响力，便要以最好的姿态展现给外国友人，也能更加美化都市外在形象。所以对于一些需要修正或统一的译文，必须予以高度重视。

(三) 上海地铁公示语翻译对上海都市内在精神的建构

上海都市精神凸显于多个方面，不仅体现于高楼林立的建筑物、和蔼友善的市民们、独具特色的上海文化，也展现于地铁公示语的翻译，虽然这仅仅是一个小部分，却深刻地体现出了上海都市精神的内涵。

海纳百川是上海都市精神的根本、前提，也是城市总体精神风貌。(陈超南、刘天华等，2008：216)上海不仅吸引和容纳更多的人才，也以更开阔的方式欢迎友人的到来。地铁公示语翻译的上乘翻译展现了上海以最诚挚的态度迎接每一位远道而来的客人。上海欢迎每一位来到这座城市的人，也愿意为每一个人提供服务和便利。上海从不排斥外来的文化，因为上海有一颗包容之心，希望容纳进越来越多的异国风情，产生火花，共同融合，让上海的都市形象美名远扬，也吸引越来越多的外国友人来到上海，感受到上海的热情，感受到上海的便捷服务，感受到上海美好的都市形象。

上海都市精神的核心在于与时俱进的精神。进入 21 世纪以来，上海的发展越来越迅速，各方面都走在前沿。其地铁公示语的翻译也改进了许多，由于文化背景的发展，逐渐摈弃、修正了一部分老、旧的说法。据了解，曾经有一句公示语为"非工作人员，请勿入内"，其翻译为"NO ADMITTANCE EXCETP FOR STAFFS"，现在已经修正为"乘客止步 Staff Only"。上海地铁公示语的翻译也取得了很多进步，但现在的翻译仍有需要改进的地方。这并不妨碍上海的一路前行，因为发展的本质是事物不断实现自身的"扬弃"，即向着更高的层次不断前进，只要勇于去改正、完善，那么上海一定会建立起更好的都市形象，也会发展的越来越蓬勃、越来越国际化。

五、结语

上海地铁发展迅速,其硬件设施带来了无尽的方便快捷,"软件"发展也紧随其后,其中公示语翻译起到了重要的作用。从其现状来看,注重了译文质量及译文形象等多方面的结合,但仍有瑕疵。上海作为一座全球性影响的国际一流都市,公示语翻译的优质性会带来巨大的影响,优质而又清晰的译文会给别人留下深刻的印象,也有利于上海都市形象的塑造。不仅如此,公示语翻译也渗透于上海都市的内在精神中。虽然公示语翻译只是上海千千万万个大方面中的一小部分,却是不容忽视的关键方面,必须高度重视。上海地铁公示语翻译提示我们,要想走好城市建设的每一步,必须把握所有的细节,才能促进城市更好地发展,以展现国际大都市的美好形象。

参考文献:

[1] 王芹、左伟. 公示语汉英翻译技巧与实例[M]. 四川:四川大学出版社,2013.

[2] 王颖、吕和发. 公示语汉英翻译[M]. 北京:中国对外翻译出版公司,2007.

[3] 曾志辉. 上海地铁公示语英译探析[J]. 中国轻工教育,2010,13(1).

[4] 吕和发、蒋璐. 公示语翻译[M]. 北京:外文出版社,2011.

[5] 陈超南、刘天华、姚全兴. 都市审美与上海形象[M]. 上海:上海社会科学院出版社,2008.

[6] 庄德林、陈信康. 2010年世博会与上海国际大都市形象塑造研究[J]. 城市发展研究,2010,17(4).

近代来华传教士译介小说中的城市孤儿研究

赵东旭

摘　要：近代西方来华传教士译介大量西方经典城市儿童小说,如关于伦敦孤儿的小说《贫女乐诗嘉》《安乐家》等作品。读者可以从中看到孤儿们悲惨的生存境遇,如物质生活的贫困和疾病的折磨,孤独的精神和内心世界,以及匮乏的受教育条件。从文本中人们也可以看到这些城市孤儿是如何被救赎的,有来自社会中成人对孤儿的关爱,如帮助孤儿改善贫乏的生活条件,也有大自然优美景色对孤儿孤独内心的重要影响。传教士译介的这些城市孤儿小说在当时社会产生重要影响,对于改善现实社会中儿童的物质和精神生活,以及受教育条件,促使新的儿童观和教育观出现,都有着不可或缺的作用。传教士译介的城市孤儿小说,对人们如何解决城市孤儿问题仍有着积极意义。

关键词：传教士　儿童小说　城市孤儿　社会影响　启示意义

Abstract：During the modern times, the western missionaries in China have translated a large number of western urban children's novels. For instance, there are some novels such as *Jessica's First Prayer*, *Home Sweet Home* and so on. From them readers can catch sight of the miserable living circumstances such as the material life of the poor and the torture of illness, lonely spirit and inner world, and lack of education. People can also see these city orphans are redeemed by which mode from the text such as the care about orphans from adults, helping orphans improve poor living conditions and the important influences about the lonely heart of orphans from the beautiful scenery of nature. These urban orphan novels translated by missionaries have also produced significant impacts in the society at that time. They have indispensable functions to improve the material and spiritual living conditions of children, and the education conditions in the realistic society, and prompt the emergence of new views on children and education. These urban orphan novels translated by missionaries still have positive significance for people to solve the problems of urban orphans now.

Key words：Missionaries　Children fiction　City orphan　Social influence　Enlightening significance

晚清民国时期,大量西方传教士来华,他们在传播基督教思想同时,也译介许多西方经典小说,其中包括一些描写城市孤儿的小说。这些小说生动地展现出城市孤儿悲惨的生活遭遇,如物质的贫困、孤独的精神和心灵世界,以及匮乏的受教育条件,同时读者也可以从中看到城市孤儿的救赎方式,有社会中成人对孤儿的关爱,乡村美丽自然风光对城市孤儿悲伤内心的抚慰,和宗教教育对孤儿深刻的人文关怀。传教士译介的城市孤儿小说,在当时社会也产生重要影响,改善了中国一些城市孤儿的物质和精神生存状况,以及受教育条件,也带来西方新的儿童观和教育观,意义深远。笔者希望通过对传教士译介小说中城市孤儿地研究,可以让更多人来关注城市中的孤儿,进而寻找解决城市孤儿问题的办法,为儿童和城市发展创造良好条件。

一、传教士译介小说中城市孤儿的悲惨遭遇

现实社会中城市孤儿的出现与工业革命有着密切联系。18 至 19 世纪中叶,工业革命在给英国带来物质繁荣,促使其成为日不落帝国同时,也带来一系列问题,如人口过快增长,社会贫富差距过大,城乡发展不平衡,治安形势严峻,环境污染等诸多弊病。尤其是工业化带动城市化,导致城市问题日益突出,最明显的便是这一时期出现

很多城市孤儿,他们无家可归,在街道中流浪,乞讨,沦为童工,①甚至盗窃犯。

正是在这一社会背景下,现实主义文学出现并得到发展,真实反映出当时社会状况,如 19 世纪的狄更斯、巴尔扎克、托尔斯泰、马克·吐温等作家,都用笔描写出自己生活的世界是什么样子。引人注意的是,这一时期也出现了一些关注儿童生存状况的作品,如《贫女勒诗嘉》《小公主》等儿童小说。这些小说详细描写了城市孤儿悲惨的生存处境,物质的贫困,精神和内心的孤独,以及匮乏的受教育条件,使读者对现实中的儿童生存状况也有了较为全面把握。晚清民国时期,大量西方传教士来华,他们的根本意图当然是传教,但这一过程中也翻译大量西方经典文学名著,其中城市儿童小说占据很大一部分比例。正是得益于这些传教士的译介,当时的中国社会才开始关注城市儿童,尤其是城市孤儿,从小说中的孤儿转向现实城市中的孤儿。

首先,传教士译介小说中城市孤儿的物质条件是匮乏的,也在一定程度上反映出现实社会中城市孤儿的生存境遇。美国公理会来华传教士佩森 1878 年在华译介儿童小说《贫女勒诗嘉》,②这部小说生动地表现出孤儿勒诗嘉贫困的物质生活条件。小说作者是英国维多利亚时期著名女作家何斯巴·斯特拉顿,塑造出勒诗嘉这一贫苦孤儿形象。勒诗嘉在小说中一出场就留给读者深刻印象:

> 至务一日,天落大雨,老林摊礼毛世毛生意。当老林著摊礼做代记时候,忽然仰起头,看摊干务二个目瞩,光单单金碌碌觑老林面礼一下,仅觑摊礼其饼一下,觑老林面礼一下,仅觑摊礼其饼一下,尽像开着笼里其老鼠饿剥死,尽去欲食一样。老林行近看真,见是一只约略十一、二岁尽吃亏其诸娘仔,面蔗㨃青,面瞩塔塔青,头发绞礼蒙罩一面,穿一件短衫手网都破去,故加胶

---

① [英]E. P. 汤普森:《英国工人阶级的形成》(上),钱乘旦译,译林出版社 2001 年版,第 381 页。

② 这部小说的原名叫《杰西卡的第一次祈祷》(*Jessica's First Prayer*),1867 年版。

礼也毛鞋,也毛袜。①

从译文中看到,勒诗嘉的生活条件极其贫寒艰苦,忍饥挨饿,面黄肌瘦,穿的衣服破破烂烂,连鞋子和袜子也没有,十分可怜,令人痛惜。小说中的勒诗嘉正是现实生活中贫苦孤儿的真实生活写照。19 世纪的伦敦在工业革命推动下逐步变为一座现代化城市,但同时也造成很多失业者和贫困人群,随处可见底层儿童在阴暗潮湿的街道上流浪、乞讨,甚至有的孩子会冻死街头,②还有的儿童最终成为小流放犯。③

其次,传教士译介小说中城市孤儿的精神和内心是孤独苦闷的。美国来华传教士亮乐月于 1914 年译介《小公主》,小说作者是美国作家伯内特夫人。小说描写了 19 世纪伦敦孤儿顾撒拉悲惨的生活状态,尤其是内心的孤独与苦闷。她本来是军官的女儿,衣食无忧,但是很不幸,家庭遭遇变故,沦为孤儿,还受到校长密明清等人欺负。内心苦闷的撒拉没有人可以倾诉,最后只能和心爱的玩具洋囡囡说话,甚至独自向镜子哭诉,以此缓解孤独:

> 撒拉进房坐下,亦不觉得苦,还是抱着洋囡囡和她亲嘴,并且说:"现在世上只有你是我的好朋友。"后来,又从箱子里面,找出一件小时穿的黑色绒衣来,穿在身上,作为孝服;又找出一条黑色丝带子来,扎在洋囡囡的腰上。自己拿镜子照照看,脸色灰白,眼眶较从前也大些,不像从前好看了。就自己对着镜子说:"从前我是学校中顶上一等的人,现在我是学校中顶下一等的人了,没有家可以回去,没有人可以依靠,只有这洋囡囡是我的亲

---

① [英]何斯巴·斯特拉顿:《贫女勒诗嘉》,佩森译,福州美华书局,1878 年,第 2—3 页。其中标点符号为笔者所加,由于该译本原文是福州方言,与现代汉语表习惯不太相同,因此此部分字词笔者略有调整。

② [英]埃德加·约翰逊:《狄更斯——他的悲剧与胜利》,林筠因、石幼珊译,天津人民出版社 1922 年版,第 246 页。

③ [意]艾格勒·贝奇、[法]多米尼克·朱利亚主编:《西方儿童史》(下卷:自 18 世纪迄今),卞晓平、申华明译,商务印书馆 2016 年版,第 207 页。

近人,同住在这个又破又斜的房子里。"①

此时撒拉内心非常痛苦,失去父亲,自己孤独地生活在学校中,没有亲人,也没有朋友,生存环境恶劣,令人怜悯。撒拉从中感受到人情冷暖,世态炎凉。撒拉的内心苦闷也是现实社会中城市孤儿的真实生存境遇。

第三,传教士译介小说中城市孤儿的受教育条件是匮乏的。很多城市孤儿连最基本的温饱问题都无法解决,教育对他们来说更是奢侈品。仍以《小公主》为例,撒拉在父亲去世之后,通过在学校打工勉强维持生存,很难像以前一样无忧无虑地学习,只能挤时间偷偷学习,还要忍受同学的冷嘲热讽。

> 撒拉天分聪明,虽然天天作奴仆的事,腾下工夫来总能读书,欲是学问往前进,比别的学生还要多些。他虽没有钱买书,别人所丢的旧书,或别人没有看过就丢的书,他都拾起来,晚上偷偷读读,所以他得益处很多。②

贫穷的撒拉没有钱买书,只能看旧书,而且还要晚上偷偷地读,可见撒拉求学的艰难,但即使这样,撒拉仍然坚持学习,并且取得很大进步。上文提到的贫女勒诗嘉也是这样,她几乎没有任何受教育机会,只能暗中跑到教堂跟着牧师学习。勒诗嘉从牧师布道中学到丰富知识,像干涸的土地吸收雨露一样充分汲取知识营养,在悲惨的现实生活中无法得到的快乐,就从学习中获得。

> 勒诗嘉转厝后,心里大思慕者礼拜堂其位处,时常纪念毛然,因此那等至每礼拜日,天寝寝暗时候,勒诗嘉就至礼拜堂边,躲旁僻其位处,等老林开门。连礼点灯时候,就闯入礼拜堂,仍

---

① 〔美〕步奈特夫人:《小公主》(第三版),亮乐月译、周徹朗述,上海广学会1933年版,第11页。
② 〔美〕步奈特夫人:《小公主》(第三版),亮乐月译、周徹朗述,上海广学会1933年版,第13页。

> 原屈着门后角，自想，那老林不欲我梨，冬那晓的我，已经都着只
> 块了，居多自想自好笑。过几礼拜，就能认的传道先生。①

在教堂听道成为勒诗嘉学习的唯一一机会，也是她最能感受到幸福时刻，勒诗嘉所面临的匮乏的受教育条件，也是现实中城市孤儿面临的困境。教育对于城市孤儿来说至关重要，是改变自身命运的关键途径。因此，人们要想办法让城市孤儿接受教育，培养他们的一技之长，从而得以在社会中生存。

法国学者埃斯卡皮的文学社会学观点认为，应该把文学看作社会的"事实"，把文学研究当成社会研究的组成部分，文学反映的正是社会真实状况。埃斯卡皮更感兴趣的是"社会中"的文学，而非"文学中"的社会。② 笔者在上面论述传教士译介小说中城市孤儿的悲惨生活处境，物质条件的贫困，精神和内心的孤独，受教育条件的匮乏，其实也是现实生活中城市孤儿的真实生存处境和写照。作者在小说中生动地描写出来，记录下城市孤儿的生存境遇，传教士译者将这些儿童小说译介到国内，也希望能够引起国人对城市孤儿的关注，通过小说了解城市孤儿的不幸遭遇，进而去关怀身边的孤儿，解决城市孤儿问题。

二、传教士译介小说中城市孤儿的救赎

传教士译介的小说中不仅描写了城市孤儿的悲惨遭遇，还包括这些城市孤儿是如何被救赎的。城市孤儿的遭遇是悲惨的，令人同情，同时，他们也在寻找救赎之路。这些救赎之路中，既有社会中的善良人士和一些机构对孤儿的救助，也有城市孤儿在美丽的乡村自然风光中得以缓解精神和内心的孤独与苦闷。值得注意的是，基督教在孤儿救赎过程中也起到至关重要作用，弥补了受教育条件不足，

---

① ［英］何斯巴·斯特拉顿：《贫女勒诗嘉》，佩森译，福州美华书局 1878 年版，第 14页。

② 方维规：《"文学社会学"的历史、理论和方法》，《社会科学论坛》，2010 年第 4 期，第 92 页。

使城市孤儿找到最终归属。

　　传教士译介小说中的城市孤儿得到社会中一些善良人士热心救助。《贫女勒诗嘉》中处于贫困中的伦敦孤儿勒诗嘉，得到善良的老林帮助，得以缓解生存危机。茶点摊的老板老林看到蓬头垢面，穿着破烂肮脏衣服的勒诗嘉，顿时心生怜悯，为勒诗嘉的贫困而产生同情之心，就慷慨地送给勒诗嘉一个茶饼，并且让已经冻得瑟瑟发抖的勒诗嘉到炉火前烤火取暖。老林对勒诗嘉非常关爱，还让她每周三到茶点摊吃免费早点。因此，每周三去老林茶点摊享用茶点，成为勒诗嘉人生当中最快乐日子，只有这时，勒诗嘉内心才是快乐的，才能感到幸福。勒诗嘉害热病时，老林亲自到家里看望她：

　　　　（老林）竟然看见勒诗嘉倒着楼角，破草苦礼，也毛被，那喇破衣裳遮礼，面蔗悔青。一看着但以理，就金金目，大欢喜讲："吓，但以理伊伯，汝是上帝叫汝梨么？"但以理就单个胶跪着草苦礼，牵伊手，摸伊额头，录伊头发，应勒诗嘉讲："正是。"勒诗嘉仅讲："但以理伊伯，上帝既然叫汝梨，务吩咐汝，共人家讲世毛话毛呢？"老林应讲："那上帝讲，我是喇大罪其人，因我爱惜些须能黯腐其线，比者极穷苦，毛人收留其诸娘仔故重。以前是上帝驶汝至人家摊礼，欲人家可怜汝一滴仔。"①

当可怜的勒诗嘉遭遇疾病折磨时，老林成为救赎她的重要力量，帮助她克服苦难，渡过难关，感受到来自人间的温暖和关怀。美国公理会来华传教士博美瑞 1882 年译介儿童小说《安乐家》，②由画图新报馆刊印，塑造出伦敦孤儿利斯第这一形象。小说中也提到当孤儿利斯

　　① ［英］何斯巴·斯特拉顿：《贫女勒诗嘉》，佩森译，福州美华书局 1878 年版，第 12 页。

　　② 《安乐家》(*Old Organ, or Home Sweet Home*)作者是英国的威尔通夫人（Amy Catherine Walton, 1849—1939），1875 年由伦敦圣教书会(London Religious Tract Society)出版，这部小说由于真实反映当时伦敦底层孤儿生活状况，在伦敦出版之后随即在英国受到普遍欢迎，成为维多利亚时代经典儿童读物。博美瑞(Mary Harriet Porter)还译介有《两可喻言》(*Parley the Porter*)和《除霸传》(*The Giant—Killer, or the Battle Which All Must Fight*)等儿童小说，其中尤以《安乐家》影响最大。

第害病躺在小阁楼上时,楼主白太太为他倒水喝,还为他请医生看病,顶着房客的压力保护利斯第。

> 又有一人和楼主说:"这孩子害热病,我们怕传染,不如把他辞出去。"客人散后,楼主去瞧利斯第,到底是病了不是。叫醒了他,他睁开眼不认得人,楼主没法子,抱他到楼底下的一间小堆房,让他自己住着,把他的铺盖搁在地板上,给他点儿水喝。究竟没撵出店去,就不算不怜悯他。那一天晚上,也请了一位施医的先生瞧他的病。①

在孤儿利斯第的生命紧要关头,善良的楼主白太太精心照料他,帮助他战胜病魔,最终痊愈,令人感动。实际上,现实生活中,伦敦有很多无家可归、颠沛流离的孤儿,倘若没有人来帮助他们,最终等待他们的往往是监狱,流放,甚至是死亡。② 社会中的一些人和慈善机构,收容所为帮助城市孤儿做出重要贡献,他们收留大量孤儿,成为城市孤儿救赎的重要力量。晚清民国时期天主教传教士在上海徐家汇设有土山湾孤儿院和弃婴堂,专门收留上海及周边的城市孤儿,在当时是救助上海孤儿不可忽视的力量,也是开先河之举,至今仍值得借鉴和学习。

优美的乡村自然风光在解决城市孤儿孤独和苦闷的精神和内心问题过程中,发挥重要作用,成为孤儿救赎的有效途径。传教士亮乐月等人 1911 年译述儿童小说《秘园》,作者是伯内特夫人,讲述了关于孤儿马利亚的故事。马利亚是一个很不幸的女孩,从小父母双亡,后来被送到伦敦附近的密斯卫城舅舅家,尽管从不缺衣少穿,她内心却感到孤独苦闷,因为她既没有任何亲人,也没有朋友可以倾诉。马利亚脾气变得越来越暴躁,常常对仆人胡乱发脾气,而且和仆人顶嘴吵架。一次偶然机会,马利亚听到舅舅家有一个秘密花园,但从来找不到在哪个地方,后来在知更鸟帮助下终于找到秘园,并且被秘园优

---

① [英]威尔通夫人:《安乐家》,博美瑞译,画图新报馆 1882 年版,第 32 页。
② 韦苇主编:《世界儿童文学史概述》,浙江少年儿童出版社 1986 年版,第 190 页。

美景色深深吸引,陶醉在自然界美丽花草树木当中。

> 马利亚拾视,乃一钥匙,不禁心中大喜,恐为园叟所见,急纳
> 于袋,奔往秘园门前。用此钥试启之,门顿开,既入,心中跳跃,
> 恐为人所见,即将门从内复合之。举首四顾,见此园极大,四围
> 绿树阴森,奇花异葩,满目辉映,中间一片平阳。绿草如茵,如铺
> 碎锦。有小径数条,或通亭台,或连池沼,亭畔假山耸立,起伏得
> 势,清溪环绕,一桥相通。溪外石狮石马,或立或卧,形状不一,
> 旁有一塚,塚面以磐石砌成,上列花盆若干,红线相间,殊甚悦
> 目。塚前豐碑耸峙,高约丈许。马利亚自言曰:"此园花木鲜妍,
> 不稍荒芜,池水清洁,毫无臭味。十载之中,岂真无入此耶。"①

在秘园优美的风景中,马利亚身心得到滋润,精神和内心逐渐变得不
再孤独苦闷,而是开朗乐观起来,心情越来越好,身心变得日益健康,
而且还主动和好朋友一起分享秘园的美丽景色。1890 年来华的美
国传教士狄珍珠译介的儿童小说《赫德的故事》,也描写了通过乡村
优美的自然风光来救赎处于孤独的精神和苦闷的内心世界中的孤
儿。《赫德的故事》作者是瑞士著名儿童文学作家史班烈,②主要讲述
孤儿赫德的不幸遭遇,给读者塑造出一个天真善良,纯洁友爱,热爱
大自然的儿童形象。和爷爷一起在阿尔卑斯山区生活的赫德,后来
被姨妈送到大城市凡克夫城曼先生家里,结果由于没有美丽的风景,
清新的空气,赫德内心变得忧郁起来,精神也很苦闷,一点儿也不
快乐:

> 又过了几个礼拜,赫德这时也不知道是在冬天呢？还是春
> 天呢？因为房子周围,终年没有劳动。有时虽然同克拉坐着车

---

① 〔美〕伯内特夫人:《秘园》,许之业、周兆桓、李冠芳译,《女铎报》,1918 年第 6 卷第
12 期,第 34 页。
② 史班烈(Johanna Spyri, 1827—1901)一生创作大量儿童小说,其中最著名的就是
《赫德的故事》,发表于 1880 年,塑造了赫德这个不朽的儿童形象,随后很快被译成 50 多种
语言和文字,在世界许多国家广为流传,影响很大。

出去,但不多时,克拉觉乏力,必须回来。所以只能在街上玩玩,
看见些房子和人,对于风景,离她们还很远呢。①

　　由于缺少乡村优美的自然风景,生活在大城市中的赫德内心深处并
不快乐,反而精神苦闷,显得很忧郁。后来在她重新回到阿尔卑斯山
区爷爷家时,心情才又变得开心起来,不再感到孤独。可见,乡村的
美丽风景对于城市孤儿摆脱苦闷的精神和心灵,有着重要意义。发
生在19世纪美国的"孤儿列车"事件便是现实中的例证,当时人们把
东部的城市孤儿运送到中西部,人们认为城市给孤儿带来的是灾难,
他们希望乡村的自然风光和生活条件可以帮助孤儿摆脱苦难。
　　宗教在城市孤儿救赎中也起到关键作用,弥补了城市孤儿受教
育条件的不足,也让他们找到归属感,这也是传教士译者所热衷的救
赎之路。就传教士译介的儿童小说来看,很多城市孤儿最终都走向
上帝怀抱,完成自身救赎,如《贫女勒诗嘉》中的伦敦孤儿勒诗嘉。前
文笔者已经描写过勒诗嘉的生活状况,她过着贫寒生活,还要遭受疾
病折磨,处境悲惨,但勒诗嘉非常喜欢去教堂听牧师布道,常常很早
就到教堂等着牧师前来讲道。这是贫女勒诗嘉受教育的唯一机会,
也是她逐渐走向上帝怀抱,获得宗教救赎的具体表现。自从勒诗嘉
听过牧师布道之后,内心变得更加善良,不再像以前那么悲伤,甚至
还通过实际行动感染身边的老林,使老林最终也信仰上帝。《安乐
家》中伦敦孤儿利斯第最终也走向宗教救赎之路。小说名字"安乐
家"本身就暗含天堂之意,利斯第寻找安乐家,即意味寻找天堂,寻找
宗教救赎之路。物质生活极端贫困的利斯第把寻找"安乐家",当成
自己获得救赎的唯一道路。

　　　　利斯第瞧着火说:"我母亲题(提)过说,有个天堂,是最好的
　　地方,他要家去。那临终时所唱的《安乐家》,我想就是天堂。"卓
　　飞说:"好是好,想我在那里什么都不熟悉,不知道那里的礼法规

_____

　　① [瑞士]史班烈:《赫德的故事》(第七版),狄珍珠译述,上海广学会1947年版,第
92页。

矩。"利斯第道："我曾听见说过，却也不甚详细。"①

　　伦敦孤儿利斯第把寻找天堂当成精神支柱，亲自到教堂去听牧师布道，慢慢对天堂熟悉起来，对上帝也了解得更加深入。利斯第内心变得更加充实，苦难生活在他心中没有像以前那么可怕了，因为在他信仰基督教之后，心中已经有上帝给予自己的力量。即使利斯第害热病，病得十分厉害时，也仍然没有忘记寻找天堂，上帝成为利斯第最大精神支柱，并帮助他战胜病魔，重新恢复健康。伦敦孤儿利斯第最终走向宗教救赎之路，并且逐渐从苦难生活中摆脱出来，慢慢凭着努力成为非常善良、受人尊敬的牧师，过上幸福生活。同样，传教士译介的儿童小说《秘园》和《赫德的故事》中的孤儿马利亚与赫德，最终也走向宗教救赎之路，开始信仰基督教，找到自己的归属，完成最终救赎。"爱"的精神及与之相关的人道主义精神是基督教精神的重要体现，②对于传教士译者来说，宗教救赎之路与他们传播基督教思想和观念是一致的，因此他们更加重视宗教救赎之路，希望中国的城市孤儿最终也能走上宗教救赎之路，进而接受和信仰基督教。朱维之曾说，基督教是快乐的宗教，时刻要存着感激、快乐的心情，③传教士译者也希望宗教救赎之路能够带给儿童快乐。

　　笔者在上面论述了传教士译介小说中城市孤儿不同的救赎之路，有社会机构和一些善良人士对孤儿的救助，也有乡村优美的自然风光对城市孤儿孤独和苦闷的精神与内心的缓释，还有宗教对城市孤儿深刻的人文关怀，这些对于今天人们救赎城市孤儿仍有着积极意义。作者希望通过小说创作记录城市孤儿的救赎之路，并引起社会关注，进而让人们在现实社会中付诸行动。同样，来华传教士译者也希望通过这些孤儿小说的译介，让中国社会关注城市孤儿，进而去救助他们。这也正如埃斯卡皮的文学社会学研究一样，强调文学的物质性一面，倾向于把文学作为一种"物质"，当做社会流通或运转中

---

① ［英］威尔通夫人：《安乐家》，博美瑞译，画图新报馆1882年版，第8页。
② 梁工：《基督教与文学》，宗教文化出版社2001年版，第440页。
③ 朱维之：《基督教与文学》，上海书店出版社1992年版，第83页。

的一个环节,起到相应作用。传教士译者把其译介的儿童小说作为传播媒介在社会中传播,进而引起社会关注,达到救助城市孤儿目的,发挥文学的社会影响功能,使这些小说真正作为社会运转的一环而存在。

三、传教士译介活动在中国社会的影响及其启示

传教士在华译介很多城市儿童小说,这些小说在当时得到广泛阅读和传播,在社会中产生广泛而深刻的影响,也给人们带来很多启示。传教士译介的儿童小说,对于改善现实社会中城市孤儿贫困的物质生活条件,起到重要作用,同时,对提高他们的受教育条件也很有帮助。这些儿童小说很多都是西方经典,包含着现代儿童观和教育观,逐渐随着译本传入国内,使当时中国社会对儿童有了全新认识。传教士的译介活动是中西文化交流重要组成部分,为其做出很大贡献,值得人们深思,进而去探究其中内涵。

传教士译介的儿童小说对改善现实生活中城市孤儿贫困的物质和孤独的精神生活条件,起到积极影响,促使越来越多的社会机构和人士参与到救助孤儿的行动中来。晚清民国时期,战争不断,导致社会动乱,很多难民无家可归,而且经济凋敝,无论城市,还是乡村,到处都可见逃难的人们,当然也包括大量儿童。以上海为例,据统计,晚清民国时期的上海棚户区非常多,100 户以上的棚户区就有 322 处,房屋 13 万间,18 万户,居住人数高达 100 万人。[①] 在这种恶劣的环境中,拥挤着大量底层人民,很多人在这种肮脏黑暗的环境中不幸去世。毫无疑问,城市孤儿成为其中最大受害者,现实社会中的孤儿和儿童小说中的贫女勒诗嘉,孤儿利斯第,以及顾撒拉一样,在城市街道中流浪,乞讨,常常贫病交加,冻死街头,或者在街头卖一些小东西勉强维持生存,还有孤儿被迫或者被骗进工厂打工,成为童工,受

---

① 上海市政协文史资料委员会编:《上海文史资料存稿汇编》(市政交通),上海古籍出版社 2001 年版,第 37 页。

到残酷压迫和剥削,甚至会惨死在工厂中。① 但是中国社会在传统上对儿童并不是特别重视,也没有特殊保护意识。传教士译介的儿童小说在社会上的广泛传播,使人们较为全面地了解城市孤儿贫困的物质生活状况,疾病对于孤儿的痛苦折磨,以及孤儿苦闷的精神和孤独的内心世界,使得人们开始关注城市孤儿问题并采取相应救助措施。天主教传教士在上海徐家汇创办的土山湾孤儿院,便是典型救助城市孤儿的事迹。土山湾孤儿院收留大量孤儿,还传授他们一定技艺,帮助孤儿在社会上独立生存下来,极大地改善了孤儿生活,促使他们身心健康成长。传教士还设有弃婴堂,专一收留被人抛弃的婴儿,并将他们抚养成人。这些举措在中国都是较早救助孤儿的行动,也使得越来越多的国人和社会机构帮助孤儿改善物质和精神生活条件,如成立一些慈善机构救助贫困孤儿。可见,传教士译介的城市孤儿小说在社会中的传播已经产生广泛而深刻的影响,促使现实社会中的机构和人士关注,并付诸行动去帮助城市孤儿改善贫困的物质和孤独的精神和内心生活条件,成为救助孤儿的重要力量。

　　传教士译介的城市孤儿小说对于改善孤儿受教育条件也起到积极作用,对晚清民国时期教育发展做出重要贡献。现实社会中的城市孤儿和传教士译介小说中的城市孤儿一样,受教育条件十分匮乏。传统中国社会对儿童受教育状况并没有给予足够重视,使得晚清民国时期儿童受教育状况十分糟糕,甚至连儿童读物都很少。传教士译介的西方经典儿童小说为城市孤儿提供了读物。一些来华传教士,如亮乐月积极在华兴办学校,曾在南京创办汇文女校,是典型新式学堂,所授课程主要根据西方学校的课程规定。亮乐月还曾组织学生在学校毕业典礼上,排演自己译介和改编的莎士比亚戏剧《剜肉记》②,轰动一时。她采用全新的西方办学理念,把自己译介的儿童小

---

①　上海这一时期的童工状况和英国工业革命时期伦敦的童工状况相近,生活状况都比较悲惨。施义慧老师曾在专著中对英国童工有详细描述,可以参考。详见施义慧:《童年的转型:19 世纪英国下层儿童生活史》,南京大学出版社 2012 年版。

②　亮乐月译介的《剜肉记》即莎士比亚的戏剧《威尼斯商人》,连载于 1914 年 9 月至 1915 年 11 月《女铎报》上,并且较早保留莎翁原作戏剧形式,并采用白话文翻译,影响很大。

说作为新式学堂教材使用,被称为"学堂小说"。在译介《小公主》时,亮乐月特意在正文前增加一回,表明其译述目的:

> 幸亏她的性情能够随着她的境遇改换,又能立一个大大的志向,不甘心久居人下,自起初到末了,坚固不改,所以她能收到苦尽甘来的效果,这真可以作贫穷人家孩子的榜样。我试把这女孩子的历史仔细译出,请诸位学童下了课无事的时候瞧瞧。①

可见,亮乐月译介儿童小说的直接目的便是为改善城市儿童的受教育条件,很具有针对性,希望儿童在阅读中学到知识和做人的道理,有所收获,取得进步。同时,传教士还创办众多儿童报刊,如美国北长老会传教士范约翰牧师在华创办第一份儿童报刊《小孩月报》,主要刊登地球说略,游历笔记,圣经古史和寓言故事等文章,深受儿童喜爱。英国伦敦会传教士韦廉臣在上海还创办《训蒙画报》,亮乐月1912年在上海创办《女铎报》,蒙特高马利夫人和璧宝特夫人1914年创办《福幼报》,这些报纸对改善晚清民国儿童受教育条件起到很大帮助作用。传教士在华译介儿童小说,创办新式学校和儿童报刊,对改善城市儿童受教育条件起到重要作用,开风气之先。受传教士译介的儿童小说影响,当时中国社会逐渐意识到改善儿童受教育条件重要性,一些有识之士纷纷投入到改善儿童受教育条件行动中去,他们也纷纷译介西方儿童小说,兴办新式学堂,创办儿童报刊,如梁启超等人创办《蒙学报》,这些活动对改善现实社会中城市儿童受教育条件,都产生积极影响。

　　传教士译介的城市儿童小说将西方全新的儿童观和教育观传入国内,对当时国人重新全面认识儿童有着重要启发意义。晚清民国之前,我国并没有现代意义上的儿童观和教育观,甚至对儿童的认识也不够全面,没有予以足够重视,关注度也不够。传教士译介的《贫女勒诗嘉》、《安乐家》、《小公主》等儿童小说在社会中得到阅读和传

---

① ［美］伯内特夫人:《小公主》(第三版),亮乐月译、周徹朗述,上海广学会1933年版,第2页。

播之后,人们才通过其中的儿童形象,例如贫女勒诗嘉、利斯第、顾撒拉、马利亚和赫德等儿童,慢慢开始关注现实社会中儿童的物质和精神生活状况,以及受教育条件。正是通过这些儿童小说,人们才逐渐认识到儿童不是可有可无的存在,也有自身独立主体性,并非成年人附庸,应该有其独立地位。儿童不仅仅属于父母和原生家庭,更是独立的生命主体,需要全社会的关照,有其尊严,权利和存在意义与价值,应该受到尊重,不能被忽视。他们具有独特的感受、思维和想象方式,体现出作为"人"的完整哲学意义。① 人们通过儿童小说认识到儿童和成人有很大不同,具有特殊的生理和心理特点与性情,应该按照儿童特点去对待他们,要给予儿童,尤其城市底层儿童应有关爱,提高儿童社会地位。通过传教士译介的儿童小说,人们对孤儿性情和品质有了更加深刻了解,也对其心理特征有了更加准确把握。

　　人们通过传教士译介的儿童小说,对儿童教育理念也有更加深刻认识,得到很大启发。读者意识到,对于那些精神和心里苦闷孤独的城市孤儿,仅仅丰富的物质条件并不能使他们感到快乐,更重要的是让儿童内心感到满足。此时,乡村优美的自然风景反而可以治愈孤儿内心的伤痛,这有点儿类似卢梭自然教育思想,顺应儿童天性,不能过度压抑他们。《赫德的故事》中的赫德就是这样,在阿尔卑斯山区反而要比在大城市中生活得更开心。同时,人们意识到,对于儿童的教育应该是全面的,不仅涉及知识层面,还包括身心健康,如《秘园》中的马利亚,还要注意锻炼身体,增强体质。可见,传教士译介的城市儿童小说把西方的儿童观和教育观传入国内,使当时社会中的人们对儿童有了更加深刻认识,有助于解决城市孤儿问题。

　　总的来看,晚清民国时期传教士译介的城市儿童小说在社会中产生了广泛而深刻影响,改善了城市孤儿贫困的物质和孤独苦闷的精神生活,以及受教育条件,也为中国社会传入新的儿童观和教育观,意义深远。这些儿童小说在社会中得到广泛阅读和传播,为儿童提供了读物,而且使社会对儿童有了全面认识与把握。传教士译介

_____

① 方卫平:《从"事件的历史"到"述说的历史"》,《南方文坛》,2012 年第 3 期,第 45 页。

的儿童小说在社会传播中产生重要影响,也使其价值得到进一步体现,正如文学社会学研究者埃斯卡皮所认为的,文学在社会的生产、流通和消费中可以发挥其更大价值。① 人们在研究这些儿童小说时,也应该把它们放在社会流通中去分析,思考它们在社会传播中所产生的具体影响,将其看作动态过程而非静态,进而得出更为深刻的认识。

结语

结构主义文学社会学研究者戈德曼认为,文学是社会历史结构的一部分,应该把文学放在社会历史大结构之下,透过文学视角去思考和探究社会历史问题。晚清民国时期传教士译介的儿童小说,便为人们认识当时的城市孤儿问题提供了很好的研究视角。从这些儿童小说中可以看到,城市孤儿的命运非常悲惨,他们物质条件贫乏,忍饥挨饿,还要遭受疾病折磨。其实,这些也是现实社会中城市孤儿的生存状况,传教士译者希望通过自己的译介活动,让社会中更多人来关注城市孤儿,进而想办法解决城市孤儿问题。小说中的城市孤儿主要有三条救赎之路,一些社会机构和善良人士对孤儿的救助,乡村优美自然风光对孤儿孤独苦闷的精神和心灵的抚慰,以及基督教对城市孤儿深刻的人文关怀。传教士译者也希望这些救赎之路,可以对城市孤儿的救赎提供一定帮助和启发。传教士译介的儿童小说在当时社会得到广泛阅读和传播,也产生深远影响。这些儿童小说对于改善现实社会中城市孤儿的物质和精神生活,起到积极作用,同时,也促进了城市孤儿受教育条件的改善,并且给当时社会带来西方新的儿童观和教育观,对于晚清民国教育发展也做出重要贡献,值得人们去发掘其价值。

参考文献:

[1] [英]E. P. 汤普森.英国工人阶级的形成(上)[M].钱乘旦译,南京:译林出

---

① 钱翰:《埃斯卡皮的文学社会学批评》,《法国研究》,2007 年第 3 期,第 5 页。

版社,2001.

[2]［英］何斯巴·斯特拉顿.贫女勒诗嘉[M].佩森译,福州:美华书局,1878.

[3]［英］埃德加·约翰逊.狄更斯——他的悲剧与胜利[M].林筠因、石幼珊译,天津:天津人民出版社,1922.

[4]［意］艾格勒·贝奇,[法]多米尼克·朱利亚主编.西方儿童史(下卷:自 18 世纪迄今)[M].卞晓平、申华明译,北京:商务印书馆,2016.

[5]［美］步奈特夫人.小公主(第三版)[M].亮乐月译、周徹朗述,上海:广学会,1933.

[6]方维规."文学社会学"的历史、理论和方法[J].社会科学论坛,2010,13 (4).

[7]［英］威尔通夫人.安乐家[M].博美瑞译,画图新报馆,1882.

[8]韦苇主编.世界儿童文学史概述[M].杭州:浙江少年儿童出版社,1986.

[9]［美］伯内特夫人.秘园[M].许之业、周兆桓、李冠芳译,女铎报,1918－6－12(34).

[10]［瑞士］史班烈.赫德的故事(第七版)[M].狄珍珠译述,上海:广学会,1947.

[11]梁工.基督教与文学[M].北京:宗教文化出版社,2001.

[12]朱维之.基督教与文学[M].上海:上海书店出版社,1992.

[13]上海市政协文史资料委员会编.上海文史资料存稿汇编(市政交通)[M].上海:上海古籍出版社,2001.

[14]施义慧.童年的转型:19 世纪英国下层儿童生活史[M].南京:南京大学出版社,2012.

[15]［美］伯内特夫人.小公主(第三版)[M].亮乐月译、周徹朗述,上海:广学会,1933.

[16]方卫平.从"事件的历史"到"述说的历史"[J].南方文坛,2012,12(3).

[17]钱翰.埃斯卡皮的文学社会学批评[J].法国研究,2007,11(3).

英语医学类论文词汇翻译与医学发展

朱文娟

摘 要：词汇是构成文献的基本要素。医学论文的专业性很高,其中涉及大量的医学专业术语,有些词汇多用于医学文章中,有些医学词汇在日常英语中也经常用到,但在医学文章中的表达则与日常用语有区别。本文首先根据相关文献综述和对 *Neurobehavioral aspects of posttraumatic stress disorder* (PTSD)中的词汇进行分析,总结英语医学词汇的特点及其翻译,然后针对"syndrome"和"discomfirmatory"的汉译,讨论译者在医学词汇翻译时遇到的困难及其处理方法,最后呼吁医学术语统一和标准化以推进医学的传播和发展。

关键词：英语医学词汇特点及其翻译"syndrome"和"discomfirmatory"的翻译医学术语统一和标准化

Abstract：Vocabulary is the basic element that forms the literature. The medical literature is highly professional, which involves a lot of medical terminology, some of which are usually used in medical literatures, while others are used in both everyday and professional English, but the meaning of words used in professional English is different from that in everyday English. Based on the relevant literature and the analysis of the words in the medical literature *Neurobehavioral aspects of posttraumatic stress disorder* (PTSD), this paper summarizes the vocabulary characteristics of English medical literature and its translation. Besides, the paper analyzes the translation process of "syndrome" and "discomfirmatory", and puts forward the difficulties encountered in the translation of medical literature and their processing methods. Finally, the author calls on unification and standardization of medical terms to boost the spreading and development of medical science.

Key words：the characteristics of English medical vocabulary and its translation；translation of "syndrome" and "discomfirmatory"；unification and standardization of medical terms

一、引言

医学类论文的专业性很高,其专业性主要体现在大量使用医学专业术语。这些词汇有些是纯医学用途的,而有些则在日常英语中也经常用到,但在医学文献中的表达则与日常用法有区别。词汇是构成语篇的最基本单位,医学英语专业词汇的英译汉成为医学英文文献翻译时的基础和关键。[①] 因此,在翻译医学词汇之前,我们需要准确把握它们的特点,再根据语境进行翻译。关于医学词汇特点及翻译,有许多学者做过相关的研究和分析:丁敏娇、吴健敏从两栖词、新词和数量词三方面分析医学词汇的特点及翻译。[②] 蒋吉清提到,有些词看起来很简单,其实除了用在普通英语外,还有专业意义。要准确理解这些词义,需要反复推敲上下文。[③] 赵疆伟和罗华分析生物医学英语词汇翻译难点,按词性分类,从名词、动词、形容词、副词和介词着手分析生物医学英语词汇的特点和翻译。其中提到英语词汇一词多义的现象多见,是翻译的难点。[④] 谢静静和付君秋从词源构

---

① 张燕:《试论医学英语专业词汇的翻译方法与技巧》,《上海理工大学学报(社会科学版)》,2015年第1期,第10—11页。

② 丁敏娇、吴健敏:《医学英文文献翻译难点及处理策略》,《温州医科大学学报》,2016年第4期,第310—311页。

③ 蒋吉清:《英文医学文献的翻译》,《医学情报工作》,1999年第4期,第56页。

④ 赵疆伟、罗华:《生物医学英语词汇翻译难点》,《中国科技翻译》,2005年第4期,第5—7页。

成、两栖词和缩略语三方面总结医学词汇的特点和翻译。[①] 笔者对上述的研究和对材料文献的词汇进行分析,总结出医学词汇的三个特点:一是医学词汇广泛采用缩略形式,二是医词医用,三是医学词汇一词多义,其中还将医学词汇一词多义细分为两种类型,即"文际"一词多用和"文内"一词多用。然后针对材料文献中"syndrome"、"discomfirmatory"汉译,分析说明医学文献词汇中两类常见但翻译起来比较棘手的词汇,并提出译者一些翻译建议,最后呼吁医学术语的统一和标准化以推进医学的正确传播和发展。

二、英语医学文献词汇特点

(一) 广泛采用缩略形式

医学专业术语繁复,为了便于交流,常常会创造缩略语来浓缩常用信息,而广泛使用缩略语也是医学英语词汇特点之一。[②] 材料文献中重复出现了很多缩略语,例如:PTSD(创伤后应激障碍)、DSM(美国精神障碍诊断与统计手册)、ACC(前扣带回皮层)、EEG(脑电图)、ERP(事件相关电位)、TBI(创伤性脑损伤),这些缩略语有的是由实词的首字母组成,例如 Post-Traumatic Stress Disorder (PTSD)、Diagnostic and Statistical Manual of Mental Disorders (DSM);有的是选取一个比较长的单词中的个别字母,这些缩写的字母不是随意选择的,例如,EEG,我们可以发现 electroencephalogram 是由词根 Electr-(电的)＋Encephalo(脑、头颅)＋Gram(等于 write(写)组成,可见 EGG 是由这些词根的首字母组成的。这些缩略语翻译起来比较容易,其中绝大多数已经有大家公认的译法,还有一些大家不大熟悉的缩略语,这类词汇的使用给翻译造成一定的困难,但其中大多数

---

① 谢静静、付君秋:《医学英语的特点及翻译方法》,《语文学刊·外语教育教学》,2012 年第 5 期,第 83—84 页。
② 谢静静、付君秋:《医学英语的特点及翻译方法》,《语文学刊·外语教育教学》,2012 年第 5 卷,第 83 页。

可以通过专业词典或者网络搜索找到比较准确的答案。① 这些缩略语大多会在材料文献中重复出现,因此译者只需在这些单词首次出现时翻译全称,其余直接用其缩略形式即可,这种做法体现医学英语易读性、专业性和简洁性的特点。

(二) 医词医用

医词医用的意思是一些词汇纯医学用途,只常见于医学领域中。材料文献中出现大量这类纯医学用途的词汇,例如精神药物:paroxetine(帕罗西汀),phenytoin(苯托林),sertraline(舍曲林);大脑区域:hippocampus(海马体),amygdala(杏仁核),locus coeruleus(杏仁核);神经活性物质:neurotransimitters(神经递质)和neuropeptides(神经肽)。这些纯医学词汇有明确科学概念,在医学外的其他领域极少出现。② 所以这类词语的翻译也是相对容易的,译者可以查阅相关专业词典和在网上搜索即可准确把握其意思。

(三) 一词多义

一词多义即一个英语单词在普通用法中有一种意思,但在特定专业用法中又有另一种意思。一词多义是医学词汇的最显著特点,也是医学文献专业性的最好表现,由此也造成了译者翻译医学文献的最大困难。与汉语生物医学论著不同,由于英语词汇中一词多义的现象多见,英语生物医学论著中有些词汇又往往被赋予了新的含义,并被附加了额外信息,成为翻译中的难点。③ 笔者认为可以将"一词多义"细分为两种类型,一种是在同一文献中,一个专业词汇在不同段落和语境中意思不同;另一种是一个单词在医学类英语文献中的含义与在普通英语文献中的含义不同。笔者根据"语内翻译"和

① 黄蕾、崔海松,骆艳丽、吴文源:《医学英语词汇的特点与翻译》,中国当代医药,2014年第4期,第145页。
② 黄蕾、崔海松,骆艳丽、吴文源:《医学英语词汇的特点与翻译》,中国当代医药,2014年第4期,第143页。
③ 赵炜疆、罗华:《生物医学英语词汇翻译难点》,《中国科技翻译》,2005年第4期,第5页。

"语际翻译"的形式,将前者概括为"文内一词多义",将后者概括为"文际一词多义"。"文际一词多义"的词汇即我们通常讲的"两栖词",指词汇既用于日常英语,又在医学英语中有其特定的医学含义。"文际一词多义"的词汇比"文内一词多义"的词汇容易翻译,因为前一种类型的词汇具有明显的普通用法和专业用法,译者一查词典就能一目了然,有时也只需要稍微了解上下文就可以把握其医学专业用法。而具有"文内一词多义"性质的词汇翻译起来就相对困难,它不仅需要译者区分其普通英语和专业英语的含义,还要在专业含义中根据文献内不同段落的语境和内容选择一个特定含义,这类一词多义还有可能出现这种情况,即在同一文献中,一个词汇在这一段是专业用法,在另一段落即回归为普通用法。下面,笔者将从先易后难的顺序,对两者进行具体的分析。

1. 文际一词多义

具有"文际一词多义"性质的专业词汇通常在同一个或同一类文献内只有一个固定的专业意思,其在普通英语中的用法和专业英语中的用法区别明显,稍有专业背景知识的译者即可知道其准确的专业意思。例如材料文献中"prevalence"一词,其意思包括"流行、普遍、广泛;流行率、患病率",但在医学背景下,其明显就是"患病率"的意思,而且文段的内容提及"创伤暴露率很高"、"退伍军人是该病的高危人群"和关于该疾病的一个百分比范围,显然,"患病率"会比较适合该语境。翻译这类单词的时候,译者需要具有一定的背景知识和医学敏感性,不能只按照其普通英语意义去理解此类词汇。比如,"complaint"在普通英语中为"抱怨、诉苦、投诉",但在医学英语中就表示"主诉",即病人(来访者)自述自己的症状或(和)体征、性质,以及持续时间等内容。"主诉"对于没有医学背景的人来说是难以理解的,但是对于医学和心理学方面的医生和学者来说是简洁且专业的用法,能体现他们在这方面的素养和水平。再比如在句子"as PTSD symptoms become chronic, their neuropsychological consequences become more pronounced."中"chronic"表示"慢性的",而不是"长期的",如"chronic disease"译为"慢性病",而不会说成"长期病",如果表示"长期",则会使用"long-term"。还有"patient"在医学文献中会译为"患者"而不是"病人"。这类词语翻译需要译者有医学方面的敏感性,对一些用法能批判的选择,而不是仅凭直觉。而要具备医学敏感性则需要译者做大量的知识储备。尚雯在其硕士毕业论文中提到"医学论文中有很多约定俗成的固定用法,需要译者在有大量专业背景的情况下,用心积累,方可给出地道准确的译文。"可见,翻译医学类文献,译者需要做大量的译前准备,其中最重要的是知识的储备,否则可能连"prevalence"这种相对具有医学特征的词汇也可能耗费大量的精力和时间。在此,笔者也建议进行科技类特别是医学类文献的译者要做好背景知识的储备,最终能做到看到一些词汇,能够形成条件反射,而且要进一步养成中文医学论文行文的思维模式,使自己能轻松自如地进行英中医学翻译,使译文更地道专业,更有效地从内容和语言上引起读者的共鸣,从而促进信息的传递。[①]

2. 文内一词多义

一定的医学知识储备能帮助译者轻松辨别"文际一词多义"词汇在普通英语和专业英语的用法,并选择准确的意思。这类词翻译的前期储备可能会耗费大量的时间,但是一旦分辨出其专业用法,译者就可"一劳永逸",通篇使用同一意思。而另一类"文内一词多义"的词语则不然,这类词语会一直"折磨"译者,每出现一次都会需要译者进行大量的考证,直至全篇文献翻译完毕。例如,材料文献中的"fear"到底是"害怕"还是"恐惧"?

"fear"这个单词只有四个字母,看似简单,实则是笔者在翻译时遇到的词汇翻译的最大困难之一。笔者首先查阅电子词典和工具书,主要有"恐惧、害怕"两个意思。林传鼎、陈舒勇和张厚粲主编的《心理学词典》(1986)解释"恐惧(fear)"为"企图摆脱、逃避某种情境而无能为力时所产生的情绪。"该词典没有关于"害怕"的解释;360百科中对"恐惧"的释义为"惊慌害怕、惶惶不安",笔者CNKI在线翻译助手输入"fear"其翻译结果有579个来源显示"fear"翻译为"恐惧",这些来源的学科前三位是临床医学、基础医学和心理学,可见,在医学背景下，"fear"翻译为"恐惧"更符合。但回归材料文献，当"fear"译为"恐惧"时，个别句子会出现意思的重复和矛盾，例如文献中关于"创伤事件定义"就有这样一句"DSM-IV defines a traumatic event as one in which a person 'experienced, witnessed, or was confronted with an event or events that involved actual or threatened death or serious injury, or a threat to the physical integrity of self or others' and had a subjective response that 'involved intense fear, helplessness, or horror' in adults or 'disorganized or agitated behavior' in children."，如果"fear"是"恐惧"的话，则译为"DSM-IV 将创伤事件定义为一个人'经历、目睹、或遭遇的涉及到实际或有死亡威胁的或严重的损伤的，或对自我或他人的躯体完整性造成威胁的'一个或多个事件并引起一个主观的反应，该反应在成人中表现为'极度恐惧、无助或者恐惧'，在儿童中表现为'紊乱或激越行为'。"可以看到译文下划线标识部分出现两个"恐惧"，即把"fear"和"horror"等同了，这样就使得源文本不同的两个单词在译文中却呈现了相同的意思和形式，这样的译文是解释不通的，所以在此处，"fear"应该解释为"害怕"。笔者也查阅了同类型的书籍，在 David H. Barlow 主编、刘兴华等人翻译的《心理障碍临床手册》(第三版)第 66 页发现了类似的描述"在 DSM-IV 的诊断标准中，首先个体必须亲身体验、目睹、或者遭遇某一涉及到真正的或者是几乎招致的死亡或严重的损伤，或者涉及到自己躯体完整性受到威胁的事件。第二，个体有强烈的害怕、失助或恐惧反应。"美国精神医学学会著、夏雅俐和张道龙翻译的《理解 DSM－5 精神障碍》第 98 页中有这样一句描述"有 PTSD 的个体经常通过突发的、令人困扰的记忆重新经历这些体验，它重复或涉及了他们曾经看到的、感受到的、听到的或闻到的，就像事件再次发生一样。他们可能有痛苦的梦境，强烈的害怕、无助、恐怖，噩梦和睡眠问题，以及感到冷漠或遥远。"这些相似的描述提供了有力的参考和证据，再次确保了此处的"fear"应译为"害怕"。而"fear"在材料文献的其他地方，则译为"恐惧"，如，"arousal and fear"译为"觉醒和恐惧"、"fear learning and sensitization"译为"恐惧学习和敏感"、"fear response"为"恐惧反应"，这些在医学心理学上都是常见的词组和搭配，几乎成为心理学的专业术语，所以"fear"都译为"恐惧"。

译者对"fear"一词的拿捏不定，一方面反映了译者在这类专业词汇上储备还不充足，从另一侧面则反映知识背景和储备对译者翻译医学类文献的重要性。翻译这类词语的时候，笔者不仅需要有充分的知识储备，翻译时不仅要借助词典，还要查阅大量相关书籍，利用这些书籍储备知识的同时还要学习它们的表达，使自己的译文符合译入语的习惯，通顺且容易理解。

以上，笔者根据材料文献中的具体词汇，对医学词汇的特征进行理解和分析。下面，笔者就材料文献中两个词汇的汉译，讨论一下在医学词汇翻译时出现这些情况应该怎样处理。

三、"syndrome"、"discomfirmatory"翻译分析

(一)"syndrome"是"综合征"还是"综合症"？

陈可冀、董泉珍对"征"、"证"和"症"进行了字义和用法的讨论，他们从《辞源》和《现代汉语大词典》对这三个字进行了考证，认为这三个字的字义既有相通，也有区别，可能是形成在医学术语中它们用法混乱的原因。他们最后就三字的规范用法提出建议，认为"症"用于症状、病症、适应症、禁忌症、并发症。例如临床症状、症状鉴别诊断、急症手术适应症、手术禁忌症、麻疹并发症。而"征"用于综合征、征象、指征、体征。例如 QT 间期延长综合征、煤气中毒的征象、手术指征、心力衰竭的体征。[①] 可见只有"综合征"这一说法而没有"综合症"。笔者在 CNKI 在线翻译助手输入"syndrome"，有 33595 项译为"综合征"，而译为"综合症"只有 1559 项；《朗文当代高级英语辞典》解释"syndrome"为"an illness which consists of a set of physical or mental problems-often used in the name of illnesses *medical* 综合征[常用于疾病名称]【医】"；《柯斯林英汉双解大词典》解释其为"A

---

① 陈可冀、董泉珍：《关于"证"、"症"、"征"用法的讨论》，《科技术语研究》，2003 年第 4 期，第 10—11 页。

syndrome is a medical condition that is characterized by a particular group of signs and symptoms. 综合症状";《21 世纪大英汉词典》译为"【病理学】综合征状，征群，综合征"。从上述的翻译结果中可以发现，"syndrome"的解释偏向"综合征"，说明"综合征"比较普遍。笔者在期刊网站上分别检索含有"综合征"和"综合症"的文章，在维普中文期刊服务平台得出的文献数量分别是 208330 和 33856；在中国知网上检索得出的结果分别是 61088 和 5667（从 2015—2018 年）。仅从这些数据就可以看出，"综合征"是一个使用相对普遍的说法。但是笔者至今没有发现关于"syndrome"的翻译统一译名的研究，只有陈可冀、董泉珍在文章中考究过"症"和"征"的意思，大家似乎对"综合征"和"综合症"的混用习以为常了。李曙光也表示，由于翻译活动本身的复杂性，不同译者在翻译时对同一术语采取不同的译法是常有之事。但是术语的不统一在某种程度上阻碍了科技与文化的交流与发展。① 所以笔者也呼吁对"syndrome"的译名进行统一。其统一原则可以根据"全国科学技术名词审定委员会"提出的以下原则作为指导：（1）单义性，即科技术语是单一的，专用的；（2）科学性，即译名要准确而严格地反映所指事物的特征；（3）系统性，即术语应该是其所在学科有机组成部分，不是孤立的、随机的；（4）简明通俗性，指术语应简单明了；（5）习惯性（或约定俗成），即有些术语的译名虽不尽合理，但已经使用很久，则宜继续沿用；（6）中文特性，即术语定名要体现汉语表意文字特点，要"望文生义"，一看有中国味；（7）国际性，即术语定名应尽可能采用国际通用的术语和符号。② 根据这些原则，而且根据相关书籍对 PTSD 的定义，例如，创伤后应激障碍是"在强烈的精神创伤后发生的一系列心理、生理应激综合征"。相比"综合症"，笔者认为"syndrome"译为"综合征"较为合理且准确的。笔者旨在通过简单的讨论，抛砖引玉，引起大家关于术语统一和标准化问题的思考和关注，共同推进术语统一的发展，从而促进医学与文化的正

---

① 李曙光：《医学术语翻译中的伦理问题——以 autism 的汉译为例》，《外语研究》，2017 年第 1 期，第 77 页。

② 黄昭厚：《谈谈科技术语的译名审定与统一》，《上海翻译》，1990 年第 1 期，第 35—36 页。

确交流与发展。

（二）"discomfirmatory"在词典中没有对应的意思，应如何处理？

笔者在词典中没有查到"discomfirmatory"对应的中文意思时，第一反应是该词出现了印刷错误。因为与其并列的单词confirmatory中第一个"o"后面的字母是"n"，如果是"disconfirmatory"，即使不查词典，笔者也能知道其与"confirmatory"的意思是相反的，则"confirmatory"是"确证的"，而"disconfirmatory"是"未确证的"，但事实上该词没有印刷错误，是笔者没有了解单词的构成。"discomfirmatory"是由前缀"dis-"＋"com"＋词根"firm"＋形容词后缀"ory"组成的，其中困扰笔者的是"com"。笔者查了词根词典（《英文字根词典》第四版，刘毅主编）才发现"com"拉丁文是"cum"，表示"与"、"合"、"共"、"全"之意，其变形包括了"con"，所以从词根分析单词就能发现"comfirm"等于"confirm"，所以，"confirmatory"就是"确证的"，而"discomfirmatory"则是"未确证的"。其他研究医学词汇特征的文献中也提到过，特别是医学术语，在词典中找不到对应中文意思的情况是常见的。据1973年的统计资料显示，医学新词平均每年出现1500多个，而现在新词出现的速度必定更快。[①] 词典的滞后性导致译者不能在词典上查到新词的意思，所以当译者在普通词典上找不到单词的对应意思时，译者需要了解构词法，分解单词，把握其词根意思，从而帮助其自身更好地理解一些新词的词义。英语医学术语主要来源于希腊语（占48.2%）、拉丁语（占38.3%）与盎格鲁-撒克逊语（占12.2%），其中部分医学英语术语同时具有上述3种词源表达形式。[②] 据统计，约75%的医学英语词汇含有源于希腊语和拉丁语的词根、前缀和后缀。[③] 因此，除了新词，在翻译医学词汇，特别是医学专业术语时，字根词根词典是译者翻译的一种不错的辅助工具。

---

① 黄蕾、崔海松、骆艳丽、吴文源：《医学英语词汇的特点与翻译》，第143页。
② 同上。
③ 谢静静、付君秋：《医学英语的特点及翻译方法》，《语文学刊·外语教育教学》2012年第5卷，第83页。

四、总结：医学术语统一与医学发展

　　一词多义是英语医学词汇的常见想象，这些词汇一般都有明显的普通用法和专业用法。但是很多医学英语的专业术语都是一词一义，即医词医用，但这些专用的医词词意不统一的情况还普遍存在，例如"autism"既译成"自闭症"，也译为"孤独症"，"ADHD (attention deficit hyperactivity disorder)"既译成"注意力不集中症"，又译成"多动症"等。这些词语意思相同，但表现形式不同，容易造成译者选词的混乱，鉴于此，笔者思考，既然两种译名意思相同或相近且没有错误，那么是否可以统一译名，比如"autism"就译为"自闭症"，而废除"孤独症"，"ADHD"只保留"注意力不集中症"，而不要"多动症"。关于医学术语统一和标准化的问题，有许多学者做过讨论和研究。黄昭厚列举数例说明长期以来我国翻译的科技术语存在不统一现象，有些甚至达到相当混乱的状态。他认为造成这种现象和状态的原因外来科技术语不是由统一机构定名，而是由翻译家或科学家自己译出或定名，他们各自采用的译法不同，遣词用字习惯不同，再加上各行各业有个惯用问题。[①] 包雅琳、陈秀华也提出，随着医学科学的迅速发展，新名词不断产生，加之各地区、医院已形成的一些惯用术语，造成了医学术语使用上的混乱。某些科技名词由于所采用的定名方式或翻译方法的不同、遣词用字以及各学科的习惯用法不同，或同一概念的外文术语在不同学科中被译成不同的中文术语等，使定名亦极不统一。[②] 吴洋意表示，从近几年的编辑实践来看，随着专题类稿件的不断增多，专业术语不统一的现象越来越普遍。[③] 可见，很多学者都反映过术语不统一的现象，但是这种情况仍未得到很好的解决。笔者深有体会，术语的不统一会造成翻译效率大大降低，挫

---

　　① 黄昭厚：《谈谈科技术语的译名审定与统一》，第 34 页。
　　② 包雅琳、陈秀华：《注意医学名词的统一和规范化》，《中华神经科杂志》，1998 年第 4 期，第 252 页。
　　③ 吴洋意：《医学期刊专题来稿中专业术语不统一的原因分析及处理策略》，《编辑学报》2012 年第 6 期，第 549 页。

伤了译者的翻译自信,例如针对"syndrome"的译名,笔者需要比对几本专业词典,翻阅大量相关平行文本才能最终确定其在材料文献中的意思,翻译过程曾一度使译者丧失查证的信心。译名不统一不仅影响译者的翻译信心,还会对社会发展产生负面影响。专业术语不统一、不规范将影响科学技术内容的表达。科技内容表达不准确或者错误将会影响科学的推广和传播,尤其在医学领域,错误的内容甚至会造成医疗事故。申荷永也提出,术语不能够统一,不管是译名,还是术语或概念,都会造成许多混乱,引起不必要的误解,影响我们心理学的研究和发展。而标准化是科学化的前提,是现代化的标志,或者说是学科成熟的标志。① 所以,医学术语统一至关重要且亟待解决。笔者认为,黄昭厚提到的全国科学技术名词审定委员会的七个科技术语的译名审定和统一的原则(单一性、科学性、系统性、简明通俗性、习惯性/约定俗成、中文特性、国际性)是非常具有参考和指导意义的。此外,全国科学技术名词审定委员会应加快对译名审定和统一的速度,避免翻译家和科学家对译名的自定义造成译名的混乱。在译名统一之后,要加快专业译名的推广和传播,通过书籍出版和研讨会等形式,让专业译名习惯并固定下来。最后关键的一点是译者和医学文献写作者的努力。医学的传播有赖于医学文献的译者和作者。专业术语翻译的统一和标准化,对于相应学科的发展,具有本质性的意义,应该引起我们足够的重视。译者需要有责任心,要做到对社会和人类的发展和医学的进步负责,对于一些现在仍有多义的专业术语,译者在翻译医学论文时应该参考权威的词典,并进行多重考证和研究,从而提出建设性的建议和意见;对于医学新词,不能仅凭直觉或单一的工具进行翻译,要追本溯源;而对于一些已经确定统一的术语,译者无需再做过多的创新,按照规定译法即可,避免造成不必要的混乱;同样,医学论文作者也要秉着专业和负责任的态度,对术语要仔细钻研反复考证,注重论文的质量和水平。我们每个人都应该有这样一种意识,一种促进翻译术语标准化的意识,也都应该自

———————

① 申荷永:《论心理学术语翻译的标准化》,《心理学报》,1996年第4期,第426—427页。

觉使用统一了的翻译术语或已经标准化了的术语。

参考文献：

［1］张燕.试论医学英语专业词汇的翻译方法与技巧［J］.上海理工大学学报（社会科学版），2015，37（1）.

［2］丁敏娇、吴敏健.医学英文文献翻译难点及处理策略［J］.温州医科大学学报，2016，46（4）.

［3］蒋吉清.英文医学文献的翻译［J］.医学情报工作，1990，20（4）.

［4］赵炜疆、罗华.生物医学英语词汇翻译难点［J］.中国科技翻译，2005，18（4）.

［5］谢静静、付君秋.医学英语的特点及翻译方法［J］.语文学刊·外语教育教学，2012，5.

［6］黄蕾、崔海松、骆艳丽、吴文源.医学英语词汇的特点与翻译［J］.中国当代医药，2014，21（4）.

［7］尚雯.从功能对等角度探讨医学论文翻译的技巧——以《柳叶刀》中英文译本为例［D］.北京外国语大学，2014.

［8］陈可冀、董泉珍.关于"证"、"症"、"征"用法的讨论［J］.科技术语研究，2003，5（4）.

［9］李曙光.医学术语翻译中的伦理问题——以 autism 的汉译为例［J］.外语研究，2017，（1）.

［10］黄昭厚.谈谈科技术语的译名审定与统一［J］.上海翻译，1990，（1）.

［11］包雅琳、陈秀华.注意医学名词的统一和规范化［J］.中华神经科杂志，1998，31（4）.

［12］吴洋意.医学期刊专题来稿中专业术语不统一的原因分析及处理策略［J］.编辑学报，2012，24（6）.

［13］申荷永.论心理学术语翻译的标准化［J］.心理学报，1996，28（4）.

图书在版编目(CIP)数据

都市文化与都市翻译的关系：上海师范大学2017年上海市研究生学术论坛论文集/俞钢，李照国主编.—上海：上海三联书店，2018.6
ISBN 978-7-5426-6289-7

Ⅰ.①都… Ⅱ.①俞…②李… Ⅲ.①城市文化-文集 Ⅳ.①C912.81-53

中国版本图书馆CIP数据核字(2018)第119126号

都市文化与都市翻译的关系
——上海师范大学2017年上海市研究生学术论坛论文集

主　　编／俞　钢　李照国

责任编辑／殷亚平　郑秀艳
装帧设计／周剑峰
监　　制／姚　军
责任校对／张大伟

出版发行／上海三联书店
　　　　　(201199)中国上海市都市路4855号2座10楼
邮购电话／021-22895557
印　　刷／上海惠敦科技印务有限公司

版　　次／2018年6月第1版
印　　次／2018年6月第1次印刷
开　　本／890×1240　1/32
字　　数／220千字
印　　张／7.25
书　　号／ISBN 978-7-5426-6289-7/C·573
定　　价／42.00元

敬启读者，如发现本书有印装质量问题，请与印刷厂联系 021-63779028